現代社会学叢書

# 現代大都市社会論
*分極化する都市?*
Contemporary Metropolitan Society:Dual City?

園部 雅久 著  Sonobe Masahisa

東信堂

## 東信堂『現代社会学叢書』刊行の趣旨

　21世紀を射程に入れて、地球規模、アジア規模そして日本社会の大きな社会的変動が刻々とすすみつつあります。その全貌について、あるいは特定の局面についてであれ、変動の諸要因、方向などを解き明かす社会科学的パラダイムの形成がいま切実に渇望されております。社会科学の一分肢である現代社会学もまた新しい飛躍が期待されています。

　しかし、現代日本の社会学には、混乱と一種の沈滞がみられます。それを流動化、拡散化、分節化、私化、商品化状況と見ることもできましょう。この事態を一日も早く脱却し、社会科学としての社会学の確立、発展のための努力が払われなくてはなりません。

　そうした中で、東信堂といたしましては、それに応えるべく斬新な社会学的研究の成果を『現代社会学叢書』として、逐次刊行していく企画をたてました。形式は、単著、共著、編著、共編著とさまざまになりましょうが、内容的には、理論的にも実証的にも、これまでの実績を、一歩でも二歩でもこえる著作の刊行を目指しております。各著作ともに明確なポレミィークとメッセージがふくまれ、またリアリティを持った主張がふくまれるものとなるように心掛けたいと考えます。この叢書が地道でも堅実な研究の発表の機会として、誠実な社会学関係の研究者に、とりわけ優れた博士論文などを執筆した若い研究者に、広くその成果を公表できる場として活用されるなら非常に幸いです。

　このため当社としては当面下記の諸先生方に、編集参与として新しい研究の発掘、指導、ご推薦などを賜り、ゆるやかであっても、レフェリー的役割を果たして下さるようお願いし、内容の向上のため、なにほどかのお力添えを得ることができるようにいたしました。幸い諸先生方から多くのご指導をいただき、いよいよ本叢書の刊行ができる段階に達しました。

　叢書は、その性格からして、刊行は不定期となりますが、質の高い業績を集めて刊行し、斯学界のみならず、社会科学全体の発展と、現代社会の解明のために資し、いささかなりとも学術的・社会的貢献を果たす所存です。本叢書の刊行の意図をご理解の上、大方の多様かつ多面的なご叱正とともに厚いご協力を、ひろくお願いいたします。簡単かつ卒辞ながら、刊行の辞といたします。

　　1998年11月3日

　　　　　　　　　　　　　　　　　　　　　　　　　　株式会社 東信堂

編集参与 ( 敬称略 )
　編集参与代表　北川隆吉
　　飯島伸子、稲上毅、板倉達文、岩城完之、奥山真知、川合隆男、北島滋、厚東洋輔、佐藤慶幸、園田恭一、友枝敏雄、長谷川公一、藤井勝、舩橋晴俊、宝月誠

現代大都市社会論：分極化する都市？／目次

図表一覧（v）　　凡　例（vii）

## 序 …………………………………………………………………… 3
  1　本書のねらい ………………………………………………… 3
  2　本書の構成 …………………………………………………… 4

## 第1章　都市における社会的不平等の問題 ……………… 7
  1　問　　題 ……………………………………………………… 7
  2　シカゴ学派都市社会学 ……………………………………… 8
  3　新都市社会学 ………………………………………………… 12
  4　都市的不平等の新展開 ……………………………………… 17
  5　結　　論 ……………………………………………………… 22

## 第2章　分極化する都市 ……………………………………… 27
  1　現代都市類型としての脱工業型都市 ……………………… 27
    (1)　第2の都市革命 ………………………………………… 27
    (2)　前産業型都市と工業型都市 …………………………… 28
    (3)　ショウバーグの問題点 ………………………………… 31
  2　都市の脱工業化転換 ………………………………………… 33
    (1)　脱工業化社会論 ………………………………………… 33
    (2)　発展の様式と生産の様式 ……………………………… 35
  3　都市の社会構造 ……………………………………………… 37
    (1)　都市の社会構造とは …………………………………… 37
    (2)　都市社会構造の分析枠組 ……………………………… 38
  4　分極化する都市 ……………………………………………… 41
    (1)　社会的分極化とは ……………………………………… 41
    (2)　分極化の背後仮説 ……………………………………… 43
      ① 世界都市仮説(44)　② 脱工業／情報社会仮説(46)　③ 公共政策仮説(48)
  5　分極化と階層形成 …………………………………………… 49
    (1)　階層論との接合の試み ………………………………… 49
    (2)　リアリスト・アプローチ ……………………………… 52

(3) アンダークラス論 ………………………………………… 56
　6　社会構造論からの再考 …………………………………………… 58
　　　(1) 分極化から分断化へ ……………………………………… 58
　　　(2) サブカルチャー論 ………………………………………… 58
　　　(3) 空間の意味 ………………………………………………… 60
　7　む す び ………………………………………………………… 61

# 第3章　東京は〈分極化する都市〉か …………………… 63
　1　都市の分極化：現象と背後仮説 ………………………………… 63
　2　検証Ⅰ：職業階層の分極化 ……………………………………… 64
　3　検証Ⅱ：所得階層の分極化 ……………………………………… 70
　4　検証Ⅲ：新たな都市貧困層の出現 ……………………………… 74
　5　普遍と差異：
　　　〈都市の分極化〉論における東京の意味 ………… 81

# 第4章　見捨てられた都市：都市とホームレス …………… 87
　1　新しい都市の貧困 ………………………………………………… 87
　2　ホームレスの生活世界 …………………………………………… 88
　　　(1) ホームレス人口の概要 …………………………………… 88
　　　(2) ホームレスになること …………………………………… 91
　　　(3) ホームレスの生活①：資源の調達 ……………………… 96
　　　(4) ホームレスの生活②：人間関係 ………………………… 101
　　　(5) 悪循環の坩堝 ……………………………………………… 104
　3　問題の構造的背景 ………………………………………………… 105
　　　(1) 日本経済の再編成 ………………………………………… 106
　　　(2) 住宅構成の変容 …………………………………………… 108
　　　(3) 都市の住まい方と人間関係 ……………………………… 109
　　　(4) 日本の福祉社会 …………………………………………… 109
　4　ホームレスへの一般社会の反応 ………………………………… 111
　5　文化としてのホームレス問題 …………………………………… 114
　　　(1) 排除の合理化 ……………………………………………… 114
　　　(2) 都市空間のエステ化と公共空間 ………………………… 115

注(117)

## 第5章 トランスナショナルな社会空間：都市とエスニシティ …………119

1 序 …………………………………………………………………119
2 エスニック・コミュニティの理論 …………………………120
3 エスニシティをめぐるわが国の特質 ………………………123
　(1) 流入の時期と移民の段階 …………………………………123
　(2) 外国人政策の特質 …………………………………………124
　(3) 福祉国家の性質 ……………………………………………125
4 重層化するエスニシティ ……………………………………126
　(1) 新宿区大久保エリア ………………………………………126
　(2) 越境者たちの生活世界 ……………………………………128
　　① 増殖する生活組織(128)　② マルチエスニック・ビジネスの繁栄(130)　③ 個人化したエスニシティ(131)　④ オーバーステイヤーの生活(133)　⑤ 宗教的世俗世界(134)
　(3) トランスナショナルな社会空間 …………………………136
5 ホスト社会のエートス：マルチカルチャリズム考 ………138
6 結論：エスニシティ・市場・共同性 ………………………141

注(145)

## 第6章 脱工業化の風景：都市とインナーシティ ………147

1 インナーシティ問題 …………………………………………147
2 東京の製造業とインナーシティ ……………………………149
3 変貌するインナーシティ：墨田区・京島地区 ……………153
　(1) 京島の歴史 …………………………………………………153
　(2) 京島の現在 …………………………………………………154
　(3) 京島のまちづくり …………………………………………158
4 脱工業化の浸透 ………………………………………………162
5 結論：脱工業化転換の意味 …………………………………165
　(1) インナーシティ問題の〈兆し〉？ ………………………165

(2)　下町の二重の役割とその喪失 …………………………167
　　　(3)　超高齢化地域社会 ……………………………………169
　　注(171)

# 第7章　均質化の創造：都市とサバーバニゼーション …173
　1　郊外の時代 …………………………………………………173
　2　新しい郊外住宅地開発の特徴 ……………………………176
　3　新しい〈郊外〉形成の社会的意味 ………………………179
　4　郊外ミドルクラスの形成と生活 …………………………184
　5　結論：ゲート・シティ化する郊外？ ……………………188
　　注(189)

# 第8章　エステ化する都市：
　　　　　都市とジェントリフィケーション ……………191
　1　卓越化する都心 ……………………………………………191
　2　ジェントリフィケーション論の論点 ……………………195
　3　都心再開発の事例 …………………………………………199
　　　(1)　大川端リバーシティ21 ………………………………200
　　　(2)　臨海副都心台場地区 …………………………………203
　4　都心居住選好層の分析 ……………………………………206
　5　都心再開発の社会的意味 …………………………………209
　　　(1)　可視化する不平等 ……………………………………210
　　　(2)　近隣社会の統合 ………………………………………211
　　　(3)　新しいミドルクラスの形成 …………………………212
　　注(215)

# 結　章　21世紀の都市社会（学） ……………………………217
　1　〈時代診断学〉としての都市社会学 ……………………217
　2　21世紀の課題 ………………………………………………219

引用・参考文献 …………………………………………………………224
あとがき …………………………………………………………………232
事項索引 …………………………………………………………………236
人名索引 …………………………………………………………………248

## 現代大都市社会論　図表一覧

図 1 - 1　バージェスの同心円地帯論 (8)
表 2 - 1　前産業型都市と工業型都市の特徴 (29)
表 3 - 1　ロンドンの社会経済グループの変化；1981-1991 (65)
表 3 - 2　ニューヨークの職業構成の変化；1980-1990 (65)
表 3 - 3　東京の職業構成の変化；1980-1990 (66)
図 3 - 1　東京の職業構成の変化 (66)
図 3 - 2　東京の増加の著しい職業 (67)
図 3 - 3　東京の専門技術職の増加の著しい職業 (68)
図 3 - 4　東京の労務作業者の増加の著しい職業 (69)
図 3 - 5　ニューヨークの世帯間収入の分布 (71)
表 3 - 4　ニューヨークの年間世帯収入の10分位階級 (71)
表 3 - 5　ロンドンの年間世帯収入の10分位階級 (72)
表 3 - 6　東京都の年間世帯収入の10分位階級 (73)
表 3 - 7　ニューヨーク、ロンドン、東京の失業 (75)
表 3 - 8　東京のホームレスの概数の推移；1995-1998 (75)
表 3 - 9　ロンドンの臨時宿泊施設の利用世帯数の推移；1986-1992 (76)
表 3 -10　ロンドンの雇用形態の変化；1981-1991 (77)
表 3 -11　東京都の雇用形態の変化；1982-1997 (77)
表 3 -12　ニューヨークのエスニック人口の変化 (78)
表 3 -13　ニューヨークのエスニシティ別世帯収入10分位階級 (78)
表 3 -14　東京都の国籍別外国人登録者数の推移 (79)
表 3 -15　全国の有職登録外国人の職業構成（1995年） (80)
表 3 -16　東京都の有職登録外国人の職業構成の変化：（1984-1995） (80)
表 4 - 1　新宿のホームレスの社会的属性 (90)
表 4 - 2　東京都の雇用構造の変化（1985-1995） (107)
表 4 - 3　ホームレスの原因の認識 (112)
表 4 - 4　ホームレス対策への態度 (113)
図 5 - 1　新宿区の国籍別外国人登録者数の推移 (126)
表 5 - 1　大久保地域・町丁別外国人人口 (127)
表 5 - 2　韓国系情報誌にみる生活組織の拡大 (128)
図 5 - 2　大久保の屋台村 (130)
図 5 - 3　エスニック・コミュニティの類型 (142)

| | | |
|---|---|---|
| 図6-1 | 東京都の工業の推移と概要 | (149) |
| 図6-2 | 東京都の従業者規模別工場数の推移 | (150) |
| 図6-3 | 城南、城東、城東外周、城北地域の工場数の推移 | (151) |
| 図6-4 | 東京の社会地区分析（社会経済的地位） | (152) |
| 図6-5 | 人口の推移（京島地区・墨田地区・東京23区） | (154) |
| 図6-6 | 京島地区の年齢階層別人口構成比 | (155) |
| 表6-1 | 京島地区の65歳以上の居住者を含む家族類型別世帯数の推移 | (155) |
| 図6-7 | 京島地区の事業所数の推移 | (156) |
| 図6-8 | 京島地区の従業員数の推移 | (157) |
| 表6-2 | 京島地区住民の職業構成の変化 | (157) |
| 表6-3 | 京島地区住民の最終学歴の変化 | (158) |
| 図6-9 | 京島地区の建物・道路計画 | (159) |
| 表6-4 | 京島地区のまちづくり事業などの年表 | (160・161) |
| 表6-5 | 墨田区工業振興施策の1995年度実績 | (163) |
| 表6-6 | 墨田区住民の町会・自治会への参加 | (167) |
| 表6-7 | 墨田区住民の近隣とのつきあい | (168) |
| 表6-8 | 世代内職業・従業上の地位移動（京島A町会） | (168) |
| 図6-10 | 人口ピラミッド（京島地区） | (170) |
| 図7-1 | 首都圏の距離帯別人口 | (173) |
| 図7-2 | 東京圏の人口増加率ピーク期間 | (174) |
| 図8-1 | 都心3区の床面積の用途別構成比の変化 | (192) |
| 図8-2 | 東京のオフィス床面積の区別増加量と増加率（1987年-1991年） | (192) |
| 表8-1 | 東京の居住者の職業構成の変化 | (193) |
| 表8-2 | 東京の一人当たり課税対象所得指数の変化 1975-1991 | (194) |
| 図8-3 | リバーシティ21の配置計画図 | (200) |
| 表8-3 | 大川端・リバーシティ21計画の概要 | (201) |
| 図8-4 | 臨海副都心土地利用計画図と既利用地の施設概要 | (205) |

## 凡　例

○本書に収載してある図表は、特に出典のことわりがない限り、筆者が作成したものである。

現代大都市社会論：分極化する都市？

# 序

## 1　本書のねらい

　世紀の転換点において、日本の都市社会、とりわけ大都市社会（東京）は、どのような問題を抱え、どのような課題に直面しているのか。一言でいえば、これが、本書で明らかにしてみたかったことである。1980年代以降、さまざまな領域でのグローバル化の進展につれて、都市への視点も、世界都市、グローバル都市へと転回していった。その過程では、都市のリストラクチャリング（構造転換）が都市を理解するうえでのキーワードになった。この都市のリストラクチャリング自体は、経済的、政治的、社会的、文化的、空間的などのさまざまな角度からの分析が可能であるし、また必要でもある。そのためには、経済学、政治学、社会学、地理学、都市計画学などさまざまな学問領域からのアプローチが求められるが、本書では、それを主として社会学からアプローチしている。
　世界都市化、グローバル都市化にともなう都市の社会的リストラクチャリングについては、これまでに多くの論者が、都市における社会的不平等の拡大、社会階層の分極化に言及してきた。それを本書では、〈分極化する都市〉論と呼ぶ。ただし、その論者の多くが、アングロサクソン圏の研究者であり、理論化の念頭に置かれる都市は、主としてニューヨークやロサンジェルス、ロンドンといったアングロサクソン圏の大都市であった。果たして、文化的、

歴史的背景の異なる、非アングロサクソン圏の大都市である東京にこの〈分極化する都市〉仮説は、当てはまるのか否か。副題に〈分極化する都市？〉と掲げたように、これが本書全体を貫く中心的な問題意識となっている。

この課題に答えるために、本書では経験的、実証的な方法を用いることになるが、その方法は統計資料の分析、標準化調査の統計分析、インタビュー調査の質的な分析など必然的にマルチ・メソッドの方式にならざるをえない。そして本書のもう1つの方法的な特徴は、変化（トレンド）の先端を捉えるために、ケース・スタディとしてのコミュニティ・スタディの方法を中心に据えたことである。それによって、社会現象と都市空間との関わりを議論することが可能となり、また、明確には述べられていないが、東京の社会地図が本書全体の分析の〈地〉として置かれることになる。

## 2　本書の構成

以上のような問題意識と方法に則って、第1章では、都市における社会的不平等の問題が、既存の都市社会学のパラダイムのなかで、どのように扱われてきたのかを検討する。既存のパラダイムとは、伝統的なシカゴ学派都市社会学、新都市社会学、都市リストラクチャリング論の3つである。都市における社会的不平等の問題を捉えていくうえでは、これら3つのパラダイムの相補性が重要であることを主張する。つづく第2章では、主として、アングロサクソン圏における〈分極化する都市〉論の展開を追いながら理論的な検討を加える。分極化を生み出す背後仮説として、世界都市仮説、脱工業化仮説、公共政策仮説の3つがあることを指摘し、〈分極化する都市〉論が都市の社会構造論と接合されることの必要性を論じる。

つづいて第3章以降では、アングロサクソン圏で生まれた〈分極化する都市〉論を検証されるべき1つの仮説と考え、非アングロサクソン圏の大都市、東京において〈分極化する都市〉仮説の検証を試みる。まず、第3章では、マクロな統計データを用いて、職業階層、所得階層、新しい都市の貧困層の

3つの観点から、ニューヨーク、ロンドン、東京の3都市を比較しつつ、分極化仮説を検証する。その結果は、東京は、ニューヨークやロンドンと比べれば、先にあげた3つの観点いずれにおいても、桁違いに平等な都市であるが、近年、いずれの面でも、分極化の〈兆し〉が現れていることである。そして、その分極化の〈兆し〉をよりよく捉え、その社会的意味をよりよく理解するためには、フィールドワークに根ざしたケース・スタディの方法が求められることを主張する。

つづく第4章から第8章の5つの章は、このケース・スタディに当てられる。第4章では、都市の新たな貧困として、近年増加しているホームレスの問題を取り上げる。第5章では、1980年代半ば以降、東京のグローバル都市化につれて急速に増加した、外国人労働者・居住者の問題を扱う。第6章では、脱工業化の進展にともなう東京の製造業地域、いわゆる下町の住工商混在地域の衰退を、東京のインナーシティの問題として取り上げる。第7章では、視点を一旦、都市内部から郊外に移し、1980年代半ば以降に現れる、〈街並みの美しさ〉や〈ステイタス〉といった記号性を重視した郊外住宅地の形成とそこにおける郊外ミドルクラスの形成を論じる。そして第8章では、東京の世界都市化戦略の過程で生み出された都心再開発を、いわゆる〈ジェントリフィケーション〉という観点から吟味し、主として世帯形態やジェンダー関係の点で、郊外ミドルクラスとは異なる新しいミドルクラスの形成の萌芽があることを示す。

最後に結章では、グローバル資本主義が優勢を示す21世紀の課題として、都市の分極化／分断化の問題、他者性／抑圧の問題、公共性／モラルの問題への取り組みが重要な都市社会（学）の課題であることを論じる。

# 第1章 都市における社会的不平等の問題

## 1 問　題

　都市の社会学的研究は、一方で、都市社会の解体と統合の問題、他方で、不平等とコンフリクトの問題をテーマ化してきた。ただし、シカゴ学派都市社会学の影響の強いわが国の場合、これまで、都市における社会的不平等の問題は、必ずしも都市社会学の中心的なテーマを構成してきたわけではなかった。本章の課題は、都市的不平等の問題に、都市の社会学はどのようにアプローチしていくのが有効か、それを検討することにある。

　そのために、まず第1に、シカゴ学派都市社会学のなかに、社会的不平等への視点がどのように欠落したのか、その問題点を探り、第2に、これを批判して登場した新都市社会学の社会的不平等の捉え方を吟味し、第3に、近未来の都市の不平等の形態を考えるためにも、近年のグローバリゼーション、経済再編のプロセスのなかで生じている都市的不平等の捉え方を、都市リストラクチャリング論のなかに見る。そして最後に、シカゴ学派都市社会学、新都市社会学、都市リストラクチャリング論、それぞれの相補性を主張しつつ、都市的不平等の問題への有効なアプローチの方向を探る。

## 2　シカゴ学派都市社会学

　シカゴ学派に端を発する伝統的な都市社会学は、社会的不平等や社会階層の問題を扱ってこなかったと一般には言われる。しかしこの言説は、あまりにも大ざっぱであり、不正確である。伝統的な都市社会学は、社会的不平等の問題を全く無視していたわけではなく、セグリゲーション（空間的凝離）という空間的現象へ焦点を当てて、もっぱら不平等の空間的表現を取り上げていた。よく知られたバージェス（E. Burgess）の同心円地帯論は、その集大成であった（Burgess, 1925=1972）。その論を要約すれば、都市の成長を条件として、いくつかの特徴的な地域が、都心から同心円状に分布するというものである。中心には中央業務地区、それを取り囲む退廃地区としてのいわゆる遷移地帯、その外側に労働者階層の居住地区、そしてさらにその外側に中流階層の居住地である郊外がつづく。ここでは明らかに、地価や家賃をメルク

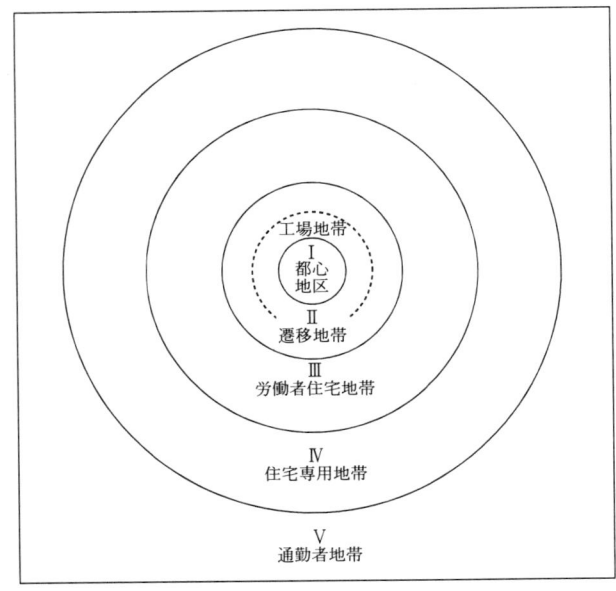

図1-1　バージェスの同心円地帯論

マールに階層的不平等の空間的分布が問題にされていた。

　そして、これまたよく知られるように、初期シカゴ学派の学徒たちが執ように遷移地帯に広がるスラム地区やホームレスの集中地区、外国人移民地区を取り上げ研究対象としてきた。アンダーソン（N. Anderson）の『ホボ：ホームレスの社会学』、ワース（L. Wirth）の『ゲットー』、ゾーボー（H. Zorbaugh）の『ゴールド・コーストとスラム：シカゴのニア・ノース・サイドの社会学的研究』などがその代表的作品である。いずれも今日、アンダークラスといわれる人々へ、その関心が向けられていたことをまずは確認しておく必要があるだろう。

　アンダーソンの『ホボ』は、シカゴのウエスト・マディソン街を中心とするホームレスの集中する地区（ホボヘミア）を研究対象地としたホボ（無宿者）の生活の観察記録である（Anderson, 1923=1999）。自らがホボの家庭に生まれ育った個人的体験を生かしつつ、その分析は、ホボヘミアにおけるホボの生活の実態、ホボの類型と特徴、健康や性生活などのかれらの抱える諸問題、さまざまなホボ救済組織とその活動、そしてそれらの知見をもとにした対策への示唆に及ぶ。この研究をまとめるのに際して、アンダーソンがホボヘミアの中心近くに、部屋を借り、のちにいわゆる参与観察法とよばれる方法を駆使したことは広く知られるところである。その結果、鈴木栄太郎の表現を借りれば、正常人口の正常生活に対する異常人口の異常生活を（鈴木栄太郎，1957）、ある種の共感を抱きつつ、臨場感あふれる語り口で描き出すことに成功している。この意味でこの作品は何よりも、近代産業の生み出した都市下層生活者層の下位文化の理解を可能にするモノグラフとしての意義をもっている。

　しかしアンダーソン自身は、この作品を単なる都市下位文化のモノグラフに終らせることなく、そこから一歩ふみでようとしていたことも推察できる。それは自らの観察結果から、ホボの生まれる原因として、近代産業が生み出す失業者と季節労働者、障害者や職業訓練の欠如などに見られる産業不適格者、意志薄弱や自己中心といったパーソナリティの欠陥、家族とのいさかい

や素行不良などによる個人生活の危機、雇用機会などにおける人種、民族的差別、新しいものを求める放浪癖、といったさまざまな社会的および個人的背景へ分析を進めていること。さらに、この研究の知見から最終的にいえることは、問題の基本的な解決はローカルなものではなく、国家的なものであること。また、ホボの問題が、失業、季節労働、および労働の配置転換という、より大きな産業の問題の一側面であることを強調していることからも読み取ることができる（Anderson, 1923=1999；秋元, 1989）。

　ワースの『ゲットー』は、シカゴのユダヤ人コミュニティであるゲットーの社会学的分析である（Wirth, 1928=1981）。そこには近代社会の深化のなかで、排除され差別される民族集団へのまなざしがある。ワースが「移民は、分業における最低の経済的水準におし込められ、そして新しい移民の波がかれらの仕事を受けつぐとき、つぎの段階へよじのぼる」（Wirth, 1928=1981：p.276）というとき、そこには移民をめぐる社会的不平等や民族集団間の分業といった視点が明示されている。しかしワースにとって、その中心的な関心は孤立した民族集団の共同体にあった。「ゲットーは物理的事実であるよりも、むしろ精神の状態なのである」、「ゲットーは文化共同体であって、共通の遺産、共通の伝統および感情を貯えた倉庫をあらわしている」（Wirth, 1928=1981：p.345, p.347）と繰り返し強調するように、ワースにとってゲットーは他集団から区別された都市のなかのコミュニティである。このかぎりで、ゲットーは、社会解体現象とは相入れないものである。しかし、そこには後継世代の問題があり、移民の子どもたちは、新しい外の集団に同化しはじめ、移民集団の解体と犯罪問題が生じてくる、とワースはいう。ここには確かに、社会解体、犯罪や非行といった社会病理、その対応としてのコミュニティというその後のシカゴ学派を特徴づけたテーマ設定が敷かれている。

　この流れを決定づけたのが、ゾーボーの『ゴールドコーストとスラム』である（Zorbaugh, 1929=1997）。ゾーボーはシカゴの都心近くのニア・ノース・サイドを研究対象に取り上げる。この地域はゴールドコーストとスラムという極めて対照的な地区から成り立っており、その対照性をゾーボーは「ニ

ア・ノース・サイドは光と影の際だったコントラストの地域である。その対照性は、古いものと新しいもの、母国人と外国人といったものばかりではなく、富と貧困、悪徳と高潔、伝統に捕らわれている人達とボヘミアン、贅沢さと苦労といったさまざまなコントラストである」(Zorbaugh, 1929: p.4) と表現している。そしてかれの主要な関心は、そもそも当初この研究成果に、コミュニティ・オーガニゼーションの研究という副題がついていたことからも分かるように、スラム地区の社会解体とそれへの対応にあった。それはゾーボーの「スラムは、崩壊と解体で特徴づけられる地域である」、「スラムは自由と個人主義の地域である」(Zorbaugh, 1929: p.128) といった表現に見て取ることができる。そして、ニア・ノース・サイドの地域生活でもっとも衝撃的なことは、この地域にコミュニティと呼べるような地区がほとんど存在しないことであり、地域に対する感情や意識あるいは行動といったものが驚くほど少ないことであるという。つまるところコミュニティの喪失である。

　ゾーボーはコミュニティの喪失を、都市の成長の基本的なプロセスの結果と理解する。そのようなプロセスには、移動、集中、継承、およびその結果としての地域内の文化や世論の崩壊、社会的距離の拡大、そして集住性よりも職業活動を基礎とした感情や利害の組織化がある。都市の社会病理はコミュニティ生活の崩壊に帰着されるが、農村や小都市型のコミュニティの復興の試みは都市生活の変化に反するものであり、徒労におわる。そこで新しいコミュニティの創造が求められていくことになるが、ゾーボー自身は、それを専門職層の都市への理解力と将来の都市への想像力に期待しているように読める。そのことをミドルクラスの支配の正当化と見るか、ミドルクラスのもつある種の文化資本の可能性への示唆と捉えるかは意見の分かれるところだろう。

　いずれにせよ、すでに述べたように、伝統的なシカゴ学派の都市社会学が貧困や低階層といった社会的不平等の問題に全く無関心であったわけではない。しかし、移民や低階層者、スラムを扱ったこれらの作品からも分かるように、その主要な関心はそれを生み出すメカニズムには向かわなかった。そ

れよりもむしろ都市化の進展のなかで生じる生活様式ないし社会関係の変容に主眼が置かれた。別の言い方をすれば、近代性（モダニティ）の帰結を、その文化的側面から解明していったといってもよいだろう。そこで欠落していたのは、現代都市を成り立たせているもう1つの重要なファクターである生産様式のあり方、すなわち資本主義の問題であった。

## 3　新都市社会学

　都市における社会的不平等の問題は、それを生み出すメカニズムとしての資本主義と深くかかわることはいうまでもない。この点で、伝統的な都市社会学を批判して登場した新都市社会学は、ここで十分な吟味を必要とするように思われる。この新しい潮流は、その性格からレックス（J. Rex）、パール（R. Pahl）などイギリスの社会学者を中心としたネオ・ウェーベリアンのアプローチとカステル（M. Castells）を理論的旗手とするネオ・マルキストのアプローチに大きくは分かれる。以下この順に検討を加えよう。

　バージェスに代表される伝統的な都市社会学が進めてきた都市空間のセグリゲーション・パターンの分析は、それ自身では理論的説明の迫力に欠ける。レックスとムーア（R. Moore）は、バーミンガムの遷移地帯、スパークブルックを対象にして、人種関係と都市空間との関係から、地帯理論の基礎をなす生態学的プロセスに替わる社会的プロセスの意味を理解しようとする（Rex and Moore, 1967）。その際に重要な意味を持ったのが、人種関係における住宅の役割であった。外国人移民とイギリス人の間には、希少資源としての住宅ストックへの接近をめぐって不平等が存在する。たとえばそこには、スラムクリアランス政策による安い民間賃貸住宅ストックの減少やイギリスの公的住宅であるカウンシルハウジングへの入居資格にもとづくインフォーマルな差別といった人為的な要因が介在する。その結果、貧しい移民たちは、遷移地帯にある老朽化し質の悪い住宅に押し込められることになる。そしてそれはしばしば1つの住宅を複数の世帯で共有するマルチプルオキュペーション

（多世帯居住）の形態をとり、居住水準は劣悪化する。

　かれらの創り出した住宅階層（Housing Class）という概念は、このような住宅へのアクセスをめぐる不平等、言い替えれば、住宅市場における人々の位置ないし状態のことを指している。この住宅市場における人々の状態は、ある部分はかれの収入、それゆえ労働市場におけるその人の位置によるが、一方で、差別された移民労働者に見られるように、労働市場における状態が同じでも、住宅資源へのアクセスビリティ（接近可能性）に違いが見られる場合がある。そこでは、住宅の使用をめぐって階層間のコンフリクトが発生し、そしてこのコンフリクトこそが、社会単位としての都市の中心的な社会過程をかたちづくる。これがレックスらの主張である。このレックスらの諸説で、もっとも注目すべき点は、労働の場での諸関係に帰因する不平等やコンフリクトと、生産関係に直接は規定されない都市内部の居住空間をめぐる不平等、およびそれに帰因するコンフリクトを区別する必要性を指摘したことであろう。ここでレックスが示唆した、都市的環境下での希少資源の配分と使用というテーマは、その後、パールに引き継がれていくことになる。

　パールは、都市に生活する人々の基本的な生活の機会は、レックスらが重視した住宅資源もその1つに含まれるさまざまな施設や資源への接近のあり方によって左右されていると考える。そして、その諸施設へのアクセスビリティを拘束する条件を重視して、「都市社会学の基本的な枠組みは、ある地域に特有に作用するその拘束のパターンにこそおかれるべきである」（Pahl, 1975: p.204）と主張する。パールの社会学が「拘束の社会学」と呼ばれるゆえんがここにある。人々の生活機会は、多かれ少なかれ、都市におけるさまざまな資源や諸施設の偏った配分によって、社会的、空間的に拘束されている。ここでは、このある種の人々にもたらされる偏った資源配分の原因や結果を理解することが都市社会学の主要なテーマとなる。パールにとって、都市の不平等とはこのように、多様な資源に対する社会集団間の接近性の相違のことにほかならない。そして、この不平等を生み出しているのが、希少資源を管理、操作する地方行政官やディベロッパー、金融保険会社などの都市シス

テムの管理者たちであるというのがパールの主張である。直接の研究対象はこの社会的ゲートキーパーの役割を果たすアーバン・マネージャーのイデオロギーや役割に向けられる。

　要するに、パールの都市社会学の基本的な分析枠組みは、都市の希少資源や施設への接近に対する社会的、空間的拘束性を従属変数として、それを独立変数としての都市システムの管理者や制御主体の行為によって説明するという形になっている。このことは確かにシカゴ学派都市社会学がほとんど取り上げてこなかった機会の不平等性と権力の問題を前面に据えた点で着目に値する。しかし、このような拘束の社会学にも問題がないわけではない。その1つは、生活機会の不平等に関する物質的条件や指標化を強調するあまり、都市で生活する普通の人々の世界に目を向けることを忘れているという点である。「資源を統制し配分する人々に照準があわせられ、統制を受けている人々がその視野から消えうせているのである。プランナーではなくむしろそうした人々が、コミュニティに適応し、対応し、活用する様子を、もっと間近に観察すべきではないだろうか」(Mellor, 1975=1983: p.29) というメラー (R. Mellor) の批判はこの点で納得できるものである。

　また、都市システムの制御主体、あるいは都市の官僚制内部の専門職の役割を最重要課題とする、パールがアーバン・マネージャリズムと呼ぶこの立場に対しては、のちにパール自身がその再検討を試みている。その主要な論点は、一言でいえば、都市をサブシステムとする、より大きな資本主義社会をよりよく理解しないかぎり、都市のよりよい理論的理解は不可能だという点である。イギリスの都市社会のあり方や間接的な所得の再分配といったことも、競争的な世界資本主義と改良主義者の福祉国家イデオロギーとの間の緊張の産物といえる。その意味でも中央政府の役割は大きい。しかしパールの最終的な判断は、そうだからといって、都市の希少資源の配分に携わるアーバン・マネージャーの役割が、重要でなくなるということではなく、かれらが都市の問題にとっては、やはり中心的役割を担うだろうというものであった。このアーバン・マネージャーの重要性に関しては、国によりあるい

は地域によって、かなりの程度異なるはずであり、パールも示唆するように、それ自身が比較研究や歴史的研究を要請する。そして、ここでパールが指摘した、全体社会のサブシステムとしての都市という見解は、伝統的都市社会学において欠落しがちな視点だっただけに重要であり、つぎのカステルにおいて、この点はより強調されることになる。

　カステルの伝統的都市社会学への批判は、伝統的都市社会学がその科学分野としての独自の理論的対象を持ち得ていないことに始まる（Castells, 1977=1984）。それ故に、伝統的都市社会学は、歴史的に構成されてきた一学問分野として、それが生み出す知識の有効性によってではなく、社会関係に及ぼすイデオロギー的な影響力のゆえに正当化されているということになる。いわゆる「統合のイデオロギー」への批判である。そこで、科学としての都市社会学が存立するために「都市的現象とは、実際のところ何を指しているのだろうか。農村には関係せず都市にだけ関係するような現象とは一体何か」（Castells, 1975=1983: p.5）が問われることになる。

　カステルはこの問いを資本主義社会の矛盾とからめて分析していく。すでに示唆しておいたように、カステルにとって都市は、全体の社会構造（システム）の一部分である都市システムとして位置づけられる。かれは、マルクス(K. Marx)によって分析されていた競争段階の資本主義と今日の後期資本主義との間には消費のプロセスの重要性において、決定的な違いがあると主張する。そしてこの都市システム（都市的単位）は、全体システムとの関連において、もはや生産としての単位ではなく、労働力の再生産すなわち消費のプロセスによって特徴づけられていると考える。この労働力再生産過程には個人的消費と、交通や学校や医療サービスといった通常は国家のような公共部門によって提供され、サービスが集団的に消費される集合的消費とが区別される。そして、この２つの消費過程のうち、都市の構造を決定づけるのは集合的消費の方だというのがカステルの論点である。なぜなら、消費過程の社会化の程度が進んでいるほど、消費手段の集中や相互依存がより大きいほど、その過程の管理単位がより大きくなるほど、そのプロセスの組織化はよ

り一層集積され、集権化され、構造化されるはずであり、この特徴がもっとも明らかになるのは集合的消費のレベルであるからにほかならない。それゆえ、この「集合的消費」こそが科学としての都市社会学の正当な研究対象であるとカステルはいう。

集合的消費手段が政府レベルで管理されるようになるにつれ、都市への視点は政治的な色彩を濃くしていく。なぜなら、病院、学校、住宅、交通などの各組織は緊密な結合と相互依存のネットワークを形成し、日常生活の基本的な決定因になると同時に、社会構造を形成する階級的な諸利害と結びついた政治的な選択の対象になるからである。都市問題の政治化は、言葉を替えていえば、集合的消費をめぐる社会的不平等の問題の争点化である。新しい都市社会運動はこの点をめぐって展開される。

このような新都市社会学のアプローチに共通していえることは、都市を労働力の再生産（消費）の場所と規定することで、生産関係に全面的に収斂することができないような社会的不平等の新しい源泉を積極的に取り上げていったことであろう。そこでは、国家であれ、都市行政であれ、不平等を生み出す行政官僚制の権力の問題とそれをめぐる紛争の理解が中心的課題となった。伝統的な都市社会学の関心があまりにも都市の文化的な側面へ傾斜しがちであったことを考えれば、この新都市社会学のアプローチが都市の新たな理解へ重要な貢献をなしたことは間違いない。

しかし一方で、いくつかの問題点も指摘できる。その第1は、1980年代以降顕著になる、グローバリゼーションに象徴される資本主義の構造再編の過程で、都市における社会的不平等が、集合消費といった消費のプロセスに生じる問題としてだけでなく、生産のプロセスで生じる問題として再び着目されるようになってきたという問題。第2は、都市社会学の科学的対象としての「都市的なるもの」への執着が強すぎたのではないかという疑問。そしてそのために、伝統的な都市社会学の遺産の評価を歪めてきたのではないかという問題。第3は、都市における資本主義の問題を取り上げる一方で、近代性、あるいは文化の問題を捨象してしまうのは妥当とはいえないことである。

第2、第3の問題へは、のちに再び立ちもどることにして、ひとまず最初の問題を取り上げよう。

## 4 都市的不平等の新展開

近年の資本主義のグローバリゼーションや経済の再編（エコノミック・リストラクチャリング）がどのように、都市における新しいタイプの不平等を生み出しているのか。その論理を明らかにすることがここでの問題である。

近年の先進資本主義国の大都市に見られる経済再編の特徴を、バック（N. Buck）らは6項目に整理している（Buck, Drennan and Newton, 1992）。かれらがあげる第1の特徴は、1950年代、60年代に経済の中心的存在であった製造業の衰退ないしは危機である。その裏には、経済の高度成長を支えた、いわゆるフォーディズムといわれる大量消費にもとづく、大量生産様式のいきづまりがある。多品種少量生産や顧客受注生産に見られる、より柔軟（フレキシブル）な様式への転換が進んでいる。第2は、コミュニケーション技術の発達や多国籍企業の展開を背景にする、生産の国内外への地理的拡散である。国内および海外の低開発地域への製造業の移転が、大都市の製造業の空洞化を導いた。しかし一方で、生産拠点の地理的拡散は、企業中枢管理機能の主要都市への集中を促した。第3は、生産プロセスや経営管理の複雑さの増大が、広告業やコンサルタント業、コンピュータサービス業、ビル管理業、などさまざまな生産者サービスの発展を導いた。そして、企業の中枢管理機能の主要都市への集中にともなって、この種の生産者サービスは大都市へ集積する傾向をもった。

第4は、国際金融システムの複雑性と重要性の増大である。金融資産の国際市場は、世界をタイムゾーン化し、ニューヨーク、ロンドン、東京の3極構造を作り上げた。そして、これらのいわゆる世界都市では、自国内の経済以上に、世界経済との関連が重要となった。第5は、経済政策において、また、社会的、集合的サービスの提供において、国家や政府の役割が重要に

なっていることである。そして最後は、個人の消費パターンの変化である。その裏には、サービス産業に従事する専門技術職、管理職の人々の増加があり、また、かれらの購買力の増大がある。都心に近い住宅需要の増大や都心エリアのサービス向上を求める消費者団体も現れているという。誇示的消費の場としての都市の役割が再び着目されるようになってきた。

このような経済再編の諸特徴は、かれらが主として欧米のニューヨークやロンドンという都市を念頭において、一般化しているために、こまかい点では日本の都市である東京の現状に当てはまらないところもあるが、総じて大枠では、共通点の方が多いといってよいだろう。ただしここでの主要な問題は、都市の経済再編そのものにあるのではなく、それが都市の社会構造にどのように反映しているのかという点にある。

この点を早い時期から問題にしたのはサッセン(S. Sassen)であった(Sassen, 1988=1992)。サッセンは、経済活動の新しい構造を、一方での、製造部門と事務的業務の分散化、他方での、統制、管理部門の集中化と捉え、その新しい構造が労働需要の変化をもたらしたと考える。そしてその結果は、主要都市の社会構造の階層的両極化、ないしは社会的分極化を導くものとされる。その理由について、サッセンは2つのポイントをあげる。1つは、製造部門を中心とした分散化が主要都市における中所得職種の雇用供給を減少させる一方、生産者サービス部門を中心とした集中化が、管理専門職といった非常に高所得の職種と、たとえばビルの警備や清掃といった低賃金の職種の両方の増加をもたらすこと。そしてもう1つは、増大した高所得者の生活様式が、かれらにサービスを提供する、たとえば住居棟の清掃といった低賃金職種の雇用を生み出すことである。特に2つ目のポイントは、経済の再編成が、生産の領域だけでなく、消費の領域との関連でも、社会の分極化を促進することに目を向けさせた点で重要である。

そしてこのように生み出された、低賃金職種の雇用が、70年代後半以降増加する新しい移民を吸収しているというのがサッセンの主張である。それはまた、なぜニューヨークやロサンジェルスという世界都市で新しい移民が増

えているのかという疑問の答えでもある。サッセンのこの議論は、近年の経済構造の変化が、労働市場の構造の変化を通して、都市における新たな社会的不平等を生み出していることを強調するものであった。

　しかし、アメリカの世界都市を念頭においたサッセンの議論がそのまま日本の世界都市、たとえば東京に当てはまるとは考えにくい。第1に、職種と所得の関係は日本の場合、アメリカほど直接的ではなく、少なくとも企業規模や年齢といった要因を媒介項として考慮する必要があること。第2に、製造部門の分散傾向は、東京でも見られるが、ニューヨークなどと比較した場合、東京にはまだまだ製造業の集積が見られること。第3に、近年衰退が著しいとはいえ、東京には歴史的に旧中間層たる自営業層が根強く残っていること。第4に、高所得型生活様式がどの程度、労働集約的な職種の雇用を生み出しているのかは疑問があること。しかし、近年の東京の職業構成の変化は、ブルーカラーが減少する一方で、専門技術職と労務職の増加という分極化の傾向が見られること、また、その過程で外国人労働者が増加していることは事実であり、日米都市の異同が、比較研究の枠組みのなかで今後に検討されねばならない。

　このサッセンの提起した都市の経済再編と階層構造の両極化との関連というテーマは、モレンコフ（J. Mollenkopf）とカステルの『デュアル・シティ』に引き継がれる。かれらは、ニューヨークを実験室として、近年生じつつある社会的不平等のパターンを探ろうとする。かれらによれば、デュアルシティとは、「脱工業型社会に生じつつある都市空間の社会構造上の特質の表現であり、一般的には、社会的分極化のプロセスを指している。そしてこの概念は、現代都市における不平等、搾取、抑圧に対する異議申し立てとしての意義をもち、現代都市社会の1つのトレンドである上層と下層への人々の両極分解を強調する意義をもつ」（Castells and Mollenkopf, 1991: p.405）という。

　かれらの議論のなかで、もっとも着目するべき点は、しばしば見落とされがちだが、デュアルシティを、単に高所得層と低所得層への分解と捉えるの

ではなく、階層形成の社会的プロセスとして捉えようとしている点であろう。脱工業型都市の社会構造の複雑さにもかかわらず、さまざまな社会的グループの間に、2つの対立する力が働いている。その力は一方で、都市の企業経済に直結する中核としてのアッパープロフェッショナル層を形成し、他方で周辺としての多様に分節化された従属階層を形成する。その結果として文化的、経済的、政治的2極分解が生じるという命題である。多くの論者のデュアルシティ概念への批判は、現代都市の複雑性、多様性を上下のダイコトノミー（2分割）では表現できないという点であった。マルクーゼ（P. Marcuse）の批判はその代表的なものである（Marcuse, 1989）。しかし、すでに示唆したようにこの種の批判は妥当とはいえない。デュアルシティという概念が、都市の社会現象の記述概念ではなく、都市の社会的リストラクチャリングの論理、すなわち都市社会のダイナミズムのロジックに属する概念だからである（園部、1993）。

しかしその一方で、かれらが階層形成ということをどう考えるのかを含めて、階層形成の理論的検討が極めて不十分であったことが最大の問題である。そのために、ニューヨークをフィールドにした豊富な実証分析も統一性を欠く結果になってしまっている。かれらのいう「対立する力」が階層形成の理論のなかに正しく位置づけられて理解される必要があった。そしてそうすることで、デュアルシティ論のどこが新しいのかという批判にも答えることができるはずである。

デュアルシティ論のもう1つの弱点は、都市における新しい不平等、すなわち新たな階層の形成と都市空間との関係への分析的視点が希薄なことであるが、この点に関しては、のちに論じることにして、ひとまずさきに、フェインシュタイン（S. Fainstein）、ゴードン（I. Gordon）、ハーロー（M. Harloe）らの『ディバイディッド・シティズ』のなかの都市の不平等の取り扱いについて見ておこう（Fainstein, Gordon and Harloe, 1992）。かれらも、近年の経済構造の再編の過程で、ニューヨークやロンドンといった世界都市の社会構造が、分節化ないし断片化の傾向を強めているという点では、モレンコフやカステ

ルのデュアルシティと同様の認識に立っている。かれらのデュアルシティへの批判の中心は、社会階層の中核と周辺の二重性の比喩にこだわりすぎて、社会の多数派を構成する中間層を無視しているという点である。そこでかれらは、社会構造の2分割図式にかえて、中間層を加えた3分割図式を採用する。そして今日的変化として、上位階層は、経済のグローバル化の過程で、その数的増大とともに、影響力を拡大している一方、中間層は、労組への組織率の低下などによって、以前にもっていた影響力を縮減している。また、下位階層は、数的増大の一方で、影響力をほとんど行使することができなくなっていることを指摘する。その原因の1つには、人種、民族、ジェンダーといった、経済的階層とは異なった次元によって、この層の分節化、断片化が進んでいることをあげる。

　すでに示唆しておいたように、都市の社会構造を2つに分けるか、3つに分けるか、またはそれ以上に分けるかという議論は、あまり生産的であるとは思われない。それよりも繰り返しになるが、都市における階層を形成する論理それ自体が問題にされねばならない。近年のグローバリゼーションやリストラクチャリングが、その論理をどう変えた、あるいは変えつつあるのかが中心的な問題を構成するべきである。ただしかれらの議論のなかにも傾聴すべき点がある。1つは、階層形成に影響する世帯単位の資源への注目の必要性を指摘していることである。たとえば個々人の所得は世帯で合計されるし、住宅資産は、実際上は世帯で所有される。階層のはしごを登るうえで、世帯の何人が稼得活動に従事しているかということは重要な意味をもってくる。

　もう1つは、都市空間と階層との関連について、マルクーゼがデュアルシティにかわって提案した、クォータードシティの考え方をもとに、考察を深めていることである。マルクーゼのクォータードシティは、豪奢な都市 (luxury city)、上級化された都市 (gentrified city)、郊外の都市 (suburban city)、借家の都市 (tenement city)、ゲットー (abandoned city) の5つの区域（クォーター）から構成される。そしてそれぞれの区域に、富裕階層、若年層を中心と

する専門職や管理職層、伝統的な家族を中心としたミドルクラス層、低賃金労働者層、長期失業者やホームレスといった都市貧困層が対応する(Marcuse, 1989)。ハーローらは、基本的にこのような区域ごとの住民階層の分化を認めつつも、経済的階層という要因だけでは捉えられない人種やジェンダーによる社会分化の重要性を指摘し、そのような都市のより広い社会分化と職業階層による分化とが、政治的資源動員を成功させるうえで、互いに強めあう可能性を減少させてきていることに着目している。都市空間と階層形成、および都市政治との関係を考えるうえで、見逃せない論点である。

以上、近年の経済構造再編と都市における不平等との関連の議論を検討してきた。そこからは、消費生活の場としての都市という側面だけではなく、再び労働市場の構造を通して、生み出される都市の不平等の問題に注意を向けることの必要性が浮かび上がってきた。

## 5 結 論

これまで、シカゴ学派都市社会学、新都市社会学、都市のリストラクチャリング論を素材として、都市における社会的不平等の扱い方を検討してきた。では今後、都市における社会的不平等の問題への有効なアプローチは、どのような方向に求められるべきか。

まず第1に、いうまでもなく、都市における社会的不平等を生み出すプロセスの理解が重要だが、それは、一方では、都市リストラクチャリング論が示すように、世界システムに統合された資本主義の再編と連関する、労働市場の構造変化に規定され、また一方では、新都市社会学が重視した、都市空間を秩序づける住宅市場の構造に規定される。ここで重要なことは、労働市場が生み出す経済階層と住宅市場が生み出す住宅階層が、どのように連動し合って、都市的不平等に結実するかという点である。このことは理論的には、労働市場と住宅市場、その両者の関係を問うことになるだろう(Allen, J. and C. Hamnett, 1991)。それは一般的には、労働市場における人々の位置が、その

人の経済的資力を決定し、それが住宅取得の様式を規定すると考えることができるが、労働市場への参加は、原則として個人を単位とするのに対して、住宅市場への参加は、基本的に世帯を単位とすることに留意しておかねばならない。この意味で、都市的不平等を考えるうえでの世帯の重要性がある。また、質の良い住宅は、良好な居住環境にあることが一般的であり、単体としての住宅だけでなく、居住環境、居住空間の点でも人々への都市的資源の配分は平等ではない。

このように、都市における社会的不平等の理解には、労働市場や住宅市場の構造変化を把握したのちに、住宅市場や都市的居住環境をめぐる不平等が、労働市場で生じる不平等と相互にどのように関連しているのかを明らかにすることが重要であり、そのうえでさらに、労働市場や住宅市場へのアクセスの不平等が、エスニシティやジェンダーという要素とどのように絡み合っているのかを問う必要があるだろう。不平等がこの種の属性主義的な異質性と結合することによって、より社会的な問題として深化、拡大するからである（園部、1992）。

第2に、都市的不平等へのアプローチは、さまざまな社会現象を統合する媒体としての場所ないし空間に視点を据えて、より広い文脈での社会的不平等と空間形成とのかかわりを捉えていく必要がある。このことは、ある意味では、伝統的な都市社会学がテーマ化していた都市における社会的セグリゲーションの問題を重視することになる。しかしそのプロセスの理解は、すでに明らかなように自然地域を重視したシカゴ学派の生態学的解釈とは異なったものになるのは当然である。とりわけ、国家や政府の住宅政策や都市政策を通しての空間生産における役割は大きい。

具体的にはそれは、郊外化、ジェントリフィケーション（上級化）、ゲットー化（衰退化）といった空間形成、空間生産の諸現象を、都市的不平等の形成という文脈のなかで捉え直していくことを意味する。特定のタイプの空間の生産は、文化的な価値やライフスタイルを共有した社会層の形成に極めて重要な役割を果たす。また、特定のタイプの社会層は、特定のタイプの空間

を形成していく。郊外化は、夫婦と子の核家族を中心とする近代家族の発達とあいまって、ミドルクラスの形成を促した。ジェントリフィケーションは、女性の雇用進出や家族の多様化とあいまって、新しいミドルクラスの形成を予感させる。また、ゲットー化は、資本主義再編の受苦層や特定のエスニックグループの増大とあいまって、都市における新たな貧困層、アンダークラスの形成を懸念させる。そして、あらためて言うまでもないが、これら郊外化、ジェントリフィケーション、ゲットー化の実体やパターンは、それぞれ国により地域によって、相当の違いが見られる。それは何故か、比較都市社会学の重要なテーマを構成する。

第3に、都市的不平等を捉えていくうえでの文化やライフスタイルの重要性である。すでに述べたように、伝統的な都市社会学では、サブカルチャーや人々の社交関係に着目していく過程で、資本主義にもとづく不平等の問題は周辺へ追いやられてしまった。一方、新都市社会学や都市リストラクチャリング論は、資本主義的不平等の問題を中心に据える過程で、人々の日常生活あるいは経験の問題を周辺へ追いやってしまった。このように、都市における社会的不平等の問題と人々の日常的経験や文化の問題という、2つの大きな問題をきりはなして考えることは妥当とはいえない。郊外化にしろ、ジェントリフィケーションにしろ、ゲットー化にしろ、社会的セグリゲーションは社会的不平等の空間的表現であり、それは、人々の日常的な生活経験やサブカルチャーの形成によって、強化、拡大される。あるいはまた、人々の日常的な生活のあり方は、社会的不平等という現実とかけ離れて展開されているわけではない。

マルクーゼは、居住者における居住地区の意味に、今日変化が見られ、安全やサポートネットワークの基盤という以上に、アイデンティティの源としての意味が重要になってきているという（Marcuse, 1993: pp.360-361）。その結果は、居住地区間の〈しきり〉の強化であり、テリトリー間のコンフリクトの増大である。これまで、日本の都市は、欧米に比べて、居住分化の程度が相対的に弱いといわれてきた。おそらくこのこと自体は間違ってはいないと

思われるが、今日、新しいミドルクラスの居住地区の形成や外国人居住者の特定地区への集住傾向が見られはじめたことを考えると、マルクーゼの指摘は一定のリアリティをもってくる。

　第4は、このような社会空間的なセグリゲーションと都市政治との関係である。サベージ（M. Savage）らは近年の都市政治の変化をつぎのように総括している(Savage, M. and A. Warde, 1993: p.175)。前産業型社会の政治的対立は、宗教や地域、氏族やエスニックグループを基礎にしていたのが、産業社会においては、政治対立の中心は階級を主要なものとする産業的な分化にとって変わった。そこでは、程度の差こそはあれ、地域は政治において均質的な性格をおびていった。しかし、1980年代になって、再び場所、テリトリーが政治的対立において復権してきている。日本の都市の現在を見るとき、直ちにこの総括が当てはまるとは思えないが、たとえば、ジェントリフィケーションが異なった社会層間の置換をともなう現象であったり、外国人居住者の増加につれて、徐々に居住地区の〈しきり〉が生まれつつあることを考えると、その可能性を全く否定することはできない。いずれにしろ今後、都市における社会的不平等の問題は、さまざまな社会層の都市政治への影響力の不平等分配の問題と絡めて分析していく必要があることは間違いない。

　最後は、アプローチの方法にかかわる問題である。すでに、新都市社会学が、「都市的なるもの」へのこだわりのために、伝統的な都市社会学の遺産を歪めてきたのではないか、という疑問を提示しておいた。この点はサベージらの指摘に多くを教えられたのだが、そもそもパーク（R. Park）ら、シカゴ学派初期の都市研究者は、〈都市〉を都市の社会学の対象にしようとしていたわけではなかった（Savage, M. and A. Warde, 1993）。かれらは、都市を都市化、より普遍的には近代性の諸矛盾が鋭く現れる場所と見なし、そこを、それらの問題を考える絶好の実験室ないしは観察室と見なしていた。現在の新たな社会の大転換期において、この〈都市〉を、都市を含むより大きな社会の変動をより詳細に把握し、分析し、理解するための社会的舞台とする考え方に、いま一度立ち戻ることが有効なのではないか。これは言葉を換えれば、

〈都市〉という言葉の向こうに、〈社会の変動〉を見るアプローチと言うこともできる。また、〈時代診断学〉としての都市社会学という言い方も可能だろう。都市における社会的不平等の問題は、現代社会の経済的、文化的、政治的変動の文脈のなかで、都市という窓口を通して、現代社会の諸矛盾を、〈中範囲〉で解明していく、都市社会学の根本問題の1つである。次章以下では、現代大都市における社会的不平等の問題を、〈分極化する都市〉という概念を中心に据えて検討していくことになる。

# 第2章 分極化する都市

## 1 現代都市類型としての脱工業型都市

### (1) 第2の都市革命

　最近の社会学の動向の1つとして、全体社会の構造と変動を問題にする、マクロ社会学への関心の復権がある。このことは都市社会学の動向においても例外ではない。伝統的な都市社会学が、あまりにもミクロな領域に迷い込んでしまったことへの反省が、都市社会学における〈全体知〉をいかに構想しうるのか、という問題提起となって、学会内部からも生まれるに至っている（たとえば、『日本都市社会学会年報11』）。世紀の転換を目のあたりにして、都市の視点から、全体社会の社会変動をどう読み解くのか。今日の都市社会学の最大の課題がここにある。

　さて、1980年代以降の先進諸国大都市を特徴づけるのは、その都市の貌の大きな転換が認識されたことである。この新しい都市の貌をめぐって、脱工業型都市、情報都市、世界都市、ポスト・フォーディズム都市、ポスト・モダン都市、高度産業都市といったさまざまなネーミングが考案されているが、正直なところ、どれもいま1つの感を拭えない。いまの時代の特色が、大きな変動のなかで非常にネーミングのむずかしい時代なのであろう。しかしここではひとまず、現れつつある都市の新しい貌を、〈脱工業型都市〉と呼ぶことにしようと思う。その理由の1つは、歴史的把握の重要性を認識すること

であり、19世紀後半から20世紀初頭にかけての都市の大転換を、前産業型都市から工業型都市への実質的な脱皮と捉えれば、21世紀初頭の現在は、情報技術をてことした工業型都市から脱工業型都市への転換の過程といえるだろう。もう1つの理由は、のちに詳しく見るように、比較都市社会学の先達の重要な遺産として、ショウバーグ（G. Sjoberg）の前産業型都市論がすでに存在していることである。

　ただし、ここでの〈脱工業〉の含意は、これものちに詳しく検討するように、一部の脱工業化社会論者がいうような工業生産が経済のなかで占める役割が重要でなくなったとか、あるいは知識のコントロールが世界資本主義経済の組織原理としての投資収益にとってかわったとかいうことではなく、先進諸国大都市の現代的転換を、その社会構造全体から類型的に捉えるうえで、ひとまず有効なタームと判断しうることである。前産業型都市から工業型都市への転換を第1の都市革命とすれば、現在、生じつつある工業型都市から脱工業型都市への転換は第2の都市革命と呼んでいい。

### (2) 前産業型都市と工業型都市

　周知のように比較都市社会学者のショウバーグは、これまでの都市社会学のアメリカ中心主義を批判して、都市の比較研究の重要性を指摘しつつ、従来の都市社会学の通説を再検討する試みをおこなった。その際ショウバーグが重視するのが、前産業型都市と工業型都市の区別である。ショウバーグ自身が、「都市の類型学を基礎づけるのは、最重要な独立変数としてのテクノロジーである」（Sjoberg, 1960＝1968：p.7）というように、この類型はテクノロジーの発展段階に対応して、その段階独自の社会構造の型が存在することを念頭においている。

　その独自の型とはどのようなものか。かれは、それを古今東西の典型的な前産業型都市を可能な限り数多く取り上げ、その資料分析を通して、それらの共通性を一般化するという方法で求める。これがかれのいう、いわゆる〈構成型〉であり、「構成型は客観的に可能性の高い要因の組合せとして形づ

くられるので、ふつう研究される現象の独自な特徴から構成される理念型にくらべて、現実により密着している」(ibid.: p.19) ことになる。このような作業から導かれた、前産業型都市と工業型都市各々の都市の特徴をかれの記述に沿って要約すると、表2-1のようになる。このような作業を通してショウバーグは、各類型内の文化圏による都市間の差異よりも、前産業型、工業型都市の類型間の差異のほうが極めて大きいことを強調する。

表2-1　前産業型都市と工業型都市の特徴

|  | 前産業型都市 | 工業型都市 |
|---|---|---|
| 経済構造 | 経済活動、分業未発達<br>エリートは経済活動を軽蔑<br>主要な単位はギルド<br>価格・通貨・商品は非標準化<br>信用や資本形成の仕組みの欠如 | 分業が極度に発達し、生産や流通の結節点<br>大企業による経済の支配<br>テクノロジーの発達の結果、通貨・価格・物財の標準化<br>信用制度の発達とむすびついた資本増殖<br>産業構造の高度化 |
| 地域構造 | 都心は商業活動よりも政治・宗教活動の中心<br>都心はエリート層・周辺に下層・賤民<br>職業・人種による地域的分化<br>土地利用の専門分化は未発達 | 中心部は経済活動、住宅機能は周辺部<br>住みわけは中心部に近いほど下層、上層は周辺か郊外 |
| 社会構造 | 下層・賤民の分化と固定化<br>賤民集団の差別<br>中間層の欠如<br>拡大家族が理想、直系家族が一般的<br>性・年齢による差別 | 階層間の流動性は増大<br>業績主義化<br>幅広い中流階層の形成<br>核家族化<br>性・年齢の平等化 |
| 政治構造 | 上流階層の支配<br>職員の採用はパーソナルな要因が優越 | 階層構造の流動化と中間層の拡大によって権力構造は多元化 |
| 文化構造 | 宗教が秩序を維持する潜在的要因<br>宗教の階層性<br>ほとんどの生活領域に宗教の影響大<br>自然と神の秩序は絶対的、呪術の多用<br>口伝えのコミュニケーション<br>教育の階層性、伝統の伝授 | 伝統的権威は弛緩し、合理主義・普遍主義・個人主義的価値の卓越<br>科学精神の尊重、宗教の役割の後退<br>マスコミュニケーション、大衆教育の発達 |

ショウバーグの主張には、重要な指摘といくつかの問題点とがある。もっとも着目するべき点は、「前産業型都市にせよ、産業型都市にせよ、都市はそれを包摂する社会文化体系によって形づくられるのであるから、ある種の問題の分析に当たっては、都市を独立変数としてではなく、『従属変数』として扱うことがぜひ必要なのである」(ibid.: p.14) という指摘であろう。周知のように、ワース (L. Wirth) を代表とするアメリカの伝統的都市社会学は、ある社会現象を説明するのに、都市がきめ手となる独立変数だと考えるのがふつうであった。そのことによって、都市と全体社会の変動との関連を分析する視角が欠落することになった。都市社会学は、都市の発展や変動を扱うのではなく、都市という社会に特徴的に見られる、人々の生活様式や行動様式へと、もっぱらミクロな次元へと焦点化されていった。「本書を通じて、都市と全体社会とをはっきりと理論的に区別してきた。しかし実際にはこの両者は切り離しがたい。一方を分析しようとすれば、他方を必然的に扱うことになる。事実、われわれの出発点は都市であったが、そこから手を広げて封建社会全般を扱うことになった。結局、本書は、その社会の主要な活動の中心である都市に重点をおいた、前産業型文明社会の分析となった」(ibid.: pp.279-280) とショウバーグがいうとき、そこには全体社会の変動を都市の視点を通して具体的に見据える視角が用意されている。

第2の注目すべき指摘は、都市の比較研究の枠組みについてである。「一般に社会科学は、そしてなかんずく社会学は、科学としての要件を満たすためには、社会および諸文化のなかから共通の要素を取り出す必要があるということである。前産業型都市の普遍的ないし準普遍的な諸特性を確立した後、はじめて何が真にユニークであるかを発見し説明することができる」(ibid.: p.270) というように、都市の比較研究を始めるにあたって、まずは普遍性を一般化したのちに、はじめてその特殊性を議論できるのだという指摘である。そしてその一般化された普遍性こそが、文化圏を超えて、現在起こりつつある社会変動を測定し解釈する際のものさしとなることができるという。ここでは、都市の比較研究の究極的な目的が、過去と現在を比較するという立場

にたって、現在、世界中で生じている変動過程の長期的な説明に求められていることが分かる。

　ショウバーグ自身の直接的な意図は、都市社会学のアメリカ中心主義への批判であったが、一見あたりまえに思えるこの指摘も、文化の異なる多くの都市について蓄積された素材を、いかなる観点から整序するかの枠組みをもたない比較研究の不毛さを前にするとき、極めて重要な意味をもつ。

## (3) ショウバーグの問題点

　さて、このような傾聴すべき点がある一方で、ショウバーグ説の問題点は何か。第1は、実質的な理論的枠組みにかかわるものである。すでに見たように、ショウバーグは、都市の類型を規定する基本的な要因をテクノロジーに求めている。すなわち、テクノロジーの発展段階に対応して、その段階独自の社会構造の型が存在すると考えている。ここから直ちにテクノロジー決定論という批判がでてきそうだが、問題はそれほど単純ではない。かれは、「われわれはけっしてテクノロジー決定論を採るわけではない。なぜなら、都市、文化的価値、そして社会的権力という他の変数をも、社会構造に影響を与えるものとして認めるからである。これら3要素は、またテクノロジーそのものの様態にも影響を及ぼす」(ibid.: p.7) という。

　しかし、かれが、実際上、前産業型都市の類型を構成するとき、「テクノロジーは、われわれが前産業型都市と産業型都市の差異を説明する際の、もっとも基本的要因である。しかし、前産業型都市の特定の局面を説明するに当たっては、都市、文化的価値、社会的権力などの変数を利用する」(ibid.: p.16) というように、テクノロジー決定論にかなり近くなっていることは否めない。要するに、ショウバーグにとって、前産業型都市と産業型都市の2類型は、テクノロジーの発展段階によって基本的に決まり、各都市類型内の都市の相違が他の変数に依っているということである。

　果たしてこれでよいか。われわれは、のちに、現代都市類型としての脱工業型都市を構想するが、その際、社会の技術的な基盤であり、その社会の生

産性を決定する発展の様式と階級関係を中心とした社会の組織化の原理である生産の様式とを区別し、そのそれぞれの特質の相互作用として脱工業型社会を構想しようと思う。新しい社会を特徴づける要因は、当然、テクノロジーのみには還元されないと考えるからである。

第2の問題点は、ショウバーグの都市類型が変動を説明するのに適当でないという問題である。ショウバーグの場合、すでに検討したように、その理論枠組みによって、前産業型都市から産業型都市への発展ないし変動は、テクノロジーの発展によって説明されることになるが、その移行の過程は十分に説明しえないように思われる。移行の過程を説明するためには、少なくとも第1に、テクノロジーの発展が何によってもたらされるのか、第2に、そのことが、都市の経済、社会、政治、文化の各体系の変化にどのように連鎖されるのかを示す必要がある。倉沢進は、このショウバーグ図式が変動を説明しえないという問題を類型学的方法一般にともなう問題と判断しているが（倉沢、1971）、筆者は、その多くの部分は、ショウバーグが当時アメリカ社会学の支配的な理論傾向であった、構造機能分析の立場に依拠したことにあると考える。ショウバーグは「われわれは統合の過度の強調という構造＝機能分析の欠陥を避けるため、『矛盾した機能的要件』という概念を導入する」(Sjoberg, 1960=1968: p.12) という。そのこと自体は評価されてよいが、私見によれば、構造機能分析の最大の欠陥は、分析水準における「主体」の欠如にある。ショウバーグの分析図式に、変革主体が登場してこないことが変動の過程を説明しえない何よりの理由である。たびたび指摘されることだが、「構造」と「主体」の関連をどう捉えていくのかが重要なポイントになる。

第3の問題点は、倉沢がすでに指摘していることでもあるが、ショウバーグ図式のなかで、キイ変数になっているテクノロジーの概念内容が十分に整理されていないことである。そのために、工業の発達を軸とした近代都市と、情報の生産や管理を軸とした現代都市との区別が曖昧のままに残される。もっともショウバーグの主要な関心が前産業型都市にあったことを考えれば、この点はいたしかたないともいえるが、現代の社会変動を捉えようとする、

われわれの問題意識に照らしていえば、これは極めて大きな欠陥である。すでに明らかなように、現代都市類型として、脱工業型都市を構想することが、われわれの仕事である。

## 2　都市の脱工業化転換

### (1) 脱工業化社会論

　ここまでの議論でのもっとも重要なポイントは、現代社会の大都市を理解するには、都市の外部社会である全体社会あるいはグローバル社会の理解が不可欠であるということであった。その理解の仕方は多様でありうるが、まずは、ベル（D. Bell）の有名な脱工業化社会論を手がかりに、この問題に接近することから始めよう。ベルの脱工業化社会論については、すでに多くの紹介や議論がある。ここでは、ショウバーグ図式の問題点でもあった、テクノロジーの概念内容とテクノロジーと社会との関係に的を絞って検討を加えよう。

　ベルは、〈脱工業社会〉というタームを使った理由には2つあるという。1つは、社会変化の移り変わりの性質を強調するためであり、もう1つは、社会の中軸原理としての知的技術の中心性を強調することである（Bell, 1976: pp.ix-x）。ここで、脱工業社会は、前工業社会と工業社会に対応する概念であることは明らかである。ベルによれば、前工業社会は、その経済を農業や鉱業、漁業に基礎を置く、採取型の社会であり、工業社会は、物の生産のために、エネルギーや機械技術を用いる、製造型の社会である。そして、脱工業社会は、情報や知識の交換のためにテレコミュニケーションやコンピューターが戦略的に使われる加工処理型の社会であり、知的技術によって形づくられる社会である。

　ベルの主要な関心は、このような新しいテクノロジーにともなって、どのような社会変動が起こるのか、そしてまた、社会や政治が解決しなければならないどのような問題が生じるのかを明らかにすることであり、そのために

テクノロジーの社会構造への影響が焦点となる。脱工業社会の新しい次元として、ベルがあげるものを簡単に要約すれば、以下のようになる。第1に、技術革新のベースになる理論的知の中心性。第2に、シミュレーションやシステム分析のような新しい知的技術の創造。第3に、専門技術職層のような知識階層の広がり。第4に、物の生産からサービスの生産への変化。第5に、仕事の性質が、人間相互間のゲームへと変化すること。第6に、就業機会の増大にともなう女性の役割の変化。第7に、技術や軍隊、社会のニーズと密接に絡まりあった科学。第8に、政治的単位として階級よりも、社会のなかでの地位が重要となること。第9に、教育やスキルが重視されるメリトクラシー（実力主義）の社会。第10に、新たな希少資源として情報と時間がたちあらわれること。第11に、集合財としての情報の経済学。これらの諸要素が相互に関連し合って、新しい脱工業社会の社会構造を形づくると考える。

このようにショウバーグと同様にベルも、社会の変動をその社会の中心的原理としてのテクノロジーの段階に着目して捉える。しかし、これまたショウバーグと同様に、社会変動のあらゆる側面がテクノロジーによって決定されるのではないことに注意を促す。ベルは、「脱工業化の図式は、社会の社会的・技術的次元に言及しており、一方、資本主義は、社会の社会的・経済的次元を扱っている」（ibid.: p.x）といい、脱工業社会と資本主義社会とは次元の異なる概念であることを明らかにしている。そして、このことは逆に、生産の様式としての資本主義が、社会のあらゆる次元を規定すると考えることも誤りであるという。

ベルは、情報や知識にウェイトを置くことで、近代技術とは区別された現代技術の特徴を描くことに成功している。そのうえで、現代技術に基礎を置く現代社会の社会構造（技術的・経済的な秩序）の特徴を脱工業社会と名づけた。そして、いま見たように、その社会は、生産の様式としての資本主義社会とは、分析的に区別されるものであった。ここまでのベルの立論は正しい。問題はこのつぎにある。それは、ベルが分析的に区別した、2つの軸は、全く独立には存在しえないということである。技術の様式と生産の様式、この

2つの様式の相互関連こそが、都市の外部社会を形づくっているのであり、その関連のあり方こそが問われなければならない。

(2) 発展の様式と生産の様式

この点で、都市の外部社会の構造を把握するにあたって、生産の様式と発展の様式を区別することの重要性を指摘するカステル（M. Castells）の主張は、ここで十分な検討を加えるのに値すると思われる（Castells, 1989）。カステルにとって、社会の生産の様式とは、生産の剰余の帰属や分配を決定する規則のことであり、その様式が生産関係をベースにした社会階級を決定づける。その現代的形態には、利潤最大化を志向する資本主義と権力最大化を志向する国家主義の2つが区別され、資本主義のもとでは、資本家階級によって、剰余の帰属と配分が決定される。一方、国家主義のもとでは、剰余のコントロールは、経済領域の外であり、国家の権力者の掌中にある。しかしいずれのケースも、生産者からの剰余の収奪があることには変わりない。

一方、社会の発展の様式は、剰余のレベルそれ自体、すなわち、その社会の生産性の水準を決定する。その形態には、農業（前産業）型発展様式、工業型発展様式、情報型発展様式の3つが区別され、それらは、社会の技術的な基盤であると同時に、技術とそれに対応する社会組織形態（たとえば、工業型発展様式と大規模官僚組織、情報型発展様式とフレキシブルなネットワーク組織）との複合、として考えられている。農業型発展様式では、剰余の増大は、労働と生産手段の量的拡大の結果であり、工業型発展様式では、剰余の拡大は、新しいエネルギー源の導入とそれを効率的に使いこなす質に依存している。そして、情報型発展様式では、生産性の源泉は、その多くを知識の質に依存している。

もっとも知識は、どの発展様式においても介在するわけだが、情報型発展様式に特徴的なのは、知識が生産性の向上のために、生産性の主要な源泉である新しい知識、それ自身の生産のために用いられることである。この点で、新しいエネルギー源の提供とそれに従って生じる生産の再組織化のために知

識が使われる工業型発展様式とは区別される。工業型発展様式から情報型発展様式への転換は、主として物の生産からサービスの生産への移行として捉えられるのではなく、情報処理活動が、生産、流通、消費などあらゆる社会過程の生産性や効率性を決めるもっとも重要なファクターとして登場してくることによって特徴づけられる。

　このようなカステルの議論には重要な論点がいくつか含まれている。第1に、社会の生産様式と発展様式を区別することによって、生産の社会関係と生産の技術的な関係を区別し、そのそれぞれの独自性を認めることで、情報型発展様式に特徴づけられる社会、それはしばしば情報社会とか脱工業化社会と呼ばれるが、そのような社会が資本主義社会にとって変わるわけではないことを明らかにした点である。

　第2の重要な点は、技術を社会の構造と切り離すのではなく、技術をそのなかに埋め込んで考えていることである。それはまず、発展の様式として、技術とそれに対応する社会的組織の構造との相互作用が把握され、さらに、発展の様式と生産の様式の相互作用として、技術と生産の社会関係との関連が把握される。すでに指摘したショウバーグ図式の大きな欠陥であるテクノロジー決定論からの脱出とベルの問題点の克服との糸口がここにある。

　第3は、この点と関連して、生産の様式と発展の様式がともに、歴史的な変化に規定され、その変化の過程で、お互いに影響し合って、新しい社会の形態を作り出すという認識である。カステルは、1980年代に、資本主義の構造再編と情報型発展様式とが歴史的に合体したと見る。この資本主義の構造再編を特徴づけているのは、基本的には以下の3つのプロセスであるとカステルはいう。第1は、資本・労働関係の変化、第2は、国家の役割の変化、そして第3が、資本主義システムの国際化である。第1の資本・労働関係の変化は、一方での技術革新による生産性の増大、他方における女性や少数民族にもとづく労働市場の差別化、労働組合の弱体化によって、労働に対して資本がこれまで以上に優位となることを意味する。第2の国家の役割の変化は、福祉国家の縮小、多岐にわたる規制緩和、プライバタイゼーション（民営

化）など、社会的再分配の機能から政治的支配と資本蓄積機能の強化に現れる。第3の資本主義システムの国際化は、いうまでもなく、国際的なレベルにおいて、あらゆる経済過程の相互浸透性が増大していることを意味する。もっともこれらのプロセスの相対的重要性は国によって異なり、わが国の場合は、3番目の資本主義の国際化、世界経済における相対的地位の上昇がひとまず前面に出てきている。これが昨今の世界都市論の隆盛につながっている。ただし、第1、第2のプロセスも徐々にではあるが、無視しえなくなってきているのは事実である。

このように現在の新しい社会形態が、情報型発展様式という新しい発展の様式と新しい資本主義の様式との歴史的な統合のプロセスとして生じているという都市の外部社会についての現状認識は重要である。この生じつつある新しい社会形態を、われわれはここで改めて〈脱工業型社会〉と呼ぶことにしようと思う。そして、〈脱工業型都市〉とは、そのような社会の主要な活動の中心地にほかならない。

## 3 都市の社会構造

### (1) 都市の社会構造とは

われわれの中心的な関心は、都市の脱工業化転換の都市社会構造へのインパクトにある。そのためにここでは、都市の社会構造をどう捉えるかについて検討を加えておこう。筆者は、基本的に、社会構造を社会的地位の分化として捉えるブラウ（P. Blau）のマクロ社会構造論の立場に立っている（園部、1992）。ブラウにとって社会構造とは、一般的には、社会を構成する諸部分とそれらの間の関係のことを指す。その諸部分とは、「男と女、民族集団、社会経済的地位といった人々の集団や階層のことであり、より正確には、さまざまな集団や階層における人々の地位（ポジション）」のことである。一方、それらの関係とは、「社会的相互作用やコミュニケーションという形をとる人々の社会関係」のことである。そして社会構造は、理論概念として、「人々

の役割関係や交際関係に影響を与える、社会的地位の多次元空間への人々の配置」と定義される (Blau, 1977)。筆者は、このブラウの定義を参照して、都市社会構造を「部分社会としての都市社会における、社会的地位の多次元空間における人々の配置とそれらの集団間関係の総体のこと」と定義する。

この地位の多次元空間を構成する次元が社会構造のパラメータであり、このパラメータによって、社会分化の形態、すなわち社会構造が記述される。分化の形態は、ブラウによって3つに区別される。1つは、〈異質性〉であり、これは、性別、人種、民族、職業というような、基本的に序列化されない尺度による人々の分化である。たとえば、単一民族社会よりも多民族社会の方が異質性は大きい。2つ目は〈不平等〉である。これは学歴や収入、社会経済的地位といった順序づけられた尺度による人々の分化である。たとえば、収入による配分の差が不平等の例である。〈異質性〉が人々の水平的な分化を表すとすれば、〈不平等〉は垂直的な分化を表す。

もう1つは、〈個化〉(consolidation) と呼ばれるものである。〈異質性〉と〈不平等〉が人種とかあるいは収入とか、ある1つの次元における人々の分化を問題としていたのに対して、ここでは多次元を取り上げて、それら相互がどのように関連しあうのかを問題とする。〈個化〉とは、たとえば、人種と社会経済的地位との関連が、黒人は地位が低く、白人は地位が高いというようにパラメータ相互が強く関連している場合をいう。その逆は〈交差〉(intersection) と呼ばれる。つまり、パラメータ間の関連が弱い場合である。ここでは、異質性の次元、とくに民族や性別(ジェンダー)などの転換が難しい属性的なパラメータと不平等の次元のパラメータがいかに関連しあうかがとりわけ重要である。そのような〈個化〉のプロセスによって、諸集団が差別的に階層づけられることになるからである。これを筆者は一般的な〈固化〉と区別して、〈差別化された不平等〉と呼ぼうと思う。複雑な都市の社会構造の分析にとって、この〈差別化された不平等〉がもっとも重要な概念装置となる。

(2) 都市社会構造の分析枠組

さて、このようなブラウの社会構造論の理論的目的は何か。それは、「社会分化の形態や程度とそのことが社会統合や社会変動に対してもっている意味あいを説明すること」である。人々は日頃の対面的な相互作用によって、家族や仲間集団や職場集団といった小集団に統合される。しかし、対面的な接触を許さない大規模な社会に、このようなさまざまに分化した諸集団がどのように統合されるのか。これがブラウの社会統合に対する関心である。通常、この問題に対する答えは、共通の価値や規範が社会統合を導くというものであろう。しかしブラウは、価値や規範という文化的要因によって説明する立場をとらず、諸集団間に見られる社会関係の量にそれを求める。この意味で、ブラウはジンメル流の形式社会学的立場にある。

　実際、ブラウの理論にとって鍵となる〈交差する社会圏〉(crosscutting social circles) という概念は、ジンメル（G. Simmel）からの借用である（Simmel, 1908=1994）。この概念は、たとえば、職業とか、宗教とか、政治的な立場だとか、職域だとかさまざまな次元が交差する社会分化の状態を指す。ただし、ジンメルがこのような社会分化の個人への影響を問題としたのに対して、ブラウはマクロな社会学の立場から集団間関係のパターンへの影響を問題とする。社会的地位が近いものほど社会関係をとり結ぶ傾向にあるという前提のもとに、社会分化を表すパラメータが〈交差〉していればいるほど、諸集団間の関係量が多くなり、社会は統合されるというのがブラウの主張である。

　この反対が、社会分化のさまざまな次元が〈個化〉している場合である。そこではたとえば、黒人は経済的地位は低くカトリックで、一方、白人は経済的地位は高くプロテスタントというように、集団間に交差するパラメータがなく、集団間の社会的障壁が高まり、集団間関係が疎外される。このことは、社会に諸集団が統合されないことを意味し、社会統合の程度が低くなることを表す。このように、社会分化が〈個化〉し、さらに集団間に不平等があるとき、そしてまた、その集団が人種や民族、ジェンダーというような本人の努力では変更できない属性主義的なパラメータで規定されているほど、筆者の言葉でいえば、〈差別化された不平等〉の存在が見られるほど、集団間

の暴力的コンフリクト、あるいは犯罪的な行為が生まれやすいことになる。

以上が、社会分化の形態や程度が、社会統合に対してもつ意味あいであるが、では、社会分化の形態や程度が社会の構造変動に対してもつ意味あいはいかなるものか。ここでいう構造変動とは、さまざまな社会的地位への人々の配置が変化することであり、典型的にはそれは、人々の地位の間の移動によって生じる。この意味で、さまざまな社会的地位が〈交差〉した社会分化の形態は、ある1つの集団への結合力を弱め、移動の障壁を低くし、社会移動を促進することで構造変動を促進する。社会変動はまた、社会的コンフリクトによっても引き起こされるが、その状態は、社会分化の形態によって異なってくる。〈交差〉した社会分化の形態は、改良的な変動を生むが、〈個化〉した社会分化は、コンフリクトを緩和する仲間集団が欠如して、闘争は激化することになる。この意味で、健全な社会変動にとって、〈交差する社会圏〉は必要条件になる。

このようなブラウのマクロ社会構造の立論は、都市の社会構造を考えるうえでも、極めて示唆的である。第1に、都市の社会構造をさまざまなパラメータがおりなす多次元的な社会分化の形態として把握できること。第2に、そのような分化の形態を説明変数にし、集団間関係を媒介項として、都市社会の社会統合の様態を理解する分析枠組を提供すること。第3に、社会分化のなかでも、とりわけ〈差別化された不平等〉が、都市社会に危機をもたらす可能性が高いことを示唆していること。そして第4に、これまで触れてこなかったけれども、都市の社会構造を考えるうえで重要な点として、全体と部分という下位構造の問題を論じていることがある。これは、ブラウが〈分化の分解〉と呼ぶ事柄であり、下位構造にどこまで社会分化が浸透しているかという問題である。たとえば、民族的異質性が都市社会全体として存在していることと、都市の下位構造である近隣社会レベルまで浸透していることとは別の事柄である。ここに至って、都市の社会構造論にとっての空間の意味が極めて重要になる。この点に関しては、のちに再び触れることになろう。

## 4 分極化する都市

### (1) 社会的分極化とは

　さて、われわれの中心的関心である、都市の脱工業化転換の社会構造へのインパクトはいかなるものか。近年この点に関係して、社会的分極化ということへの関心が高まっている。その反映として、ニューヨークやロンドンを舞台にして、二都問題、都市の光と影、都市の二重性、デュアルシティ、ディバイデッドシティ（分裂都市）などさまざまな形容が試みられている。ただし、社会的分極化という概念によって何が明らかにされ、また、何が社会的分極化を引き起こすのかについてはそれほど明確ではない。この定義の問題と因果の問題とはお互いに関連している部分も多いと考えられるが、ここでは、まず、社会的分極化とは何かを考え、その後で、それを生み出す背後仮説について検討していこう。

　「社会的分極化は、今日の社会科学のタームのなかでももっともよく、また、曖昧に使われるものの1つである。使用する人によって、この概念は、社会分化から拡大する不平等まで、さまざまな意味あいをもつ。それは、1つの正確な定義によるよりも、さまざまに変化する意味によってより特徴づけられる。このことは、さまざまな意味を許容するという利点がある一方で、極めて曖昧であるという欠点をもつ」(Hamnett, 1994: p.2) とハムネット（C. Hamnett）はいう。確かに、より体系的に、この概念の意味を検討してみる必要がありそうである。

　一方で、社会的分極化は、修辞的、比喩的にも使われるが、ここでは経験的領域において有効な概念となりうるものとして捉えることから始めよう。一般的に、社会的分極化は、都市の社会構造が2つの異なった層に次第に分化していく傾向を表していると考えられる。その際、両極に分化した状態を表すとともに、2極に分化していくプロセスをも表す概念である。ハムネットは、社会的分極化に2つの異なる形態があることを指摘している。1つは、ある指標、たとえば収入の額、の分布が高い層と低い層に分かれ、中間層が

少なくなる傾向を指して分極化という場合である。もう1つは、高い層と低い層の間で、その分布にかかわらず、ギャップが拡大している場合である。たとえば、収入の高い層と低い層の平均収入の格差が拡大しているような場合がこれに当たる。ここでは、前者を〈分布の分極化〉、後者を〈格差の分極化〉と呼んでおこう。

　また、社会的分極化は、多次元的に構成される。ゴードン（I. Gordon）とハーロー（M. Harloe）は、社会的分極化の概念の曖昧さを指摘したうえで、4つの観点から、社会的分極化の含意を検討している(Gordon and Harloe, 1991)。第1は、収入の分配であり、実質的な収入レベルの観点からの不平等の拡大である。第2は、社会移動ないし職業移動の観点からの分極化であり、これまでの上昇移動のルートの消滅や移動にとっての新しいバリヤの出現といった事柄がある。第3は、福祉の特定な側面にかかわるものであって、住宅市場や労働市場における成功の程度である。具体的には、ホームレスや失業者になる機会の大きさである。そして第4は、個人よりも地域に焦点が置かれる、居住分化の増大と関連する分極化である。

　このようなゴードンらの指摘は、現実社会のなかで、社会的分極化が極めて多次元的に現れることを示している点で重要である。しかしその一方で、記述は羅列的な感を免れない。社会的分極化の多次元的構成は、社会分化の一般理論から導かれるべきである。すでにわれわれは、社会分化を〈異質性〉と〈不平等〉のパラメータで記述できることを述べた。社会的分極化は、基本的にこのうちの〈不平等〉のパラメータを軸に展開されるものである。そこには、収入、資産、社会経済的地位などさまざまな序列化を特徴とする尺度が含まれる。そして、社会的分極化にとって、もう1つ重要なことは、〈異質性〉のパラメータとこの〈不平等〉のパラメータが相互に関連しあうことである。先のゴードンらの記述には見られないが、エスニシティやジェンダーというファクターと収入や社会経済的地位の不平等ということの関連が極めて大きな意味をもってくる。われわれの言葉でいえば、〈差別化された不平等〉の問題であり、社会的分極化のこの側面を一般的な分極化と区別し

て、〈差別化された分極化〉と呼んでおこう。ゴードンらが指摘する居住分化の問題も、地域という異質性の次元にもとづく不平等ということで、〈差別化された分極化〉の1つの特殊ケースと見なすことができる。社会的分極化の曖昧さを克服する有効な方途は、社会分化の一般理論を整序していくことにあると考える。

　もう1つ別の角度から、社会的分極化の定義づけを試みているのが、サベージ（M. Savage）とウォード（A. Warde）である。かれらは、分極化という言葉が、もともと磁場の比喩から用いられていることに照らして、2つの極の間に、対立する力の場が作用することを重視する。そして、分極化は、次の2つの事柄を含意しているという。1つは、単一の因果のメカニズムの作用によって、社会層が両極へ分化しつつあること。もう1つは、2つの社会層間に、同じ因果のメカニズムから生じる緊張やコンフリクトが存在することである（Savage and Warde, 1993: pp.86-87）。かれらの定義で特徴的なことは2つある。1つは、社会的分極化が、単に現象としての社会分化を表すのみではなく、その現象を引き起こすメカニズムにまで言及している点である。2つは、分極化を単なるポジションの分化だけで捉えるのではなく、分化する社会層の間の社会関係をも含めて考えようとしている点である。この両者とも示唆にとむ指摘である。分化する社会層間の社会関係については、のちに再び立ち戻ることにして、まず、社会的分極化を引き起こすとされるメカニズムを、分極化論の背後仮説として探る作業を始めよう。

### (2) 分極化の背後仮説

　都市における富裕と貧困の共存は、ゾーボー（H. Zorbaugh）の『ゴールドコーストとスラム』（Zorbaugh, 1929=1997）を引くまでもなく、都市社会学が古くからテーマ化してきたものであった。では、なぜいま、現代大都市における社会的分極化が、改めて問題にされ始めたのか。この問いに答えるためには、なぜ、現代大都市の社会構造の特徴として、社会的分極化が生じると考えられているのか、社会的分極化論の背後仮説を探ってみる必要がある。

## ① 世界都市仮説

　まず、比較的早い時期から、現代都市の社会構造の分極化に着目したものに、フリードマン（J. Friedmann）とウルフ（G. Wolff）の世界都市仮説がある(Friedmann and Wolff, 1982)。かれらによれば、世界経済のコントロール・センターとしての世界都市は、その形成過程で、経済的リストラクチャリングとともに、社会的リストラクチャリングを引き起こす。そしてその特徴は、社会階層の分極化にあるという。それは、一方での、世界経済に直結した世界都市の支配的階層としてのトランスナショナル・エリート層の形成であり、他方での、システムの周辺に追いやられたアンダークラスの形成である。そしてこのアンダークラスの多くが、エスニック・マイノリティから構成されていることを指摘する。世界都市の形成と階層の2極分化を結びつけて捉えるフリードマンらのこの仮説は、確かに注目すべき仮説であるが、その結びつきのメカニズム、すなわちなぜ分極化がおこるのかというメカニズムの解明という点では、不十分である。

　この点で、前章でも取り上げた、サッセン（S. Sassen）の議論は検討に値すると思われる。サッセンも、世界都市を、世界経済を運営するとともに世界経済にサービスを提供する拠点として捉えるが、経済のグローバリゼーションに呼応して、製造・事務・サービス各部門の仕事が国内的にも国際的にも、地理的に広く拡散する経済システムに対して、管理は依然として集中化していくという事態に焦点を当てる。そして、そのことと国際金融センターとしての役割が世界都市の経済構造の再編を特徴づけていると考える。サッセンは、この世界都市における経済的リストラクチャリングと社会構造の再編、すなわち社会的リストラクチャリングを雇用機会と労働需要という概念で結びつける。世界的規模での管理能力（グローバル・コントロール能力）の必要性は、かつては、補助的にすぎなかった生産者（プロデューサー）サービスを、新たな基幹産業にまで押し上げた。金融サービスを含む、こうした専門的サービス部門の拡大と企業の中枢機能の世界都市への集中が、直接、間接に、高所得の職種と低所得の職種との両方の増加をもたらしたというのがサッセ

ンの中心的な主張である (Sassen, 1988 = 1992)。

　まず直接的には、この部門の職種構造をつうじて現れる。サッセンは、アメリカにおける産業別・所得階層別の雇用の分布を表すデータから、生産者サービス部門では、専門サービス職のような高賃金職種とビルの清掃、警備、維持管理に代表される低賃金職種との両方への集中という、両極化傾向を読み取る。ついで間接的には、世界都市において増大する高所得の新しい専門的、技術的労働者の生活様式に特徴的な消費構造をつうじてもたらされるという。つまり、こうである。高所得者の生活様式は、たとえば、コンドミニアム（高級マンション）の使用人、特製品やグルメ料理の店向けにサービスや財を生産する人々、犬の散歩代行業、使い走り人などのさまざまな低賃金のサービス職によって支えられている。それゆえ、高所得型生活様式がいわば間接的に低賃金職種を生み出しているというわけである。加えて、既存製造業部門の分散化は、熟練職種を中心として中所得の職種の縮減を招き、一方、スウェットショップ（苦汗工場）に代表される零細な製造業部門の都市内における累積と拡大は、低賃金職種を生み出すことで、雇用の高賃金職種と低賃金職種への両極分化を促進する。

　このように、サッセンの議論のもっとも重要なポイントは、世界都市の経済の主要な成長部門が高所得者層と低賃金雇用を生み出しているという点にある。そして、この低賃金の仕事は、典型的には、低技能水準で、ほとんど言語能力を必要とせず、人のやりたがらない夜勤や週末勤務をしばしば含んでいるために、移民労働者を雇用しがちになる。ここにエスニシティによって〈差別化された分極化〉の構造ができあがる。

　世界都市の産業構造の変化を、雇用機会と労働需要を媒介にして、社会構造の分極化仮説を導くサッセンの語りくちは確かに説得力がある。しかし、問題もないわけではない。1つは、サッセンの主要なフィールドは、ニューヨークとロサンジェルスというアメリカの世界都市であり、『グローバル・シティ』(Sassen, 1991) のなかで、ロンドンや東京への目くばりはあるものの、基本的にアメリカを中心とした一般化という感は否めない。この点で、

ハムネットが、ロンドンのケースから、職業の分極化と所得の分極化が必ずしも一致しないことを指摘しているのは注目される (Hamnett, 1994)。かれによれば、ロンドンでは、職業構成の専門化（プロフェッショナリゼーション）と所得階層の両極化が同時に進行しているという。また、東京においても、職業と所得との間には、企業規模や年齢、自営か否かという従業上の地位などのファクターが介在するはずであり、この両者の関連は慎重に検討されるべきである。この他にも、たとえば、高所得型の生活様式の中身や零細製造部門のあり方、移民ないし外国人労働者の役割などは、文化的な相違を検討する必要が少なからずあろう。第2に、経済のグローバリゼーションや新国際分業に基礎を置く、サッセンの議論からは、ホームレスや失業者の増大という、ゴードンらの言葉でいえば、福祉のある側面にかかわるような分極化の現象を適切に処理しえないように思われる。いうまでもなく、社会的分極化の原因を世界都市化だけに求めることには少なからず無理がある。

**② 脱工業／情報社会仮説**

　都市のデュアリズム（二重性）、すなわち都市社会構造の分極化を導く主要な要因を、工業社会から脱工業社会あるいは情報社会への移行に求めるのがカステルである (Castells, 1989)。かれによれば、3つの錯綜するプロセスが都市を社会的分極化に導くという。第1は、成長する情報経済と衰退する工業経済の雇用における非補完的な関係である。農業社会から工業社会への移行は、農業部門の余剰労働を工業部門が吸収するというかたちで進行した。そこには労働市場における供給と需要のミスマッチはそれほど生じなかった。一方、現在進行している、情報経済の拡大は、消え行く労働と新たに要求される労働の間でのミスマッチが大きいといえる。ただ、確かに新たに生まれる職種の一定部分は、より高度な知識や専門性を要求されるが、新たな職業の多くは、それほど高度なスキルを要求されるわけではないことを考えれば、問題は技術の変化というよりも、社会的、経済的な構造再編のあり方のほうだというのがカステルの見解である。

　具体的には、労働・資本関係の再編にそれを見る。工業生産から情報を

ベースとした生産への転換は、フレキシブルな生産の重要性を増す。フレキシブルな生産は、下請けや一時契約的な雇用の増大につながる。そこでは、工業社会の特徴であった、労働組合に代表される組織化された労資関係は解体し、資本は移民労働者や女性など低賃金労働を最大限利用し、資本に対する労働側の力を強めるような諸制度の効果を最小化すべく、資本・労働関係を再組織化する。このような労資関係の再編が、上級労働にたずさわるもの、下級労働にたずさわるもの、および労働市場から締めだされるものの分化を明確化するというわけである。

　第2は、成長する経済内での、情報をベースとしたフォーマルな部門と労働集約的なインフォーマルな部門との分化である。後者の例としては、新しい移民のエスニック・ビジネスの隆盛を典型例としてあげることができる。問題は、この2つの成長する部門が、機能的には相互に補完し合っているのだが、組織的、社会的には、たとえば、インフォーマル部門からフォーマル部門への上昇移動が見られないというように、お互いに分断していることである。この労働市場の分断化が、都市の分極化を導くとカステルは見る。

　第3は、情報社会の成長産業である高度サービス産業やハイテク産業部門における分極化した職業構造である。従来の製造業部門とちがって、この部門では、中間レベルの職種が乏しいことから、上下の職業移動が見られにくい。上層は、それ自身で社会的にも機能的にも1つの自己完結的な生活世界を形成し、下層は、現実的に上層になりえないことから、かれら独自の生活世界を形成するようになる。ここにも、都市の社会構造が上層と下層に両極化する要因を見ることができるという。

　このような3つのプロセスが複合して、世帯構成、家族内のジェンダー関係、都市空間の利用といったさまざまな側面で、異なったライフスタイルが形成され、極めて分化した社会層が生み出されるというのがカステルの主張である。そして分極化を特徴づけるのは、上下に両極化した社会層というイメージよりも、いくつかの社会層相互の間の分節化であり、境界の明確化であり、相互のコミュニケーションの欠如であるという。

すでに明らかなようにカステルも、都市における経済および産業構造の変化が、労働市場を媒介にして、社会構造に反映されるという点で、サッセンとほとんど同じ見解に立っているといってよい。両者の相違は、経済・産業構造の変化が、主として、世界都市化から導かれるのか、技術の高度化にもとづく情報社会化から導かれるのかという点である。この点では、工業社会から情報社会への移行が、その前の農業社会から工業社会の移行とは違って、労働のミスマッチを生むという論点がもっとも注目される。カステル自身は、この論点をポスト・フォーディズム的な、労働・資本関係の再編に求めるが、確かにそれは、世界都市化からは直接的には導きだされない論点といってよい。しかし実際には、経済のグローバリゼーションの効果と情報化、脱工業化の効果を厳密に区分すること自体が、両者が密接に絡み合っているだけに、難しいのであり、ここで取り上げた2つの仮説がかなり似通った印象を受けるのはやむをえまい。それよりも、サッセンが社会的分極化を、基本的に高賃金職種と低賃金職種の増大として捉えているのに対して、カステルがすでに述べたように、それを諸社会層間の分節化、分断化にアクセントを置いて捉えようとしていることに注目しておこう。

③ 公共政策仮説

すでに見たように、世界都市仮説も脱工業／情報社会仮説もともに、都市の経済的リストラクチャリングが社会構造の分極化を招くという点で、共通していた。それに対して、ゴードンとハーローがロンドンの社会的分極化を検討したのちに、「社会的分極化は、都市経済のリストラクチャリングからだけでなく、国レベルの長引く高い失業率と中央政府の政策からも生じている」（Gordon and Harloe, 1991: p.393）と結論づけるように、ある種の公共政策が、社会的分極化を導いているという見方がある。

よく知られるように、イギリスでは、1979年以降のサッチャー政権が、福祉国家からより市場志向の強い政策を打ち出すようになる。福祉国家の依存の文化と企業精神の欠如がやり玉にあがる。具体的には、ひとり当りの社会保障給付の減額、可処分所得の不平等を増大させる税制改革、企業に有利な

財政政策などをあげることができる。そしてもう1つ忘れてはならないものに、持ち家志向の住宅政策がある。公共住宅の供給削減、公共住宅を買う権利の奨励政策は、比較的良質の賃貸住宅の不足を招き、持ち家階層と劣悪な賃貸住宅に居住する階層ないしホームレス層への分極化に寄与しているといわれる。

　このような新保守主義の台頭は、いわゆる〈レーガノミックス〉というかたちで、アメリカにも見られた。カステルは、アメリカにおける1980年代以降のこの変化を「福祉国家（ウェルフェア・ステイツ）から好戦国家（ウォーフェア・ステイツ）へ」(Castells, 1989: pp.229-306) と比喩的に表現する。そこでは、新しい国家の正統性の原理が、福祉の再分配の役割から権力を増強していく機能に転換してきているという。それを象徴するのが、福祉予算の削減と軍事予算の増大である。そして、このような国家の役割の転換が、都市の社会・空間的な分極化に3つの点で、大いに影響しているという。1つは、福祉国家の危機は、地域的な不平等発展を強めること。2つは、福祉の削減が、大都市内部のインナーエリア地区の衰退に拍車をかけること。そして3つは、軍事産業やハイテク産業が新しい郊外の形成に寄与することである。ただしこのようなウォーフェア・ステイツへの移行は、カステルも認めるように、世界の警察としてのアメリカの著しい特徴であり、先進諸国に共通な傾向とはいいがたい。また、冷戦の終焉という世界情勢の変化のなかで、軍事産業それ自体の見直しも進んでいる。しかしいずれにせよ、ここでは、都市の経済構造のリストラクチャリングだけでなく、福祉国家の機能縮小政策という政治的要因が、都市の社会的分極化を招いているという主張に注目して置く必要がある。

## 5　分極化と階層形成

### (1)　階層論との接合の試み

　〈分極化する都市〉論にとって、1つの重要な課題は、それが社会学がこれ

まで発展させてきた階層形成というテーマとどのように接合されるのかという点にある。すでに見たように、世界都市仮説を提示したフリードマンとウルフは、社会的分極化を、トランスナショナルエリート階層とアンダークラス階層の形成として捉えていた。また、カステルとモレンコフ（J. Mollenkopf）は、「脱工業型都市の社会構造の複雑さにもかかわらず、さまざまな社会的グループの間に、2つの対立する力が働いており、その力は一方で、都市の企業経済に直結する中核としてのアッパープロフェッショナル層を形成し、他方で周辺としての多様に分節化された従属階層を形成する。その結果として文化的、経済的、政治的2極分解が生じる」（Castells and Mollenkopf, 1991: p.402）という。そして、デュアルシティの概念は、「社会的属性ではなくて、階層形成の社会的プロセス」であることを強調する。しかし、これまでの社会的分極化を扱う多くの論者が、豊富な蓄積をもつ先進資本主義社会の階層構造の調査や理論との関連について、積極的に言及してこなかったことも事実である。カステルとモレンコフにしても、デュアルシティを階層形成のプロセスとして捉えることを主張しつつ、そのなかで階層形成の理論的枠組みの検討が十分になされているとはいいがたい。

この点で、ハーローとフェインシュタイン（S. Fainstein）が、〈分極化する都市〉の社会分化についての知見を体系的な社会階層構造の見取図に接合しようとする試みをおこなっているのは注目に値する（Harloe and Fainstein, 1992）。ハーローらは、ランシマン（W. Runciman）の社会階層論を下敷として、職業を主要な基準とした7つの階層を取り上げる（Runciman, 1990）。その7つとは、上位の階層から、資本家や大企業の幹部などの〈上流階層〉、高度な専門職、上位行政の管理職、大企業の経営管理職などのアッパーミドルクラスとしての〈新しいサービスクラス〉、相対的に低級な専門職、中小企業の経営者、中間管理職などの〈ミドルサービスクラス〉、事務職や販売職などのあまり熟練を要しないホワイトカラー労働者からなる〈ロウワーサービスクラス〉、熟練労働者からなる〈アッパーワーキングクラス〉、未熟練ないし半熟練労働者からなる〈ロウワーワーキングクラス〉、そして長期失業者のよう

に、労働市場から締め出されていて、長期間福祉給付に依存している世帯からなる〈アンダークラス〉である。

　つぎにハーローらは、近年の経済的リストラクチャリングが社会的、人口学的な変化と絡み合って、このような都市の階層構造にどのような変化をもたらしているのかについて、おもにロンドンを念頭に言及する。まず、〈上流階層〉は、金融やそれに関連したサービス業の拡大にともなって、この層の増大が見られる。全体としての割合は少ないけれども、影響力は大きく、デモグラフィック（人口学的）には、この層は主として白人と男性からなる。〈新しいサービスクラス〉は、かなりの程度で増大しており、都市に対して、重要な影響を与えている。その政治的、社会的利害関心は、〈上流階層〉と類似している。この層に、女性や民族的マイノリティはまだまだ少ない。〈ミドルサービスクラス〉は、産業セクターの違いによって、成長と衰退の両方が見られる。そのためこの層の内部で分極化した職業構造をかたちづくる。典型的には、成長するサービス産業で働く、昇進の望みのある若い専門職層と衰退する製造業で働く、情報技術からも取り残された中堅の管理職といったイメージが浮かぶ。マイノリティグループの人々や女性がこの層までくると多くなる。〈ロウワーサービスクラス〉は、いま見た〈ミドルサービスクラス〉とかなり似た傾向を示す。この層のあるものは、ワーキングクラスへの転落の危機に直面する可能性がある。住宅や安全性の問題など、世界都市の特徴である福祉の見直しの影響を、つぎのワーキングクラスとともにもっとも受ける層でもある。〈アッパーワーキングクラス〉は、数的には縮小傾向にあり、労働組合の組織率の低減とも絡んで、経済的、政治的影響力を失ってきている。ただし、マイノリティグループのある種の人々が、ここに入り込んできている。〈ロウワーワーキングクラス〉は、経済的リストラクチャリングの影響で、工場や港湾関係の仕事に従事するものは減った一方で、消費者および生産者サービスに従事するものは増えている。女性やマイノリティグループの多くがこの層に属する。不安定で、低賃金による貧困が広く見られる。さらに、〈アンダークラス〉が、近年増大している。ある種のマイノリ

ティグループや女性、高年齢のワーキングクラスの人々、低学歴の若者がこの層を特徴づけている。

分極化する都市の社会分化を、階層構造の変化に結びつけようとするこのようなハーローらの試みは、都市の社会構造の両極化という単純なメタファー（比喩）を脱して、社会の多数派である、幅広いミドルクラスの存在に改めて目を向けさせる点では成功しているが、社会的分極化論と階層形成論を接合させるという意図からはまだまだ問題が多い。その1つは、社会階層を、これまでの多くの論者がそうしてきたのであるが、基本的に職業分類で捉えることの是非の問題がある。そして、もう1つは、社会階層と他の社会分化の次元とをどのように接合していくのかという問題が残る。

(2) リアリスト・アプローチ

この点で、サベージらの階層分析へのリアリスト・アプローチの試みは注目に値する（Savage, et al., 1992）。かれらは階層分析のアプローチの方法として、大きくは数量分析と歴史分析の2つを区別する。そして、数量的アプローチを採用することの問題点として、①プラグマティックな誘惑、②歴史的な変動分析に関する問題、③構造と主体に関する問題、④概念と操作の非分離の問題、の4つをあげる。ここで、プラグマティックな誘惑の問題には、数量分析のためには、各階層カテゴリーに相当数のデータが必要になるために、量的には少ないが、影響力は無視しえない社会層が分析からはずされることや、測定の容易さのために、男性の世帯主で女性の階層を決定するというジェンダーと階層の問題などが含まれる。歴史的な変動分析に関しては、職業カテゴリー自身の時間的な変化、さらに、職業カテゴリーと階層としての位置の変化といった基本的な問題への対処が大きな問題となる。構造と主体の問題には、そもそも階層は構造的に決定されるものなのか、あるいは、相対的自律性をもって人々によって形成されるものと考えるのかという根本的な問題が含まれるが、量的分析はこの問題を独立・従属図式の手続きに解消してしまい、正しい理解を妨げることがある。概念と操作の非分離の問題

には、量的分析にとって、さまざまな階層が正しく定義され、分類されることが基本的に重要であるが、そのために多くの研究が誰がどの階層に属するのかという問題にはまり込んでしまっている。そこでは問題が、どの階層分類がもっとも統計的に有効かという点に矮小化されてしまう。

このような欠点をもつ数量的アプローチに対して、サベージらは、歴史分析の方法を対置させる。それは、重要な歴史的状況において出現した階層の重要性を問題にし、所与の階層の社会的、文化的、政治的な対処の仕方に関心を向ける。このことは、社会階層を分析的なカテゴリーと考えるのではなく、ある種の因果関係を規定する力をもった実体と考え、その力が実際に働く際のさまざまな文脈や条件を重視するリアリスト・アプローチの視点に導く。かれらによれば、「今後の階層分析にとって有効な方向は、どのように社会階層が社会的集合体として形成され、それが歴史的変動のプロセスにどのような影響をもつのかを理解すること」(ibid.: p.226) である。〈階層形成のより歴史的な説明〉が発展させなければならない課題となる。

この課題に対して、サベージらは、搾取関係を特定化する〈階層資産〉を因果関係を規定する力をもった実体、すなわち社会集合体としての階層形成のプロセスを規定するものとして捉え、実際の階層形成は、〈階層資産〉の規定力が働くさまざまな文脈を考慮して初めて理解できると考える。そして、重要な〈階層資産〉として、〈所有資産〉、〈文化資産〉、〈組織資産〉の３つの異なる資産の形態を区別する。〈所有資産〉は、生産手段や住宅所有、貯蓄など広い意味での物財の所有であり、蓄積および移転（たとえば、世代間の譲渡）の可能性ゆえに、階層形成にとってもっとも強力な要因となる。〈文化資産〉は、資格や技能、教養など、ブルデュー（P. Bourdieu）のいう文化資本に相当するものである。この資産は、文化資本の形で、蓄積が可能であり、また、教育という形での世代間移転の可能性もあるが、経済的な報酬と結びつくためには、たとえば労働市場といった特定の文脈が必要となる。その意味で、搾取関係を特定化するためには、組織資産や所有資産への形態転換が必要になる。〈組織資産〉は、組織の階層構造のなかでの地位の保有である。この資

産は、上位の地位を通して他者の支配を可能とするが、それは組織という文脈においてのみ可能であり、蓄積、移転はそれ自体としては、不可能である。蓄積のためには、所有資産や文化資産への形態転換が必要になる。

　これら3つの階層資産のあり様が、搾取関係に特徴づけられる社会集合体としての階層を形成する主要因になると考えるわけだが、実際に階層が形成されるプロセスには、経済や産業構造にかかわる労働市場、住宅市場、消費構造やライフスタイル、ジェンダーや世帯関係、政府の政策のあり方などさまざまなコンティンジェント（状況依存的）な条件が関与する。

　サベージらの直接的な関心は、現代におけるイギリスのミドルクラスの形成に向けられるが、多くの論者がこれまでそうしてきたように、ミドルクラスの分節化や多様化を研究の結論にするのではなく、なぜ分節化し、なぜ多様化するのかを考える必要があるという指摘は重要である。その際かれらは、階層資産のリストラクチャリングから議論を始める。既述の3つの階層資産は、最近の経済的リストラクチャリングの影響を受けて、その相対的重要性に変化が見られる。その結論だけを要約すれば、脱工業化やポスト・フォーディズム体制への移行によって、ビューロクラティック（官僚制的）な階層構造をもつ組織の重要性は低下し、その意味での組織資産の重要性が低下する。それに対して、文化資産の重要性は増大する。なぜなら、現代の労働市場においては、教育レベルの高い、スキルや資格をもった労働力が求められるからであり、また一方で、現代の消費社会においては、消費のスタイルが重要な意味をもつからである。一方、所有資産は、生産手段の所有というよりも、持ち家や不動産所有といった形での所有資産の重要性がミドルクラスの形成にとって高まっている。加えてこの資産は、世代間相続が許される点でも階層形成にとって重要な意味をもつ。このような階層諸資産の間の相対的重要性の変化は、ミドルクラスの多様化、分節化に関わるはずである。

　これらの階層諸資産のあり様が、実際の階層形成と結びつく、その文脈や条件を構成する社会的要因として、かれらがとりわけ重視するのが、ジェンダー関係ないし世帯のあり方と政府の介入の性格の2点である。まず最初の

点では、さまざまな資産(とりわけ所有資産と文化資産)が世帯内で結合されること、いい換えれば、諸資産を結合する単位としての世帯が重視される。この点で、いわゆる伝統的なミドルクラスは、パトリアーキアル(家父長制的)な関係をその典型としてきた。それに対して、現代社会の1つの特徴である、女性のミドルクラス職、専門職への進出は、専業主婦をもつ核家族の形態とは異なる、ミドルクラスの世帯の多様性を生み出している。デュアルキャリア世帯の増加、高所得単身女性世帯の増加はその具体的な表れである。ミドルクラスそれ自身の多様化、分節化を引き起こす要因として、世帯の多様化が重要な意味をもつ。

第2に、政府は、直接的な雇用の面でも、ミドルクラスの特権を保護するうえでも、伝統的にミドルクラスの形成に重要な役割を果たしてきた。しかしそれが今日、福祉国家から市場原理の導入に見られるように変わってきている。いい換えれば、文化資産の正統性を保証するメカニズムが、政府から市場へと移りつつある。その過程で、消費スタイルにおけるミドルクラスの分節化、多様化が進んでいる。

ただし、このようなサベージらのアプローチにも問題がないわけではない。少なくとも今後、搾取関係を特定化するとされる階層資産の分類について、細分類を含めてより的確な整理が必要に思われる。たとえば、ともに所有資産に含まれる生産手段の所有と不動産所有では、その搾取関係も大きく異なるはずである。また、同じ文化資産に属するとされる教育資格やスキルの程度と消費のスタイルは、その労働市場での機能は全く異なるわけで、それを同一の論理で扱うことには無理があるだろう。また、おそらくこのことと関連して、職業カテゴリーには還元されない、搾取関係を基盤とする社会的集合体としての社会階層が、実体としてどのような集合体を形成しているのかはそれほど明確にはなっていない。さらに、社会分化にとって中心的な要因であるエスニシティに関して、ほとんど言及されない点も疑問として残る。

しかしながら、階層資産のリストラクチャリングという考え方を導入するかれらのアプローチには、現代社会の変動と階層形成とを、単なる職業分類

上の変化を超えて、そのメカニズムまでをも含めて考察していくという、〈分極化する都市〉論と階層形成論との接合という課題にとって、極めて示唆に富む方向を見出すことができる。また、ジェンダーや世帯構成といった社会分化の諸要素を、階層形成のコンティンジェントな条件として、階層論に接合する試みも多分に示唆に富むものである。

### (3) アンダークラス論

サベージらが、ミドルクラスの分化や形成にもっぱら焦点を当てていたのに対して、他方で、社会的分極化論にとって無視できない〈アンダークラス〉の形成をめぐる議論がある。アンダークラスの定義はそれほど明確ではないが、少なくとも近年の論調では、フォーマルな労働市場から全くしめだされている、あるいはそれとのつながりが極めて脆弱な人々で、先進資本主義国の都市における〈新しい貧困〉層を形成する人々のことを指す言葉である (Fainstein and Harloe, 1992; Mingione, 1993)。また、単位が個人ではなくて、世帯に置かれることを見逃すわけにはいかない (Smith, 1992)。この問題への関心は近年世界的な高まりを見せており、'International Journal of Urban and Regional Research' 誌でも、1993年9月号で「新しい都市の貧困とアンダークラス」という特集を組んでいる。そのなかで、ミンジオーネ (E. Mingione) は、「物乞いやホームレスの増加、不利な立場にある人々に集中する、高い失業率と低賃金の不安定な職、若者の不良仲間、ときには子供たちによる犯罪や暴力の増加、都市のインナーエリアをさまよう精神障害の人々や見捨てられた人々の増加、質の悪い住宅や衰退地域の広がり」(Mingione, 1993: p.324) といった現象が、この20年間ぐらいの間に、先進諸国の大都市にかなり共通して見られるようになったことを指摘し、それらを総称して、〈新しい都市の貧困〉と形容しうるという。

問題は、このような都市の貧困やアンダークラスが顕著になってきていることだけに留まらない。その原因を説明するうえで、対立する2つの異なる立場が存在し、それがそのまま政治的姿勢につながり、政治的イシューとし

て登場してきていることがある。1つの立場は、経済構造の変化や政策のあり方、労働市場のミスマッチといった構造的な要因にその原因を求める構造的アプローチである。そしてもう1つは、合理的選択、社会心理的、文化的要因の観点から、貧困や依存のパターンを説明しようとする行動論的アプローチである。前者が革新的立場、後者が新保守主義的立場につながることはいうまでもない。

しかし、スミス（D. Smith）は、イギリスにおけるアンダークラスの形成に関して、以下のような説明が少なくともこれまでの事実と一致するという。「持続的な失業は、経済構造変動に対する労働市場の調整の失敗である。そしてこの失敗は、労働市場の構造、雇用者の労働組合の政策や慣行から生じている。この高い失業率が長びくと、それはますます特定の家族やグループに集中する。その結果、これらのグループは、社会的ネットワークの点でも仕事の世界から孤立化し、新しい生活スタイルを身につけるようになる。そしてこのようなかれらの生活体験の結果として、文化が変化し始める」(Smith, 1992: p.91)。これは多分に、長期的失業者を多く抱えるイギリスの状況に規定された一般化ではあるが、重要なことは、構造的要因と文化的要因、そのどちらか一方での説明よりも、両者の相互作用の結果としてアンダークラスが生まれてきているという示唆である。

形成のプロセスの説明に加えて、定義の問題、貧困との関係、経験的な量やそのトレンド、構成する世帯の形態、地域的な分布など、アンダークラスをとりまく理論的、経験的問題は数多い。また、ある種世界的な現象であるだけに、国際比較の重要性が高い。そのなかで、いうまでもないが、世界的同時性、共通性とともに、文化的特殊性が議論される必要がある。この点で、「アメリカでは、エスニシティにかかわる分化が、イギリスでは、雇用状態による階層の分化が、イタリアでは、家族や親族、コミュニティの援助へのアクセスがそれぞれアンダークラスの形成にとって、重要な役割を果たしている」(Mingione, 1993: p.326; Mingione and Morlicchio, 1993) というミンジオーネの指摘は示唆に富む。

## 6 社会構造論からの再考

### (1) 分極化から分断化へ

　社会的分極化を単なる社会的ポジションの分化だけでなく、分化する社会層の間の社会関係をも含めて考えるべきであるという主張はすでに紹介しておいた。われわれの都市社会構造の捉え方からしてもこの点は重要である。われわれは都市の社会構造を「社会的地位の多次元空間における人々の配置とそれら集団間関係の総体」と定義した。そして、〈差別化された不平等〉が、適切な集団間関係を欠落させた場合に、集団間に緊張や暴力的なコンフリクトが生じる可能性が高いことをその分析枠組のなかで示唆した。

　ここにわたしは、社会的分極化論は、都市社会構造論の視点から捉え直された時に、より明確かつ有効な概念になると考える。すでに述べたように、社会的分極化は、基本的に、都市社会構造の〈不平等〉のパラメータを軸に構成される。そして、それが〈異質性〉のパラメータ、とりわけ人種や民族、ジェンダーといった本人の努力では変更できないような属性主義的パラメータと関連するとき、〈差別化された分極化〉が顕在化する。そして、集団間関係の特徴として、カステルやサベージらが示唆しているように、分節化した諸社会層間の境界の明確化、相互のコミュニケーション・ネットワークの欠如が分極化の実質的な意味を構成する。とすれば、このような社会的分極化の特徴は、〈分極化〉という形容よりも都市社会構造の〈分断化〉という表現に、よりよく表されるように思う。ここに、社会的分極化論は社会的ネットワーク論と接合される必要がある。

### (2) サブカルチャー論

　この点で、フィッシャー（C. Fischer）のサブカルチャー論は重要である。かれによれば、サブカルチャーとは、「様式的な信念や価値や規範のセットであり、それは、より大きな社会システムや文化のなかにあって、相対的に

区別される（人と人とのネットワークや諸制度のセットとしての）社会的下位体系」（Fischer, 1975＝1989: p.57）のことである。松本康はこれを、「外社会から相対的に区別された社会的ネットワークと、それにむすびついた一群の価値、規範・習慣のこと」（松本、1991: p.178）と簡潔にいい換えている。そして、社会的ネットワークとは、「人と人との関係、および人と制度との関係の集合のことである」という。周知のとおり、フィッシャーの中心的な論点は、ワース（L. Wirth）のアーバニズム論の批判的修正にある。その論点を簡単に要約すれば、都市的生活様式としてのアーバニズムは、ワースがいうような生態学的変数だけでなく、資本主義やテクノロジーなど、都市を取り巻くより大きな要因によって、決定的に影響されている。ただし、そうは言っても、都市の人口量の大きさは、アーバニズムに無関係ではなく、それは、都市に多様なサブカルチャーを生み出し、それを強化することに寄与している。いい換えれば、その点にこそ都市の都市たる効果が認められるということである。そして、そのサブカルチャーは、内容からは基本的に自由であり、ただ、良きにしろ悪しきにしろ、〈通念にとらわれない〉斬新さを、都市に常に与え続けている。

　ただしここで、われわれが注意しなくてはならないことは、本来は、質的な差異、すなわち〈異質性〉にすぎないライフスタイルや文化が、現実には往々にして、序列化される点である。それはなぜか。フィッシャーの理論からは、この点への回答は見つからない。この点に関して、ブルデューは、異なるライフスタイルどうし、文化どうしの優劣関係を決める評価基準のことを〈文化的正統性〉とよぶ。そして重要なことは、この正統性なるものが客観的な根拠に裏づけされた普遍的な基準から決定されるものではなく、その社会のなかでの相対的な力関係によって決ってくるということである（Bourdieu, 1979＝1990；石井、1993）。フィッシャーがサブカルチャーを強化するプロセスとみなす、文化衝突の過程は、多分に、この文化の序列化の問題と関わっているはずである。

　フィッシャーのサブカルチャー論は、都市における諸制度を媒介とした社

会的ネットワークの形成、および社会的下位集団間の境界づけのメカニズムに光を当てた。しかし、その文化が序列化されるメカニズムには関心を示さなかった。社会的分極化論は、そのような社会的ネットワークや集団、すなわちサブカルチャーが、多分に、階層化や序列化を基礎に形成されていること、また逆に、サブカルチャーの強化によって、その階層化や序列化が強まることに注意を向ける必要がある。

　ターナー (J. Turner) は、社会構造論に対する、社会的ネットワーク分析の潜在的有効性の問題を取り上げ、「その有効性がこれまでのところあまり認識されていない」(Turner, 1991: pp.557-558) と指摘する。そしてその理由として、ターナーは3点をあげる。1つは、ネットワーク分析が、あまりにも数量化をめざす方法を指向しすぎていること。そのために、ネットワークの社会学が、経験的な記述の道具にすぎなくなってしまっていること。2つは、ネットワーク分析の分野それ自体が、理論化や一般化を発展させる努力を怠ってきたこと。そして第3は、たとえば、権力とか、階級とか、分化とか、階層化とか、統合とか、コンフリクトとか、そういった諸々の伝統的な社会学理論が注目してきた重要な概念を、ネットワーク分析のなかに、自らの言葉で適切に取り込むことができていないことである。いうまでもなく、われわれにとって、最後の課題への取り組みがとりわけ重要であり、フィッシャーのサブカルチャー論もネットワーク分析のこの隘路をクリアーした時に、より有効な都市社会学の理論となるだろう。

### (3) 空間の意味

　社会的ネットワークとしてのサブカルチャーは、必ずしも空間的な近接性を与件とはしない。しかし、地理的な空間は、サブカルチャーの形成にとって肝要な社会的ネットワークの選択に重要な影響を及ぼす。たとえば、さまざまな民族グループが、同じ地域に一緒に住んでいるよりも、空間的にセグリゲーションして暮らしているほうが、民族グループ間のお互いの接触の機会が少なく、集団間関係が生じる可能性が低いであろう。その結果、集団の

境界が強化される。また、同様に、経済的地位やそれにともなうライフスタイルが異なる集団が、空間的にセグリゲーションしているほど、集団間関係を形成することが難しく、かれらの間での、集団の境界は強化される。そして重要なことは、このような集団の境界の強化が、そこに含まれる人々に共通のアイデンティティを与えることである。それによって、人々は、個々人のさまざまな利害関心を抑え、集合的な利害を優先するようになるし、集合的な行動を組織化するリスクも背負うようになる。この意味で、空間は、人々のアイデンティティの形成にとって、また、政治的動員にとって重要な役割を演じている。

都市の社会構造は、多様なサブカルチャーの形成、強化と空間的セグリゲーションの強化によって、〈分極化〉、〈分断化〉の様相をますます強めることになる。

## 7 むすび

始まったばかりの21世紀に、都市の脱工業化転換は、どのように、また、どの程度、社会構造の分極化をもたらすものなのか。また、さまざまな世界都市において、その程度や性格は、どのように同じであり、あるいはまた、違うのか。さらに、それはなぜなのか。われわれの進むべき道は、1つの国の都市（たとえば東京）の研究から始まって、国際的な比較都市研究へと続く。その際、冒頭で紹介した、ショウバーグの「一般化された普遍性こそが、文化圏を超えて、現在起こりつつある社会変動を測定し、解釈するものさしとなる」(Sjoberg, 1960=1968: p.281) という言葉に、再度留意しておくことが有益であろう。〈分極化する都市〉というコンセプトは、そのような社会変動を測るものさしの1つとして措定できるものである。ただし、それは経験的な研究を導く1つの仮説であり、そのような仮説としてのみ、その概念の有効性を保持することができるように思われる。次章では、ニューヨークとロンドンとの比較を通して、東京における〈分極化する都市〉仮説の検証を試みる。

# 第3章 東京は〈分極化する都市〉か

## 1 都市の分極化:現象と背後仮説

　今日の先進資本主義国の大都市の不平等問題を考えるとき、近年しばしば取り上げられる〈都市の分極化〉の問題を無視して論じることはできない。都市の光と影、デュアルシティ、ディバイデッドシティなどさまざまな形容が試みられるこの〈都市の分極化〉問題であるが、そこには共通して、都市の社会階層ないしは社会層の両極分解、分断化、断片化、分裂化といった現象が警告されている。前章では、この問題をめぐる欧米の研究動向を検討し、分極化を生み出す背後仮説として、世界都市仮説、脱工業化仮説、公共政策仮説の3つがあることを指摘した。しかしいずれにせよ、多くの論者が、グローバリゼーションにしろ脱工業化にしろ、産業の構造転換が職業構成の転換を導き、そのことが所得階層の分極化をもたらし、さらに所得による空間のセグリゲーションを増大させている点を強調している。

　このような〈都市の分極化〉仮説は、その主要な論者の多くがアングロサクソン圏の研究者であることもあって、具体的には、ニューヨーク、ロサンジェルス、ロンドンといったアングロサクソン圏の大都市の観察からの経験的一般化が中心である。この点で、〈都市の分極化〉論は、アングロサクソン・エスノセントリズム（民族中心主義）という批判を免れない（White, 1998）。ただし、サッセン（S. Sassen）を中心とするアメリカの都市の分極化論に対し

て、イギリスやオーストラリアの研究者からの批判があることを考えれば、アングロアメリカン中心主義といった方がよいのかもしれない。また、〈都市の分極化〉論が抱えるもう一つの問題は、ニューヨーク、ロンドン、東京を比較研究したサッセンの基本的な主張が、ニューヨークやロサンジェルスというアメリカの世界都市からの経験的一般化がロンドンや東京にも当てはまるという論調になっていることに象徴されるように、世界都市は、つまるところ単一の世界都市モデルに近似していくという収斂理論の形になっていることである(White, 1998)。

　このように現在の〈都市の分極化〉論には、アングロサクソンないしアングロアメリカン中心主義と多様な世界都市の類似性を強調する収斂理論という2つの基本的な問題がある。本章の目的は、このような問題を孕む〈都市の分極化〉仮説を、東京というアングロサクソン圏以外の大都市を対象に取り上げて、その仮説の妥当性を検討して見ることである。果たして、東京は〈分極化する都市〉といえるのか。もしそうだとすると、それを生み出しているのは、東京の世界都市化なのであろうか、あるいはまた他の要因なのであろうか。また、もしそうでないとすれば、それはどうしてなのか。分極化を防いだり緩和したりする要因がどこかに存在するのであろうか。これら一連の問を検討することは、すでに明らかなように、既述した〈都市の分極化〉論に内在する2つの基本的な問題を俎上にのせることになる。

## 2　検証Ⅰ：職業階層の分極化

　〈都市の分極化〉仮説の経験的な論証という点では、職業階層の分極化、所得階層の分極化、新たな都市の貧困層の出現という現象を取り上げるのが、少なくともこれまでかなり一般化した傾向であった。そこで、本章でも基本的にその線に沿って、以下の節で、この3つの現象を順次検討していくことにする。

　まず初めに、職業構成の変化を取り上げるが、この職業階層の分極化につ

表3-1　ロンドンの社会経済グループの変化；1981-1991

| グループ名 | 1981 | 1991 | 増減量 | 増加率 |
|---|---|---|---|---|
| 経営管理職 | 12.6 | 17.3 | 11,549 | 27.2 |
| 専門職 | 4.5 | 6.1 | 3,837 | 25.5 |
| 非肉体労働者 | 37.1 | 39.0 | -3,504 | -2.8 |
| 熟練労働者 | 19.6 | 17.4 | -11,834 | -17.9 |
| 半熟練労働者 | 15.8 | 12.7 | -13,738 | -25.7 |
| 非熟練労働者 | 5.5 | 4.7 | -3,992 | -21.6 |
| 軍隊・政府 | 4.9 | 2.9 | -7,721 | -46.4 |
| 合計 | 337,084 | 311,681 | -25,403 | -7.5 |

資料：国勢調査（1981、1991）、10%データ
出典：Hamnett, 1996

表3-2　ニュヨークの職業構成の変化；1980-1990

| 職業名 | 1980 | 1990 | 増減量 | 増加率 |
|---|---|---|---|---|
| 経営管理職 | 11.4 | 13.5 | 106,831 | 32.1 |
| 専門職 | 14.4 | 17.0 | 134,379 | 31.9 |
| 技術職 | 2.4 | 3.1 | 29,565 | 41.4 |
| 販売職 | 9.0 | 10.3 | 73,666 | 28.1 |
| 事務職 | 24.9 | 20.6 | -55,190 | -7.6 |
| サービス職 | 14.6 | 16.0 | 94,616 | 22.2 |
| 農林漁業職 | 0.3 | 0.3 | 319 | 4.0 |
| 技能工 | 8.4 | 7.5 | -1,533 | -0.6 |
| 機械操作組立 | 7.7 | 4.9 | 65,252 | -29.1 |
| 交通運搬 | 3.4 | 3.7 | 20,058 | 19.9 |
| 労務作業者 | 3.3 | 3.1 | 1,995 | 2.0 |
| 合計 | 2,918,183 | 3,257,637 | 339,454 | 11.6 |

資料：国勢調査（1980、1990）

いては、すでにアングロサクソン圏に属する論者同士の間で、その一般化に疑問が投げかけられている。具体的には、イギリスのロンドンを対象としたハムネット（C.Hamnett）が、近年の職業構造の変化は、上層と下層の拡大と中間層の縮減という分極化（ポラリゼーション）ではなく、専門職、管理職の増大を特徴とする専門職化（プロフェッショナリゼーション）であるという（Hamnett, 1996）。表3-1がその論拠となったロンドンの1981年から1991年の10年間の職業構成の変化である。確かにロンドンの場合、上位2つの社会経済グループ（専門、技術、管理職）はかなりの増加であるが、それ以外の職業グループは減少しており、とりわけ熟練を要しない肉体労働者層の減少が著しい。一方、表3-2はニューヨークのほぼ同時期の職業構成の変化を示したものである。ニューヨークの場合、一方で管理、専門、技術職といった上層の職の大幅な増加と、他方での保安や運搬、清掃、労務といった下層の職種の

2　検証Ⅰ：職業階層の分極化

表3-3　東京の職業構成の変化（区部）；1980-1990

| 職業名 | 1980 | 1990 | 増減量 | 増加率 |
|---|---|---|---|---|
| 専門技術職 | 10.8 | 13.7 | 151,997 | 33.3 |
| 管理経営職 | 7.3 | 6.0 | -42,347 | -13.7 |
| 事　務　職 | 22.5 | 24.3 | 130,888 | 13.8 |
| 販　売　職 | 18.0 | 17.8 | 29,171 | 3.8 |
| サービス職 | 10.3 | 9.5 | -9,925 | -2.3 |
| 保　安　職 | 1.1 | 1.1 | 3,027 | 6.4 |
| 農林漁業職 | 0.3 | 0.2 | -1,003 | -8.5 |
| 運輸通信職 | 3.7 | 3.4 | -7,997 | -5.1 |
| 技　能　工 | 22.0 | 18.2 | -119,895 | -12.9 |
| 労務作業者 | 3.6 | 4.4 | 45,341 | 30.2 |
| 分類不能 | 0.4 | 1.3 | | |
| 合　計 | 4,225,540 | 4,444,698 | 219,158 | 5.2 |

資料：国勢調査（1980、1990）

増加があり、また、事務や技能工、組立工といった中間層の職種の減少が見られる。この2つの表を比べると、ニューヨークの分極化に対して、ロンドンは専門職化だという主張は確かに妥当なように思われる。

　果たして東京はどうか。表3-3が1980年から1990年の10年間の職業大分類による、東京都区部の職業構成（居住地ベース）の変化である。変化の割合から見れば、上層職の専門技術職が33％、下層職の労務作業者が30％の増加であり、このかぎりでは分極化の傾向が現れているといえる。ただし、この10年間の変化を図3-1に表してみると明らかになるように、数量的には事務職

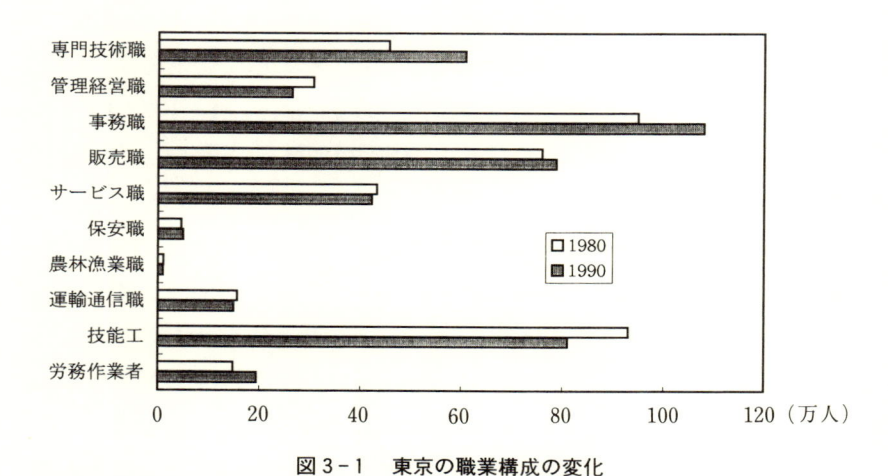

図3-1　東京の職業構成の変化

資料：国勢調査（1980、1990）

と生産工程職、販売職のいわゆる中間層職が多数を占め、その変化の割合も生産工程職は減少傾向にあるものの、事務職はそれを上回る増加を示している。この点からすれば、中間層職の減少ということは当たらず、分極化とはいえない。また、ロンドンのような専門職化とも異なる。東京の全体的な職業構成の変化はこのような特徴を示すが、すでに触れたように分極化の傾向も全く否定はできない。そこで、より詳細な職業のカテゴリー（職業中分類、また必要に応じて職業小分類）を用いて、この点をもう少し詳しく検討して見よう。

図3-2は、この10年間に30％以上の増加を示した職業（中分類）を表している。科学研究者、技術者、美術家・写真家・デザイナー、その他の専門的技術的職業は、大分類では専門技術職であり、運搬労務作業者は大分類では労務作業者に含まれる。この他、労務作業者のなかでは、この図には現れないが、清掃者（小分類：中分類ではその他の労務作業者に含まれる）が47％の増加である。その他の事務従事者は、大分類では事務職であるが、その多くはコンピュータなどのオペレータである。居住施設・ビル等管理人は、大分類で

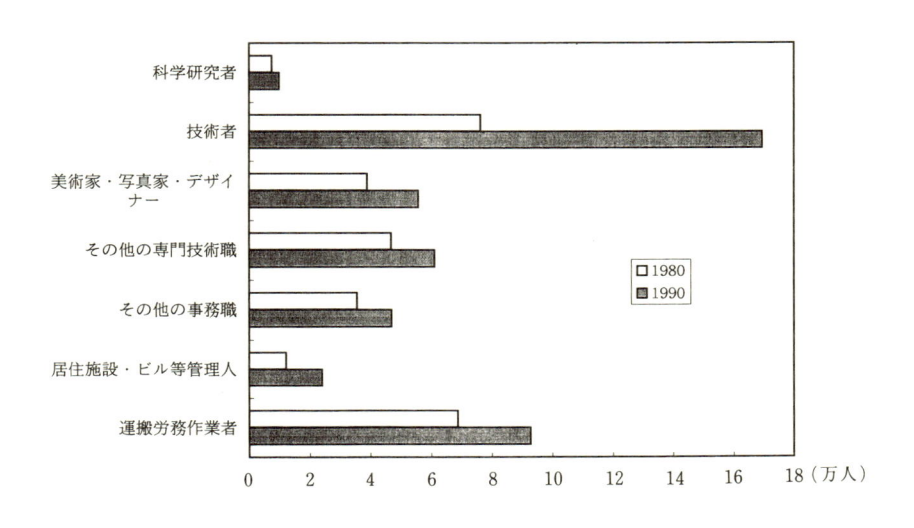

**図3-2 東京の増加の著しい職業**

資料：図3-1と同じ

はサービス職である。これらの職種のうち、図からも分かるように、技術者の増加が122％と著しい。とりわけ情報処理技術者（小分類）が227％の増加を示す。事務職に分類されるコンピュータのオペレータの増加を含めて、社会の情報化が反映されている。また、美術家・写真家・デザイナーのなかでは、デザイナー（小分類）が54％の増加であり、現代社会の美的領域重視の傾向の反映であろう。このような作業によって、先に述べた東京の分極化の傾向の輪郭が多少はっきりしたと思う。一方で、情報化社会のなかでのコンピュータ関連技術者の増大、他方で、ビルの清掃や管理、物の運搬に携わる人々の増大が見られる。

さて、このような変化が東京の世界都市化とどのように関わっているのか。この問に直接答えることは、世界都市をどう捉えるのかということと関連してそう簡単ではない。そこでここでは、いま見てきたような職業構成の変化と産業構造の変化とがどう関連しているのかを検討しよう。サッセンの分極化仮説の重要なポイントの1つは、「衰退していく産業ではなく、現代の主

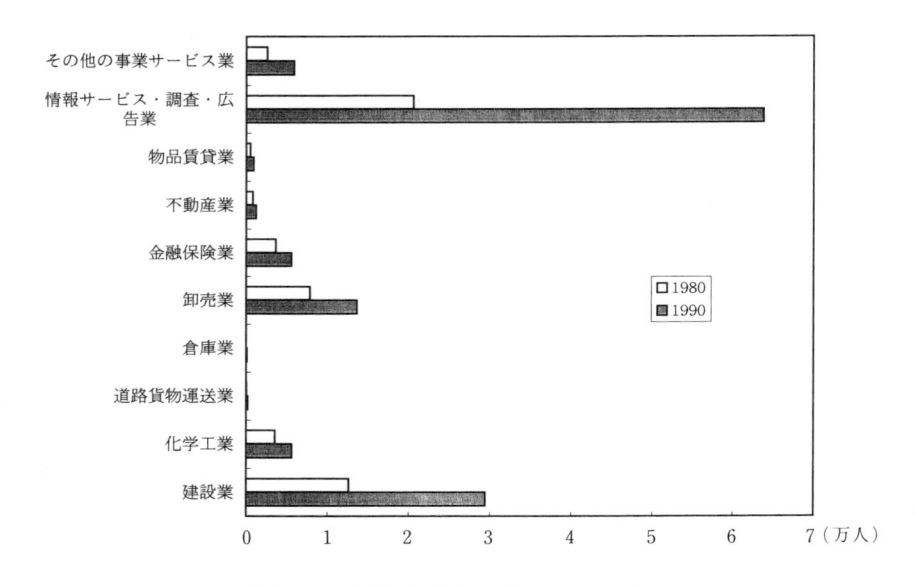

図3-3　東京の技術職の増加の著しい産業

資料：図3-1と同じ

第3章　東京は〈分極化する都市〉か　69

要な成長産業において、高階層、高賃金の職種と低階層、低賃金の職種が生み出され、都市の分極化が進んでいる」(Sassen, 1991: p.9) という点であった。東京においてもこの傾向は見られるのであろうか。図3-3は、1980年から1990年の10年間に専門技術職の伸びが著しかった産業（中分類）を増加率のもっとも高いもの10項目をとって示したものである。ビルのメインテナス（小分類）を含むその他の事業サービス業が127％、情報サービス・調査・広告業が209％、物品賃貸業が75％、不動産業が47％、金融保険業が53％、卸売業が72％、倉庫業が286％、道路貨物運送業が158％、化学工業が57％、建設業が132％、それぞれ増加した。一方、図3-4は、同じ10年間に、労務作業者が著しく増加した産業（増加率40％以上）である。その他の事業サービス業が80％、情報サービス・調査・広告業が67％、その他の修理業が162％、その他

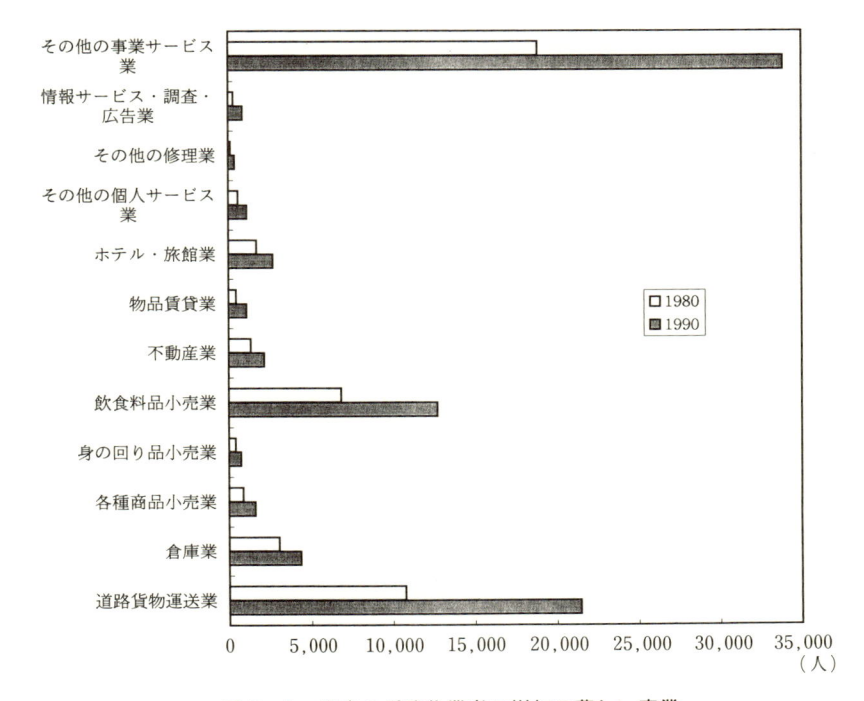

図3-4　東京の労務作業者の増加の著しい産業

資料：図3-1と同じ

の個人サービス業が82％、ホテルなどの旅館その他の宿泊所が58％、物品賃貸業が131％、不動産業が59％、飲食料品小売業が84％、織物・衣服・身の回り品小売業が72％、百貨店など各種商品小売業が86％、倉庫業が43％、道路貨物運送業が99％の増加であった。

　ここで着目すべきことは、専門技術職の伸びの著しかった10の産業のうち、その他の事業サービス業、情報サービス・調査・広告業、物品賃貸業、不動産業、倉庫業、道路貨物運送業の6つの産業で、同時に労務作業者の伸びも著しかったことである。ちなみに建設業でも労務作業者が30％増加しており、これを入れれば10の産業のうち7つの産業で、専門技術職と労務作業職の双方が著しく増加したことになる。そしてもう1つ重要なことは、これらの産業の多くが、サッセンが指摘する生産者サービス（プロデューサーサービス）に属することである。サッセンの世界都市仮説にとって、世界都市への企業の中枢管理機能の集中とそれを支える高度な生産者サービスの集積が中心的なテーマであった。この意味では、東京でも縮減する製造業ではなく、成長する生産者サービス業において、職業構成の分極化傾向が進展しており、サッセンの仮説を部分的に支持するものである。しかしこの傾向が、強力な国際金融センターを後ろ盾にするニューヨークと同じ意味で、東京の世界都市化の帰結であると結論づけるのは早計であろう。一方で、町村敬志が指摘する極めて短期的な要因としてのバブル効果（町村、1998）、他方で、より長期的な脱工業化（情報社会化）の効果とも考えられる（Sonobe and Machimura, 1996）。また、それにも増して、そもそも東京の全体の職業構成はすでに見たように、必ずしも分極化しているわけではなかった。このことをどのように説明するのか、課題である。

## 3　検証Ⅱ：所得階層の分極化

　次に所得構造の変化に移ろう。職業構成の場合には、その変化が分極化を表すのか否かを一次元的に判断するのがかなり難しいのに対して、それに比

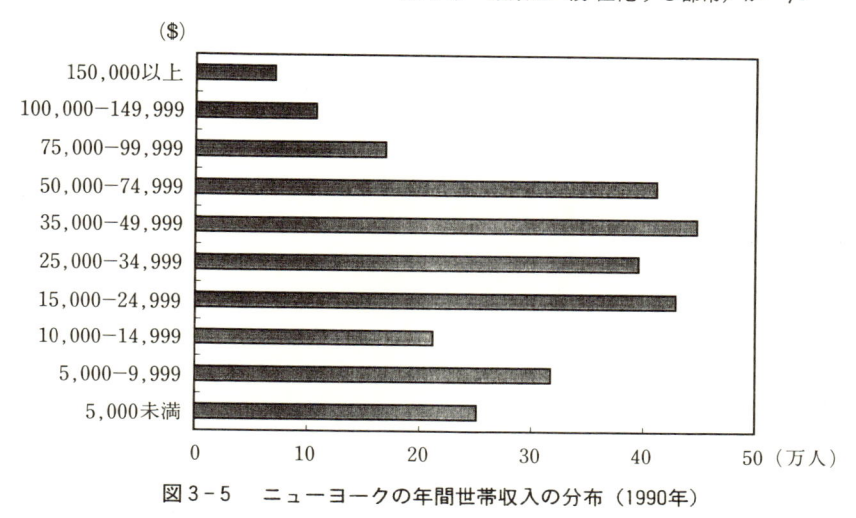

($)

```
150,000以上
100,000-149,999
75,000-99,999
50,000-74,999
35,000-49,999
25,000-34,999
15,000-24,999
10,000-14,999
5,000-9,999
5,000未満
```

0　　　10　　　20　　　30　　　40　　　50 (万人)

図3-5　ニューヨークの年間世帯収入の分布 (1990年)

出典：Mollenkopf, 1996

べれば所得階層の場合は、分極化の判断基準はかなり明確である。図3-5は、ニューヨークの全世帯の1990年における収入の分布を表したものである。また、表3-4は、ニューヨークの1980年と1990年の年間世帯収入の10分位階級の分布を表したものである。ここに年間世帯収入の10分位階級とは各世帯を世帯収入の少ない方から多い順に並べ、全世帯を10等分し、その等しい世帯数ごとに10の階級を作ったものである。そのうえで表には、全体の収入に対する各階級の収入取り分の合計の割合が示してある。これから1990年には、

表3-4　ニューヨークの年間世帯収入の10分位階級

| 年間収入<br>10分位階級 | | 収入合計の％比 | | ％比の増減 |
|---|---|---|---|---|
| | | 1980 | 1990 | |
| L | I | 0.86 | 0.65 | -0.21 |
| | II | 2.21 | 1.87 | -0.34 |
| | III | 3.75 | 3.42 | -0.33 |
| | IV | 5.22 | 5.07 | -0.15 |
| | V | 6.92 | 6.75 | -0.18 |
| | VI | 8.85 | 9.53 | 0.69 |
| | VII | 11.08 | 10.65 | -0.43 |
| | VIII | 13.59 | 13.09 | -0.49 |
| | IX | 18.07 | 16.72 | -1.35 |
| H | X | 29.45 | 32.25 | 2.80 |
| | X／I | 34.34 | 49.92 | |

資料：国勢調査 (1980、1990)
出典：Mollenkopf, 1996；町村敬志、1998

表3-5　ロンドンの年間世帯収入の10分位階級

| 年間収入 10分位階級 | | 収入合計の％比 1980 | 1990 | ％比率の増減 |
|---|---|---|---|---|
| L | I | 1.79 | 1.22 | -0.6 |
| | II | 2.71 | 2.03 | -0.7 |
| | III | 3.85 | 2.78 | -1.1 |
| | IV | 5.72 | 3.99 | -1.7 |
| | V | 7.91 | 5.85 | -2.1 |
| | VI | 9.77 | 8.21 | -1.6 |
| | VII | 11.67 | 10.69 | -1.0 |
| | VIII | 14.02 | 13.93 | -0.1 |
| | IX | 16.80 | 18.30 | 1.5 |
| H | X | 25.78 | 33.00 | 7.2 |
| | X／I | 14.40 | 27.05 | |

資料：General Household Survey 1979, 1993
出典：Hamnett, 1996；町村敬志、1998

最上位の階級に属する世帯が、収入全体の32.25％を占め、最下位の階級に属する世帯は、わずか0.65％の取り分だったことが分かる。この2時点間での各階級の取り分の比率の差を見ると分かるように、この10年で、取り分を増やしたのは最上位の階級で、その他は6分位の階級を除いてすべて、取り分を減少させている。この表からは、確かに「富めるものがより富み、貧しいものがより貧しくなる」という分極化の傾向が伺える。さらに、貧富の格差を表す最上位の階級の取り分を最下位の階級の取り分で割った値（X／I）を見ると、1980年には、34.34だったものが、1990年には、49.92に増大し、格差が拡大していることが分かる。

同様に表3-5は、ロンドンの年間世帯収入の10分位階級の分布である。1979年と1993年の2時点間でその値を比べると、上位2つの階級のみがその取り分を増やし、残りの階級すべてがその取り分を減少させていることが分かる。とりわけ最上位の階級の取り分の増加が目につく。また、最上位の階級の取り分を最下位の階級の取り分で割った値も、1979年の14.40から、1993年の27.05とほぼ2倍になっている。この表からは、ロンドンの場合も明らかに、この10数年の間に、所得階層の分極化が進行したといえる。

さて、東京はどうか。表3-6が、1979年、1989年、1994年の東京都の値（ただし単身世帯を除く）である。まず目を引くのが、各階級間の値のばらつきの

表3-6　東京都の年間世帯収入の10分位階級

| 年間収入 | 収入合計の％比 | | | ％比率の増減 | |
|---|---|---|---|---|---|
| 10分位階級 | 1979 | 1989 | 1994 | 1979/89 | 1989/94 |
| L　Ⅰ | 3.5 | 3.1 | 3.2 | -0.4 | 0.1 |
| 　　Ⅱ | 5.3 | 4.9 | 4.9 | -0.4 | 0.0 |
| 　　Ⅲ | 6.4 | 5.9 | 6.2 | -0.5 | 0.3 |
| 　　Ⅳ | 7.2 | 6.9 | 7.0 | -0.3 | 0.1 |
| 　　Ⅴ | 8.2 | 7.8 | 8.1 | -0.4 | 0.3 |
| 　　Ⅵ | 9.2 | 8.9 | 9.2 | -0.3 | 0.3 |
| 　　Ⅶ | 10.3 | 10.4 | 10.5 | 0.1 | 0.1 |
| 　　Ⅷ | 12.0 | 12.3 | 12.1 | 0.3 | -0.2 |
| 　　Ⅸ | 14.8 | 14.8 | 15.1 | 0.0 | 0.3 |
| H　Ⅹ | 23.1 | 25.0 | 23.5 | 1.9 | -1.5 |
| Ⅹ／Ⅰ | 6.60 | 8.06 | 7.34 | | |

資料：総務庁、全国消費実態調査報告（1981、1989、1994年）
出典：町村敬志、1998

少なさである。その証拠に、最上位の階級の取り分を最下位の階級の取り分で割った値は、もっとも大きかったバブル最盛期の1989年でも8.06にすぎない。ニューヨークやロンドンと比べて、東京がいかに所得階層において平準化した都市であるかが分かる。確かに1979年から1989年の10年間は、上位の階級の取り分が増加し、下位の階級の取り分が減少する傾向は見られたが、その程度はかなり弱いものである。さらにバブル崩壊後の1994年には、所得の分布は平等化の方向に変化している。この表から、東京では所得階層の分極化は、この10数年間に経験しなかったといってよいであろう。少なくとも、ニューヨークやロンドンと比較すればそういうことになる。

　ここで、前節で見た職業階層の変化といま見てきた所得階層の変化との関連を検討しておこう。多くの論者が職業階層の分極化が所得階層の分極化を導くとしているからである。これまでの知見をまとめれば、ニューヨークでは、職業階層の分極化と所得階層の分極化の双方が認められ、ロンドンでは、職業階層については分極化ではなく専門職化が、そして所得階層については分極化が認められた。東京は、職業階層、所得階層ともはっきりとした分極化の傾向は認められず、あるとすれば、その〈兆し〉であった。ただし、この職業階層の分極化と所得階層の分極化との関連を見るうえでは、職業が個人単位の変数であるから、本来は、所得も個人の収入で考えるべきであろう。

世帯単位での所得を問題にすると、ニューヨークのケースについてモレンコフ（J. Mollenkopf）が指摘するように、その世帯に何人の稼ぎ手がいるのか、あるいはまたシングルマザーというような世帯形態のあり方が分極化に介在する可能性が高い（Mollenkopf, 1996）。しかしここではデータの制約もあり、ひとまずそのことは不問にして、ロンドンのケースが常識的な理解からは、もっとも逸脱していることを問題にしよう。一方での職業階層の専門職化、他方での所得階層の分極化、この矛盾をどう解くのか。その鍵は、ブルガース（J. Burgers）もオランダのケースで指摘するように、ロンドンの高い失業率すなわち多くの失業者の存在にあるように思う（Burgers, 1996）。職業階層に、文字どおり職業分類以下のクラス、いわゆるアンダークラスとしての失業者を含めることで、この時期のロンドンの職業構造は分極化していると判断できるのではないか。そしてそのことが所得の分極化をもたらしたと解釈してもそう無理はないのではないか。

このような意味でも〈都市の分極化〉論にとって、職業階層、所得階層の変化とあわせて、失業者、不安定雇用者、ホームレスなどの新たな都市貧困層の問題を検討することが重要になる。

## 4　検証Ⅲ：新たな都市貧困層の出現

オランダの都市を対象としたブルガースが〈都市の分極化〉仮説の検証にとっての失業者の重要性を強調したことはすでに述べたが、オーストラリアのシドニーを対象とした分析のなかで、バウム（S. Baum）も〈都市の分極化〉論にとっての失業者の増大の重要性を指摘している（Baum, 1997）。かれによれば、1991年のシドニーの失業者数は、約18万人で、失業率10.3％であり、1981年から1991年の10年間の失業者は約10万6千人の増加で、増加率142.4％であったという。そしてそのことから職業構造の上層、下層のグループに加えて、失業者という3つのグループが都市の分極化を議論する上で、とりわけ重要な社会層であると主張する。表3-7は、ニューヨーク、ロ

表3-7 ニューヨーク、ロンドン、東京の失業

| | 1980 | | 1990 | |
|---|---|---|---|---|
| | 失業者数(千人) | 失業率(%) | 失業者数(千人) | 失業率(%) |
| ニューヨーク | | | | |
| 男 | 133.2 | 7.7 | 174.9 | 9.3 |
| 女 | 109.9 | 7.7 | 147.2 | 8.7 |
| 総数 | 243.1 | 7.7 | 322.1 | 9.0 |
| ロンドン | | | | |
| 男 | 197.9 | 10.3 | 258.9 | 12.0 |
| 女 | 91.7 | 7.0 | 134.2 | 6.4 |
| 総数 | 289.6 | 9.0 | 393.1 | 9.2 |
| 東京（区部） | | | | |
| 男 | 79.9 | 2.9 | 89.9 | 3.2 |
| 女 | 41.3 | 2.6 | 55.6 | 3.1 |
| 総数 | 121.3 | 2.8 | 145.6 | 3.1 |

注：ロンドンは1981、1991年の値
資料：各国国勢調査

ンドン、東京の1980年代の失業者の増減を表したものである。ニューヨークの1990年の失業者は、約32万2千人で失業率は9.0％、この10年間に7万9千人の増加である。また、ロンドンは、1991年の失業者が約39万3千人であり失業率は9.2％、1981年からは10万4千人の増加である。一方、東京の1990年の失業者数は約14万5千人、失業率は3.1％、1980年からの10年間で2万4千人の増加である。予想されたことではあるが、東京は、ニューヨーク、ロンドンと比べて、失業者数、失業率いずれも相当低い値である。この点でも東京は、ニューヨークやロンドンと同じ意味で〈分極化する都市〉とはいえない。ただし周知のとおり、バブル崩壊後、失業率にその増加傾向が認められることは確かで、1995年には失業者数が21万8千人、失業率4.6％に上昇している。しかしそれでもニューヨークやロンドンの水準と比べればまだ低い。

同様な傾向は、ホームレス人口についてもいえる。東京のホームレス人口

表3-8 東京のホームレスの概数の推移；1995-1998

| | 1995(2) | 1996(2) | 1996(8) | 1997(2) | 1997(8) | 1998(2) | 1998(8) |
|---|---|---|---|---|---|---|---|
| 都立施設 | 1,200 | 1,400 | 1,600 | 1,500 | 1,600 | 1,350 | 1,750 |
| 区立施設 | 1,400 | 1,500 | 1,800 | 1,500 | 2,000 | 1,600 | 2,400 |
| 電鉄関係 | 700 | 400 | 100 | 200 | 100 | 250 | 150 |
| 合計 | 3,300 | 3,300 | 3,500 | 3,200 | 3,700 | 3,200 | 4,300 |

注：（ ）内は月
資料：東京都福祉局、23区内の路上生活者概数調査

は、バブル崩壊後に増えはじめ、1993年から1994年にかけて倍増したといわれる。表3-8は、1995年からの東京都区部のホームレス人口の概数調査結果である。一時安定していた数も、1998年になって急増している。1999年2月に政府も大都市を中心に急増するホームレスに対し、その対策を検討するための「ホームレス問題連絡会議」をやっと発足させた。これに対し、ニューヨークでは1980年代に、ホームレス問題が深刻化し、1990年には、市のホームレスサービス課によれば、ホームレス人口は少なく見積っても、市の人口約732万の2.2%から3.3%、約16万から24万人になると推定されている。また、ロンドンでもホームレス人口は1970年代後半から増えはじめ、公的に認定されたホームレス世帯の数は、1986年に約3万世帯、人口にすると約7万5千人にのぼるといわれる (Bramley, 1988)。表3-9は、1980年代半ばから1990年代に初めにかけての、臨時宿泊施設の利用状況から見たホームレス世帯数の推移を示しているが、1986年当時の約3倍の世帯が、このような宿泊施設を利用していることが分かる。このようなニューヨークやロンドンの傾向に比べれば、東京のホームレス人口は増加してきているとはいえ、まだまだ低い水準にある。

　つぎに、このような失業者やホームレスを生み出す要因にもなる可能性がある、雇用形態における不安定雇用層の推移を見ておこう。この不安定雇用の問題に関しては、サッセンをはじめ多くの論者が、いわゆるフォーディズム型の産業構造からポスト・フォーディズム型の経済構造の移行にともなって、パートタイム労働者、派遣労働者、契約社員など労働組合に組織されることの少ない、フレキシブルな労働力としての臨時雇用者が増加することを

表3-9　ロンドンの臨時宿泊施設の利用世帯数の推移；1986-1992

|  | 世帯数 | 増加率（%） |
|---|---|---|
| 1986.9 | 14,049 |  |
| 1987.9 | 18,906 | 34.6 |
| 1988.9 | 21,464 | 13.5 |
| 1989.9 | 25,577 | 19.2 |
| 1990.9 | 33,260 | 30.0 |
| 1991.9 | 40,252 | 21.0 |
| 1992.3 | 42,506 | 5.6 |

資料：London Research Centre, Homelessness and the use of temporary accommodation in London, 1992

表3-10 ロンドンの雇用形態の変化；1981-1991

|  | 1981 | | | | 1991 | | | |
| --- | --- | --- | --- | --- | --- | --- | --- | --- |
|  | フルタイム | | パートタイム | | フルタイム | | パートタイム | |
|  | (千人) | (%) | (千人) | (%) | (千人) | (%) | (千人) | (%) |
| 男 | 1,689 | 79.7 | 2 | 1.3 | 1,249 | 57.9 | 49 | 2.3 |
| 女 | 863 | 43.4 | 348 | 17.5 | 889 | 42.4 | 310 | 14.8 |
| 総数 | 2,552 | 62.1 | 376 | 9.2 | 2,138 | 50.3 | 359 | 8.4 |

注：比率の母数は、男（16-64歳人口）、女（16-59歳人口）
　　パートタイムは、週30時間以下の雇用
資料：国勢調査（1981、1991）

指摘している。表3-10は、ロンドンの1981年と1991年の雇用形態の変化を示しているが、この10年間に男のフルタイムの雇用者の割合は79.7％から57.9％へと大幅に減少している。一方、表3-11は、1982年と1997年の東京の雇用形態の変化を表したものである。この15年間、有業者に占める正規従業員の割合にはほとんど変化が見られない。ただし、表には示していないが、雇用者のなかでの正規従業員の割合は1982年の73.2％から1997年の65.5％へと減少している。また、男だけをとっても、77.6％から74.1％へと変化の割合は小さいが減少している。その一方で、パート、アルバイトの割合が増加している。パートやアルバイトの主流は主婦や学生であろうが、近年、派遣労働者や契約社員が増加する傾向にあるとの指摘もあることを踏まえて考えれば、東京でも相対的に不安定な雇用形態である臨時雇用者層が増えていることは間違いないであろう。しかしここでも、たとえばすでに見たロンドンの場合と比較して分かるように、その変化の割合はかなり穏やかである。

最後に、新しい都市の貧困層の議論にとって重要な外国人労働者あるいはエスニシティの問題がある。ニューヨークにしろ、ロンドンにしろ、〈都市の分極化〉論を構成する主要なテーマは、人種や民族（エスニシティ）の要因と

表3-11 東京都の雇用形態の変化；1982-1997

|  | 1982 | | | | 1997 | | | |
| --- | --- | --- | --- | --- | --- | --- | --- | --- |
|  | フルタイム | | パートタイム | | フルタイム | | パートタイム | |
|  | (千人) | (%) | (千人) | (%) | (千人) | (%) | (千人) | (%) |
| 男 | 2,401 | 64.7 | 148 | 4.0 | 2,568 | 64.0 | 295 | 7.4 |
| 女 | 1,076 | 49.4 | 433 | 19.9 | 1,183 | 44.4 | 803 | 30.1 |
| 総数 | 3,477 | 59.0 | 581 | 9.9 | 3,751 | 56.2 | 1,098 | 16.4 |

注：比率の母数は、有業者数（男、女、総数）
資料：東京都、就業構造基本調査報告（1982、1997）

表3-12 ニューヨークのエスニック人口の変化

|  | 1980 | | 1990 | | 増加率 |
|---|---|---|---|---|---|
|  | (千人) | (%) | (千人) | (%) | (%) |
| 白　　人 | 3,669 | 51.9 | 3,163 | 43.2 | -13.8 |
| 黒　　人 | 1,694 | 24.0 | 1,847 | 25.2 | 9.0 |
| ヒスパニック | 1,406 | 19.9 | 1,784 | 24.4 | 26.9 |
| アジア人 | 300 | 4.2 | 490 | 6.7 | 63.1 |
| 総人口 | 7,072 | 100.0 | 7,323 | 100.0 | 3.6 |

資料：国勢調査
出典：Mollenkopf, 1996.

絡んだ都市の不平等の拡大にあった。フリードマンの「移民の目的地としての世界都市」という世界都市仮説をもち出すまでもなく、経済のグローバリゼーションの過程で、世界都市では新たな移民人口が急増している。ニューヨークを例にとれば、表3-12に示すように、1980年から1990年の10年間にアジア系の人口が63.1％、ヒスパニック系の人口が26.9％、それぞれ増加している。その結果、1990年には、非ヒスパニック系の白人人口は316万3千人で、市総人口の43.2％と少数派になってしまった。そして、表3-13は、1980年と1990年のエスニックグループ別の世帯収入10分位階級の分布の構成比を表している。これから大雑把にいえば、この10年間に、白人系集団とヒスパニック系集団は、上下とまん中の層が増加し、非ヒスパニック系黒人集団は、上の層が増加、反対にアジア系集団は下の層が増加している。しかし、基本的には上層を多く占める白人系集団、下層を多く占めるヒスパニック系集団

表3-13 ニューヨークのエスニシティ別世帯収入10分位階級

| 年間収入 | 白人 | | 黒人 | | アジア人 | | ヒスパニック | |
|---|---|---|---|---|---|---|---|---|
| 10分位階級 | '80 | '90 | '80 | '90 | '80 | '90 | '80 | '90 |
| L　Ⅰ | 4.6 | 4.6 | 11.4 | 11.9 | 5.2 | 5.1 | 12.9 | 13.7 |
| 　　Ⅱ | 4.9 | 5.8 | 8.7 | 7.3 | 3.6 | 4.5 | 10.1 | 11.6 |
| 　　Ⅲ | 7.0 | 7.1 | 11.3 | 9.2 | 7.2 | 9.6 | 13.8 | 12.0 |
| 　　Ⅳ | 7.4 | 7.0 | 11.0 | 10.7 | 9.2 | 9.8 | 11.6 | 11.3 |
| 　　Ⅴ | 8.1 | 8.3 | 10.9 | 10.3 | 11.6 | 10.6 | 11.6 | 11.2 |
| 　　Ⅵ | 9.5 | 10.6 | 10.1 | 11.2 | 11.2 | 12.4 | 10.9 | 11.2 |
| 　　Ⅶ | 11.4 | 11.0 | 10.0 | 10.4 | 11.6 | 10.8 | 9.6 | 9.7 |
| 　　Ⅷ | 13.2 | 12.4 | 9.9 | 10.9 | 12.4 | 12.2 | 8.3 | 8.3 |
| 　　Ⅸ | 15.5 | 14.6 | 10.0 | 10.3 | 13.2 | 12.7 | 7.3 | 6.6 |
| H　Ⅹ | 18.4 | 18.6 | 6.6 | 7.7 | 14.4 | 12.2 | 4.1 | 4.4 |
| Ⅹ／Ⅰ | 4.00 | 4.04 | 0.58 | 0.65 | 2.77 | 2.39 | 0.32 | 0.32 |

資料：国勢調査
出典：Mollenkopf, 1996

というエスニシティによる分極化の構図は変わらない。

　また、ロンドンでは、1991年の国勢調査によれば、約668万の総人口のうちの21.2％にあたる134万6千人が非白人のエスニック集団である。そのなかでの主なエスニック集団は、インド人（25.8％）、カリブ系黒人（21.6％）、パキスタン・バングラディッシュ人（12.9％）、アフリカ系黒人（12.2％）、中国人（4.2％）である。このようなエスニック集団と社会経済的グループの間には、かなりの関連が見られ、もっとも成功しているのは中国人であり、もっとも労働市場のなかで不利な立場にあるのはカリブ系黒人といわれる。エスニック集団ごとの専門・管理職と半・未熟練労働者との比率を見ると、もっとも高いのが中国人の1.98、ついで白人の1.69、インド人の1.29、アフリカ系黒人の0.82、カリブ系黒人の0.49である。また、社会移動の点でも、上昇移動の目立つ中国人とインド人に対して、カリブ系黒人の上昇移動はきわめて限られたものとなっている（Hamnett, 1996）。ここに見られるのもエスニシティによる都市の分極化である。

　果たして東京はどうか。表3-14は、東京都の外国人登録者数の推移を、主要な国籍別に1980年から1995年まで5年ごとに見たものである。これからこの15年間に登録外国人は、14万6千人増加し、1995年には約26万人となった。韓国人、中国人を中心として、とりわけ80年代後半に東京の外国人は急増した。入管法改正（1989年）後の日系南米人の増加も著しい。これに法務省推定の不法残留者数9万3千人（1994年末）を加えれば、1995年の外国人数は、35万3千人となる。これは、東京の総人口に対する比率で見れば約3％に当た

表3-14　東京都の国籍別外国人登録者数の推移

| | 年次 | | | | 増加率 | | |
|---|---|---|---|---|---|---|---|
| | 1980 | 1985 | 1990 | 1995 | 80/85 | 85/90 | 90/95 |
| 韓国朝鮮 | 73,836 | 79,511 | 92,410 | 95,470 | 7.7 | 16.2 | 3.3 |
| 中　　国 | 14,979 | 23,402 | 61,267 | 75,042 | 56.2 | 161.8 | 22.5 |
| ア ジ ア | 5,081 | 9,362 | 26,211 | 40,282 | 84.3 | 180.0 | 53.7 |
| 南　　米 | 764 | 1,079 | 2,976 | 9,640 | 41.2 | 175.8 | 223.9 |
| 欧　　米 | 18,711 | 25,448 | 33,109 | 37,599 | 36.0 | 30.1 | 13.6 |
| その他 | 1,078 | 1,024 | 1,322 | 2,698 | -5.0 | 29.1 | 104.1 |
| 総　　数 | 114,449 | 139,826 | 217,295 | 260,731 | 22.2 | 55.4 | 20.0 |

注：欧米にはオセアニアを含む
資料：外国人登録国籍別人員調査表（各年）

表 3-15　全国の有職登録外国人の職業構成（1995年）

|  | 韓国朝鮮 | 中国 | アジア | 南米 | 欧米 | その他 | 合計（％） |
|---|---|---|---|---|---|---|---|
| 専門技術職 | 17.0 | 12.9 | 17.3 | 2.4 | 49.9 | 0.5 | 73,844(15.8) |
| 管 理 職 | 67.8 | 9.7 | 3.0 | 0.5 | 18.4 | 0.5 | 26,211( 5.6) |
| 事 務 職 | 60.1 | 14.7 | 3.7 | 14.9 | 6.3 | 0.3 | 86,322(18.5) |
| 販 売 職 | 82.7 | 9.0 | 3.2 | 1.8 | 2.9 | 0.3 | 43,756( 9.4) |
| サービス職 | 22.5 | 11.6 | 48.1 | 13.0 | 4.5 | 0.3 | 53,229(11.4) |
| 運輸通信職 | 92.3 | 2.2 | 1.6 | 2.6 | 1.2 | 0.2 | 11,632( 2.5) |
| 生産加工職 | 22.5 | 3.9 | 4.8 | 68.3 | 0.5 | 0.1 | 160,168(34.2) |
| 労 務 職 | 36.6 | 5.1 | 6.8 | 50.3 | 1.1 | 0.2 | 10,233( 2.2) |
| 農林漁業職 | 54.5 | 6.7 | 9.0 | 25.0 | 4.6 | 0.2 | 2,435( 0.5) |
| 合計（人） | 182,182 | 42,080 | 52,505 | 137,910 | 51,944 | 1,209 | 467,830 |
| 　（％） | (38.9) | (9.0) | (11.2) | (29.5) | (11.1) | (0.3) | (100) |

注：欧米にはオセアニアを含む
資料：法務省、在留外国人統計（1995年）

る。また表3-15は、1995年の全国の有職登録外国人の職業分類の国籍別構成比を表している。専門技術職の欧米人、サービス職のアジア人、生産加工職の南米人という構図がかなりはっきり読み取れる。そして表3-16は、東京都の有職登録外国人の職業構成の変化を示す。この10年間に一方で、専門技術職と事務職、他方で、サービス職とマニュアル職の増加が著しい。在日が多く含まれる韓国朝鮮を除くとその傾向は一層はっきりとする。専門職にはフィリピン人を中心に、歌手やダンサーなどの芸術・芸能職が1割ほど含まれていることを考慮しても、東京の登録外国人は、教員や技術者などの専門職層と接客業などのサービス職層に分化する傾向にあるといえる。そして近頃、コンピュータ技術者へのアジア系外国人の活用が話題にのぼるが、基本的には、まだ欧米人中心の専門職層、アジア系中心のサービス職層というエ

表 3-16　東京都の有職登録外国人の職業構成の変化：（1984-1995）

|  | 総数 | | | 韓国朝鮮 | | | その他 | | |
|---|---|---|---|---|---|---|---|---|---|
|  | '84 | '95 | 84/95 | '84 | '95 | 84/95 | '84 | '95 | 84/95 |
| 専門技術職 | 21.5 | 24.8 | 100.0 | 8.0 | 10.7 | 50.0 | 39.4 | 33.0 | 113.4 |
| 管 理 職 | 13.6 | 12.6 | 59.9 | 11.0 | 14.0 | 41.0 | 16.9 | 11.7 | 76.2 |
| 事 務 職 | 26.9 | 32.6 | 110.0 | 30.9 | 40.4 | 45.4 | 21.5 | 28.2 | 232.9 |
| 販 売 職 | 13.4 | 7.7 | -0.1 | 19.1 | 15.8 | -8.0 | 5.8 | 3.1 | 34.3 |
| サービス職 | 10.7 | 11.2 | 81.6 | 9.0 | 5.5 | 31.4 | 13.0 | 14.6 | 184.6 |
| マニュアル職 | 14.0 | 11.0 | 35.9 | 22.1 | 13.7 | -31.1 | 3.3 | 9.4 | 632.3 |
| 合計（千人） | 410 | 709 |  | 234 | 260 |  | 176 | 449 |  |

資料：在留外国人統計、各年
出典：Sonobe & Machimura, 1996 より作成

スニシティによる分極化の構図を描いて大きな間違いはないであろう。さらに、アジア系不法残留者の多くが、サービス職やマニュアル職に就いていることも間違いない。

このように近年、東京においてもエスニシティによる都市の分極化現象が起こりつつあることは確かである。しかしここでも、すでに見たニューヨークやロンドンのケースと比べれば、そのオーダーは一桁違うし、問題の深刻さも相当違う。東京に見られるのは分極化の〈兆し〉である。

## 5　普遍と差異：〈都市の分極化〉論における東京の意味

これまで、「東京は〈分極化する都市〉か」の問に答えるべく、職業構成の変化、所得構造の変化、新たな貧困層の出現という3つの角度から実証的な検証を試みてきた。結論を一言でいえば、いずれの面でも、東京はニューヨークやロンドンのようには分極化していないが、しかしまた、いずれの面でも分極化の〈兆し〉が認められるということになろう。果たしてこの東京のケースは、〈都市の分極化〉論にとってどのような意味をもつのであろうか。最後にこのことを検討しよう。〈都市の分極化〉論に対しては、その代表的論者のサッセンのモデルに向けて〈アングロアメリカン中心主義〉と〈収斂理論〉という批判があることはすでに冒頭で触れた。この批判、より直接的にはホワイト(J. White)の論文に対して、雑誌『アーバン・アフェアーズ・レビュー』の誌上で、ホワイトとサッセンが論争を展開している(Sassen, 1998; White, 1998a, 1998b)。そこでここでは、この論争を手がかりにして、東京のケースのもつ意味を考えることにしたい。まずは、その論争の要点を紹介しよう。

ホワイトは、サッセンのいうような「世界都市が都市の分極化をもたらす」という仮説は、東京には当てはまらないと考えており、その理由として3点をあげる。まず第1は、東京はいくつかの点で、本当の意味での世界都市ではないということ。いってみれば、これはサッセン命題の独立変数とし

ての世界都市の性質を問題とし、そもそもニューヨークやロンドンと同じ意味あいで東京を世界都市として取り上げることに疑問を投げかけるものである。町村のいう〈ヘゲモニー依存型〉の世界都市とそうでない〈後発の世界都市〉という論点に近い（町村、1994）。その結果、国際金融センターあるいは世界の指令塔としての地位という点では、東京はニューヨークやロンドンにはるかに及ばない。第2は、市場に対する国家の優位である。日本は、市場ではなく、政府に主導された経済発展であり、そこでは資本の利益よりも国家の利益が優先されている。要は、ここでは世界都市とその社会的帰結との因果関係に影響を与える環境条件、すなわち媒介変数のあり方の相違が問題とされている。そして第3は、従属変数である社会的分極化のあり方それ自体の相違である。多少乱暴にいえば、ホワイトは筆者らの論文を参照しつつ、東京にはグローバリゼーションの時代にそれほど急激な分極化が起きていないという。そこから〈分極化なしのグローバリズム〉という形容もなされる。

　このようなホワイトの主張に対して、サッセンは、自分のモデルに国家の役割や他の政治的要因をうまく取り込めていないという点は認めるが、彼女のモデルが都市間の類似性を強調する〈収斂理論〉であるという批判には反論を加える。彼女の主要な論点は、グローバルシティのモデルが、静的な結果としての状態ではなく、動的な発展ないし変化の方向を問題にしているということであろう。その背後には、ますます多くの国が、世界経済という1つの制度に組み込まれ、そこでのゲームの新しい共通のルールを好むと好まないとにかかわらず、選択していかなければならなくなっているという認識がある。そして世界都市とは、そのようなゲームに参加していくうえでの戦略拠点であり、それはまた、国境を超えた戦略拠点のネットワークのなかで機能していくものであるという。この点で、サッセンは、ホワイトの東京は分極化していないという主張に強く反論し、東京も他の世界都市と同様にこのようなグローバリゼーションの威圧（プレッシャー）を受けており、分極化の傾向が見られることを強調する。

　われわれのケースに戻ろう。本章の中心的な課題は、先ほどの表現を用い

れば、東京において、従属変数としての分極化の状態を明らかにすることであった。その結果は、すでに述べたように、ニューヨークやロンドンほどの分極化は見られないが、傾向としては、分極化の〈兆し〉が見られるということであった。この知見から判断するかぎり、静的な現状を重視するホワイトと変化の方向を重視するサッセンということで、両者とも間違ってはいない。ただし、〈分極化なしのグローバリズム〉というホワイトの総括には問題があり、この点では分極化の傾向を指摘するサッセンの方が正しい。東京も明らかにグローバリゼーションのプレッシャーを受けている。

　そこでつぎに問題となるのが、独立変数としての世界都市のあり様である。確かに東京は、ニューヨークやロンドンと比べて、国際金融センターや世界的な指令塔としての役割は弱く、〈ヘゲモニー依存型〉の世界都市とは異なる。その結果、ホワイトが言うように東京とこれらの世界都市との間には、金融セクターの相対的なウエイトの点で大きな違いがある。しかしこの点でもサッセンの見方は異なる。世界都市かどうかの判断にとって重要なことは、その都市が世界的な資本のフローや世界市場に対して、調整や管理、サービスといった機能を果たしているかどうかにあるという。そしてすでに述べたように、世界都市は単独の都市ではなく、世界都市のネットワークのなかでそのような機能を果たしていくというのが彼女の主張である。ここにも静的に現状の断面を切り取り、個々の世界都市の比較をしていこうとするホワイトと動的な動きのなかに世界都市を位置づけ、ネットワークの要素として個々の世界都市を捉えようとするサッセンとの方法論上の違いがみられる。この意味ではサッセンの議論は初めから、世界都市にネットワークの要素としての共通性が前提とされている。しかしそれはホワイトのいうような「どの世界都市もニューヨークのようになる」という意味での〈収斂理論〉ではない。

　このように考えてくると問題は、サッセン自身が自分のモデルにうまく取り込めていないと認めた媒介変数群の扱いにあるように思う。この媒介変数には、サッセンがあげる国家の役割やその他の政治的力といった政治的要因

だけでなく、それに加えて、文化的価値といった文化的要因を見逃すわけにはいかない。そこでは、富永健一が指摘する、文化の多様性にもとづくアングロサクソン型資本主義と日本型資本主義の対比といった論点が重要な検討課題になってくる（富永、1993）。サッセンのモデルでは、このような世界都市と分極化との間の因果関係に影響を与える環境条件の検討が不十分であったがために、世界都市の普遍性は強調できても、世界都市相互の違いや差異を十分に捉えることができないのである。そこでは、アングロサクソン・スタンダードが、新たなルールとしてのグローバル・スタンダードと等置されてしまう。この意味でサッセンのモデルは、〈アングロサクソン中心主義〉という批判は当たっている。森永卓郎がいうように、金融の世界では、カネという世界共通の商品が、通信回線を通して、大量かつ瞬時に世界中を動き回る。それゆえそのゲームに参加する者には共通のルールが、好むと好まざるとにかかわらず求められる。その金融の世界で、いまや完全な覇権を握ったのがニューヨークとロンドン、まさにアングロサクソンの世界だったのである（森永、1998）。しかしそうだからといって、ものづくりを含めたすべての世界で、アングロサクソン・スタンダードが、グローバル・スタンダードになると考えることには無理がある。

このように考えてくると、サッセンの〈都市の分極化〉仮説は、ある国の社会システムが、アングロサクソン圏の文化と政治に基盤をもつアングロサクソン型の資本主義システムに近づけば近づくほど、その国の世界都市は分極化を強めていくという、ある種の〈警鐘モデル〉として受け入れることがもっとも有効なのではないかと思える。もしそうだとすれば、東京の将来に、都市の分極化を防ぐには、あるいはさらに、これまで〈都市の分極化〉論のなかでは直接論じられることは少なかったが、分極化の社会的帰結としての社会病理現象を防ぐには、わが国の文化と政治、さらにそれに根ざすわが国の資本主義システムのあり方を問う必要がある。再三指摘したように、東京はいま、分極化の〈兆し〉が見えてきたところである。東京の将来の変動を理解するために重要なことは、現在見えてきた、その〈兆し〉をどう捉え、

その意味をどう解釈し、それに対してどのような政治的、文化的な対応が可能なのかを考えることである。

　この点で、これまでの多くの論者が、〈都市の分極化〉を主としてマクロな統計的データの分析や解釈という方法によってのみ議論してきたことには限界がある。東京のように、ニューヨークやロンドンと異なって、分極化があいまいな、その〈兆し〉の段階にある都市にとってはとりわけそうである。そのような〈兆し〉をよりよく捉え、その意味をよりよく理解できる方法は、マクロな統計分析よりも、フィールドワークに根ざしたケース・スタディの方法ではなかろうか。それによって、ある意味では、構造論的運命論に陥りがちな〈都市の分極化〉論を、人々を含めたさまざまな社会的エージェントの主体的実践から捉え直すことができ、分極化論そのものの脱構築が可能になるのではなかろうか。以下の第4章から第8章の5つの章は、そのようなケース・スタディの分析に当てられる。まず次章では、新しい都市の貧困を象徴するホームレスの問題を取り上げよう。

# 第4章 見捨てられた都市：
## 都市とホームレス

## 1　新しい都市の貧困

　わが国のホームレス問題が、社会問題化した大きなきっかけは、1996年1月の東京都による、新宿ホームレスの強制排除であった。東京都は新宿駅から都庁舎への通路にあたる、ホームレスの集住地域に動く歩道を建設することを公表し、ホームレスに立ち退きを命じた。それに対して、支援団体と一部のホームレスの人々が反発し、機動隊との乱闘騒ぎになった。このことがマスコミにも大きく取り上げられ、一般社会のホームレス問題への関心が高まった。しかしこれより先、わが国のバブル経済崩壊以降、ホームレス人口の急増が指摘され、東京都は、1994年にホームレス問題の研究会を発足させ、1995年3月には、その成果を『新たな都市問題と対応の方向：路上生活をめぐって』に公にしている。これによって、ホームレスの問題は、新しい都市問題であるという位置づけと認識が生まれた。

　一方、欧米を中心とする大都市研究からは、より早くからホームレスを含むより広範囲の問題が〈新しい都市の貧困〉という形で着目されてきている。その論客の一人であるミンジオーネ（E. Mingione）は、「物乞いやホームレスの増加、不利な立場にある人々に集中する高い失業率と低賃金の不安定な職、若者の不良仲間、ときには子供たちによる犯罪や暴力の増加、都市のインナーエリアをさまよう精神障害の人々や見捨てられた人々の増加、質の悪い

住宅や衰退地域の広がり」(Mingione, 1993: p.324) といった現象が、この20年間ぐらいの間に、先進諸国の大都市にかなり共通して見られるようになったことを指摘し、それらを総称して〈新しい都市の貧困〉と形容しうるという。

無論、ニューヨークやロサンジェルス、ロンドンやパリといった欧米諸国の大都市と日本の大都市である東京との間には、大きな差異が存在するのは事実であるが、上述のミンジオーネの指摘のなかには、今日の都市に見られる影の部分として、ある種の共通性が感じられることも確かである。実際ここに併記した、いわゆる〈世界都市〉は、いずれもここ10数年来、ホームレス問題の深刻化に悩まされてきたわけで、ここにきて東京も例外ではなかったという感がある。以下、この章では、このようなホームレス現象のグローバルな共通性を念頭に置きつつ、東京のホームレスの生活世界、ホームレスを生み出す構造的背景、ホームレスへの一般社会の対応に言及し、最後にホームレス問題を現代社会の文化の問題と絡めて論じる。

## 2 ホームレスの生活世界

### (1) ホームレス人口の概要

ホームレスと一口にいっても、一体ホームレスとはどのような人々のことをいうのか。この問いに答えることは、それほど簡単ではない。たとえば、新宿の路上で寝ている人は、誰がみてもホームレスといえそうである。しかしそのなかには、終電車に間に合わず、一夜を地下通路で明かしている人がいるかもしれない。そういう人は明らかにホームレスではない。また、いまは病院に入院していたり、福祉施設に入っていたりしているが、退院や退所した後、戻る家のない人はどうか。カプセルや簡易宿泊所に泊りながら仕事をしている人はホームレスといえるのか。ライト (J. Wright) は、ホームレスを「通常の居住単位にたいして定期的で常習的なアクセスが欠如している状態」(Wright, 1989=1993: p.55) と定義する。しかしその一方で、「ホームレスの定義については、唯一の、最良で、正しく、同意を得られやすい定義という

ものはない」（同上: p.57）という。

　ここでは、以下のような５分類を考えておくことにする。①ストリートホームレス（常時）：住居、施設、宿泊所で就寝せず、常時野宿をしているもの。②ストリートホームレス（一時）：相応の現金収入があったときなどには、簡易宿泊所や深夜営業店などに滞在しているもの。③シェルターホームレス：ホームレス専用の施設（シェルター）に滞在しているもの。④不安定居住者：友人宅や知人のアパートなどで共同生活をしているもの。⑤施設宿泊者：生活保護の施設や宿泊所などに宿泊しているもの。そして、このうちの①、②、③を、いわゆるホームレス、④と⑤を、住居不安定者と呼ぶが、その境界は流動的である。また、ストリートホームレスとシェルターホームレスの境界も流動的である。しかし、ここではひとまず、もっともホームレスとして典型的な形態である、路上生活者いわゆるストリートホームレスに限定して論じていくことにする。

　では、ここ数年急激に増加しているといわれるホームレスの人々は、東京全体でどのくらいの数になるのであろうか。これについては、既述の東京都の研究会の報告書に記載された、東京都区内で約3,300人という数が、その後、マスコミなどでも頻繁に使われるようになった。もとはといえばこの数は、「特別区内の路上生活者概数調査」の結果であり、この調査は、1995年２月に東京都、区、電鉄関係者が特定の駅、公園、道路、河川敷などで目視観察の方法でおこなったものである。その後、1996年の２月にも同様の調査がおこなわれ、前年と同じ、約3,300人という数が報告されたが、冬期の臨時宿泊施設が開設されている時期のため実際の数より少ないのではないかという批判があり、1997年からは、毎年２月と８月の２回、調査が実施されるようになっている。もっとも最近の1998年の８月の調査によれば、約4,300人という数が報告されている。ただし、ホームレスの日々あるいは季節ごとの流動性、移動性の高さを考えれば、その正確なカウントは技術的に極めて難しく、このような数はあくまでも参考値というのが妥当なところであろう。

　このように、その正確な数さえも把握するのが困難なホームレスの人々の

属性を把握するのは、より一層の困難をともなう。しかしここでは、筆者らがおこなった新宿駅周辺のホームレスの実態調査からその概要を見ておくことにする（都市高齢者生活研究会、1997；岩田、2000）。この調査は、1996年3月22日の夜、7時から10時頃までにおこなった新宿駅周辺の一斉調査である。調査の目的は、ホームレスの数の確認（カウント）と簡単な属性（性別、年齢、路上生活期間、これまでの主な仕事、その仕事が日雇いか否か、その仕事に従事していた時の居住地、冬期臨時施設への入居経験の有無の7項目）の把握である。調査方法等の詳しい内容は、上記の報告書を参照してほしい。

まず、この時間に確認できたホームレスの数は359人で、そのうち女性は16人(4.5%)、であった。このうち属性項目調査に協力してくれた者が238人で、残りの64人が調査拒否、またその他、寝ていたり、酒に酔っていたり、言語不明瞭などの理由による調査不能者が57人であった。表4-1に結果の概要をまとめてあるが、有効回答者数は238人であり、そのうち10人（4.2%）が女性である。年齢では、50歳代が39％ともっとも多く、ついで40歳代が28％、60歳代が22％である。全体で、50歳以上のものが65％を占め、中高年齢者が圧倒的に多い。路上生活の期間は、1年未満の短期者と5年以上の長期者が

表4-1　新宿のホームレスの社会的属性

| 性別 | | 職業 | |
|---|---|---|---|
| 男 | 228(95.8) | 建設作業員 | 105(44.8) |
| 女 | 10( 4.2) | 技能工・運転者 | 46(19.7) |
| 年齢 | | 販売サービス職 | 36(15.4) |
| 20代以下 | 4( 1.7) | 事務職 | 19( 8.1) |
| 30代 | 14( 5.3) | 専門技術管理職 | 9( 3.8) |
| 40代 | 65(27.5) | 自営業 | 7( 3.0) |
| 50代 | 93(39.4) | その他 | 16( 5.1) |
| 60代 | 52(22.0) | 雇用形態 | |
| 70代以上 | 8( 3.4) | 日雇い | 85(37.3) |
| 路上生活の期間 | | 日雇いでない | 143(62.7) |
| 1ヶ月未満 | 16( 7.0) | 居住地 | |
| 1－3ヶ月 | 22( 9.6) | 東京都 | 113(54.9) |
| 3－6ヶ月 | 16( 7.0) | 関東各県 | 51(24.8) |
| 6－12ヶ月 | 21( 9.1) | その他 | 42(20.4) |
| 1－3年 | 53(23.0) | 施設入居の有無 | |
| 3－5年 | 34(14.8) | あり | 57(24.3) |
| 5年以上 | 68(29.6) | なし | 178(75.7) |

それぞれ3割ぐらいを占める。以前の主な仕事では、建設作業員（建設技能職および労務職）が45％でもっとも多く、技能工や自動車などの運転者が20％である。その他、販売・サービス職が合わせて15％、事務職が8％、管理経営・専門技術職が合わせて4％、自営業が3％とかなりの多様化が見られる。また、その時から雇用形態が日雇いであったものは37％と少数派である。当時の居住地は、東京が半数を超え、それに東京周辺の関東を含めれば、約8割にのぼる。また、冬期臨時施設へ入居した経験のある者は全体の4分の1で、施設を利用しなかった者の方が多数派になっている。

　この調査は、調査対象地域も調査項目もごく限られたものであるが、これまで学術的立場から、この種の調査がほとんどなかったことを考えれば、東京（新宿）のホームレスの実態をある程度は明らかにし得たと思う。しかし、ホームレス問題の理解にとっては、この種の量的調査だけでは、やはりかなり限界がある。そこで筆者は、インタビューを中心とした質的調査を合わせて実施した[1]。以下では、その結果を用いながら、なぜホームレスになるのか、ホームレスの日常生活とはどのようなものなのか、またそれと関わって、なぜホームレスの状態から抜け出せないのか、を考えていこう。

(2) ホームレスになること

　なぜ、人々はホームレスになるのだろうか。失業をしても、離婚をしても、アパートを立ち退かされても、大方の人々は、ホームレスになるわけではない。なぜ、ある種の人々がホームレスになってしまうのであろうか。個々のケースは確かに多様である。しかし、そこにあるホームレスになりやすい基本的な条件とは、一体どのようなものであろうか。ここでは〈脆弱性〉という言葉をキーワードにこの問題を考えてみたい。

　まず第1に、〈雇用の脆弱性〉、不安定就労が、ホームレスになりやすい条件を形成する。その人の人生における主な職業が何であれ、現在、何らかの理由でいわゆる第2次労働市場、不安定就労層に組み込まれていることが問題となる。この不安定就労の典型はいわゆる〈日雇い労働〉であるが、不安

定就労層への組み込まれ方は多様である。

　15年ほどYゴム株式会社の下請け工場で、プレス工として働いていたSさん（56歳、高卒）は、「親会社のほうから応援をたのまれて、3月ほどして帰ると、今度、仕事がないんです。俺の仕事どうしてくれるんだって言ったらね、じゃお前、ごみでも焼いてろって。親会社から仕事がくるまで、ごみでも焼いてろって」。Sさんはそれに絶えられず、40万円の慰労金をもらって退職。その背後には、単価の安い外国人労働者への労働力の切り替えがあった。「もうどっからともなく、外国人を連れてくるんですね。そのたんびに日本人がどんどん少なくなっていく」。Sさんはその後、失業保険をもらいながら、職を探すが、適当な職が見つからず、アパートの家賃が払えなくなって、新宿に出てくる。

　同じプレス工のMさん（59歳、中卒）は、町工場を転々とし、最後は、三交替制の工場に寮づめで7年間勤めるが、「オイルショックでさ、二部制で間に合うようになって、一部いらなくなっちゃったの。それでクビきられたの。それで、しょうがないから、土方やって、家が山谷近いから、最初は現金みたいな日払いで、なんぼかやってたのよ」。その後、飯場仕事が中心となるが、「だんだん仕事が減ちゃって、飯場に行ったけどさ、休ませながらで、1週間に3日、ひどい時には1日しか働かねえ。だから10日で済むものを、20日いなくちゃならなくて、金にならねえ。そのうちだんだん年とってきちゃって」仕事がなくなり、新宿で暮らすようになる。

　不安定就労層へ組み込まれるのは、必ずしも学歴が低い層とは限らない。Iさん（56歳）は、東京の大学を卒業後、テレビ局のプロデューサーを勤めるが、個人的事情（酒での失敗）で退職する。その後、自分たちでプロダクションを作って、コマーシャル制作などを手がけるが、内部で意見が対立し退社。新聞販売店員、焼きとり屋、麻雀屋、ホストなどさまざまな職業に就き、最後は、歌舞伎町のバカラハウスに勤めるが、そこが倒産。新宿で路上生活に入る。

　静岡で商売（自営）をやっていたというOさん（43歳）も東京の大学を出て

いる。商売に失敗し、多額の借金（サラ金も含む）から逃れるために妻子と別れて上京。「いや、もちろん別れたくなかったですけどね。危ないなっていうことが分かったから、その前にもう手打って、それでまあ、東京に出てきたわけですよね。サラ金のほうは、自分のほうに全部借りがありますからね」。上京後は、「ドヤに泊まりながら通ってたんですけどね。日通のあれ（引越しなどの運搬作業員）やってたんですよ。秋葉原まで行って」。学歴にかかわらず、Oさんのように、商売（自営）に失敗して、不安定就労（日雇い労働）に組み込まれるというのは1つの典型といえる。もと魚屋のZさん（45歳、高卒）もそうである。「本当に（ホームレス）のことを馬鹿にしていた。自分がいまなってて、滑稽なんだけどね。自分で商売失敗して、建築業界なんてまるっきり知らなかったんですよ。まだその頃女房子供いましたからね。だけど、何とか食わせなきゃならないんで、新聞広告見て、その日に現金もらえるから行ったんです（Zさん）」。

ただし、雇用の脆弱性が直ちにホームレスを生み出すわけではない。第2のホームレスになりやすい条件として、〈住居の脆弱性〉、不安定居住がある。不安定居住の典型は、住み込み、飯場、寮など、職場と住居が重なる場合である。もとタクシー運転手のNさん（53歳、高卒）は、路上生活になる前は、土建会社の寮で寝泊まりしている。「会社の寮にはいってたの。4畳くらいの部屋に、4、5人もいるんだよ。そこから朝5時半くらいまでに起こされて、現場に向かうんだ」。プラカード持ちをやってたBさん（60歳、高卒）も会社の寮で暮らしていた。「最初はね、寮に入らないかって言われたとき、断ったの。その間は、サウナに泊まってたんだけど、寮に入ってない人は時間が少ないんですよ。寮に入ると、時給800円で、8時間、1日、6,400円で、そこから寮代900円引かれるわけ」。夫婦で路上生活をしていたHさん夫妻（夫、51歳、妻、59歳）の場合は、二人で、飯場のまかないをやっており、現場に住み込みの形になる。「現場の建物だから、仮設じゃない。夜1時、2時になると、ガタスタガタスタ開けたり閉めたりさ、うるさくてすごいのよ」。こういう場合には、当然のこととして、失職が直ちに、住居の喪失につながってし

まう。

　不安定居住のもう1つの場合が、低家賃アパートへの居住である。そこでは、建て替えにともなう立ち退きが問題となる。鳶職のCさん（53歳、中卒）は、東池袋の家賃2万2千円の木造アパートを借りていたが、「そこ、追い出されちゃった。立ち退きになっちゃった。建て替え。契約のときからいずれ壊すっていう話だったの」。現在は土工のEさん（52歳、大卒）は、「自分住んでいた喜多見のアパート古くて建て替えるんで出てきたんです。家賃は、2万8千円だったかな。すぐ立ち退く場合は、6ヶ月分もらえるはずだったんだけど、家賃を滞納してたんでだめでした。それでも5万円くれました」。必ずしも建て替えということではなく、家賃の滞納から追い出される場合もある。以前は露天商、現在は、パートのビル清掃員のDさん（63歳、中卒）「だって鍵をかけるところに、ベタってはりがみがしてあるんだよ。家賃滞納につき、用があったら自宅に来れなんて書いて。家賃は2万円で、田端にあって、もう古いあと何年か後には建て替えなきゃいけないような格好だった」。また、家賃が払えなくて、自ら出てくる場合もある。先のSさんの場合もそうだが、建築関係の中小企業に現場監督として勤めていたKさん（61歳、高卒）は、「社長の持ち逃げで給料がもらえなくなって、大家さんにも払えないし。大家さんも年寄り2人がそれで生計を立てているひとだから。もう気の毒で、出て行くしかない」と高円寺のアパートから新宿に出て来た。

　そのほかの不安定居住のケースとしては、ドヤ（簡易宿泊所）や、サウナ、カプセルホテルなどの利用がある。バカラハウスのIさんは、「そこで働いていたときは、ホテルを借りてたんです。ホテルといってもカプセルホテルを借り切っちゃって、一晩4,800円で、30日で12万ですけど、毎晩ということで1、2割引いてもらって、給料から天引きの形で」。金融関係の会社をリストラで退職したAさん（58歳、高卒）は、「最初のね、しばらくは歌舞伎町のカプセルにいたんですよ。でもあんまり長くいると、金が続かないもんですから、それで、考えなきゃということで、泊まりながら土工の仕事をやってましてね。でもなかなからちがあかないもんですから」。この他にも日雇い労

働者のドヤやサウナ利用はかなり一般的である。また、路上生活をするようになってからも、金が入った時は、この種の施設を利用するものが多い。

　ホームレスになりやすい条件の3番めは、〈家族の脆弱性〉である。その1つの典型は離婚である。いまのAさんも退職後離婚し、退職金のほとんどがそのために使われ、千葉の住居（賃貸）も失っている。2人の既婚の娘さんがいるが、「一応連絡はとっているようにしてますから」とはいうものの、「娘の生活乱すのだけはしたくないから。娘には、順調にいってもらいたいですよ。私みたいになったら可哀相ですから。他人様の家に嫁にやっているんですよ。助けてくれなんていうことだけは、したくないですね」と路上生活をしていることは打ち明けていない。もと魚屋のZさんは、「そんなこと（日雇い）やっているうちにこんどは家の方がガタガタになってきちゃった。金がある時はあるけど無い時は無い、それですったもんだしてるうちに、じゃ好きにすればってなっちゃってね。家でて大阪にとんじゃった」。その後、2人の子供とは1度も会ったことがないという。2度の離婚歴があるFさん（小卒、73歳）、「子どもに会ったって、子どもがなくだけよ。こんな姿で行って子ども喜ぶ道理がないわな。子どもだって結婚してるだろう。向こうの家庭を壊すようなものだ。だから俺はこうなった以上、ある程度人間の運命だから、そこらに野垂れ死にしたらいいと思ってるよ」。

　離婚にしろ、未婚にしろ単身者にとっては、親兄弟（定位家族）の重要性が高いはずだが、Zさんは、「兄弟は8人だけど、一切音信不通です。だから僕が大阪に行くって出てしまったまんま、まさか東京にいるとは夢にも思ってないんじゃないの。友達にも一切連絡とってないし、俺がここに東京にいるって身内では誰も知らないよ」といい、また、一切兄弟に頼ろうともしない。独身のYさん（37歳、高卒）は、兄弟3人、両親も健在。「家帰ったってしょうがないしね。僕、お姉さんの旦那さんと合わないんですよ。一番最近帰ったときなんか、『ただいま』ってたらさ、親が『帰ってきたの』ってさ、帰ってきたら悪いみたい。それから全然帰ってない」。もとタクシー運転手のNさんは、「（実家の）おふくろ生きてるかどうか。兄貴に聞くけど、いいか

げんな兄貴だから、それも分からない。とっくに死んで生きてるわけないよなあ。俺50になってるのに。死んでるよ、もう死んでる」。18歳の時に、喧嘩で家出をしたというGさん（50歳、中卒）、「兄弟をあてにはできないね。それぞれ所帯もってるし。はっきり言って、自分たちの生活で一杯一杯なの分かってるから」。もとカラオケスナック店員のBさん、「男の兄弟とか、自分はもう所帯もって、お嫁もいるし、だからもう兄貴もあんな弟しょうがないって、あきらめているんじゃないかと思うんですね」。もと病院の事務をしていたUさん（63歳、高卒）は、ここに来る前、3ヶ月は実家（現在は長兄の家）にいたというが、「兄が死んで、義理の姉だけだから。ちょっと何かあると、他人でしょ、ときちまう。いやになって出てきちゃった」。

〈雇用の脆弱性〉、〈住居の脆弱性〉、〈家族の脆弱性〉、この3つがホームレスになりやすい基本的な条件を構成する。そして現実には、この3つの条件が重なった〈多重脆弱性〉が、ホームレスへの蓋然性を高める。なぜホームレスになるのかを理解するためは、この〈多重脆弱性〉をもたらす、個人的要因と構造的背景との結合を問題にしていくことが重要であるが、この問題には、のちに再び立ち戻ることにして、つぎに、ホームレスの人々の日常生活とそこから、なぜ抜け出せないのかを考えてみたい。

### (3) ホームレスの生活①：資源の調達

ホームレス（路上生活者）の一日の生活もホームレスの人々が多様であるように多様である。性別、年齢、健康状態、単身か共同生活かなどの属性の違いのほか、一日中ダンボールハウスを作っている固定型の生活と、寝る時のみダンボールでハウスを作る浮遊型の生活とでも当然違いがある。もと現場監督をやっていたKさんは、ここに来てまだ二月たらずで、浮遊型の生活をしているが、Kさんの一日の生活パターンを参考として紹介しよう[2]。

「朝はね、だいたい起きるのが5時頃なんですよ。ていうのは、あそこは6時になると全部各ビルのシャッターが開くんですよ。だからそれまでに出なくちゃいけないから。その頃丁度、ボランティアの人が、おにぎりを持って

くるんで、ならんで貰うんです。そして5時半頃に自転車に乗って、まずはテンプラ屋に行くんですよ。テンカスを取りに。区役所でソバをくれるでしょ。そのときに入れて食べるんですよ。そこのおかみさんに頼んであって、もう顔なじみになりました。それから向こうの商店街を回って、何か食べるのにいいものがある時は貰ってくるんです。帰ってきて、都庁のところにトイレがあるんですよね。あすこの水がなまぬるいんで、そこで洗濯するわけ。そのとき一緒に顔を洗って、歯磨いて。歯磨き粉がないときは、立派な店にいくと門の前に塩が立ててあるでしょ。それを貰ってきておいて使うの。だいたい9時半頃まで、公園にいて、10時近くなったら、区役所行ってソバ食べて、出てきてだいたい10時半頃。それから4時頃まで公園にいて、本読んだり、昼寝したり。4時頃から今度はデパートの地下の食料品店回り。肉、野菜、果物の試食をやるわけですよ。だいたいそれで回ってると、6時近くなります。それからボランティアの配給があるときはそれを貰って、7時頃に朝片づけたダンボールをまた持ってきて、ここに作るんですよ。その中で本でも読んだりして、だいたい9時頃には寝ちゃいます。ああ雨の日はね、公園に居られないから、都庁の展望台。で、あと京王デパートの階段のところに椅子が置いてあるんで、そこに腰掛けてたり」。

このように、当時、就労活動をしていなかったKさんは、〈食料の調達〉を中心に日々の生活のパターンを構成している。このケースは、大都会という場所が、金銭がなくても生きてく資源を調達するのに、いかに適しているかを示しているが、一方で、生活は〈生存〉に限定されている。より柔軟な生活を志向するためには、〈金銭の調達〉が不可欠である。実際、ホームレスの多くは、安定した仕事を探している。ただし仕事への願望が直ちに雇用につながるわけではない。

路上生活歴1年のJさん(62歳、高卒)は、「福祉(事務所)でも、(職業)安定所へ行って、仕事さがしなさいって言うよ。交通費でも何でもだしますからって。だけど50代、60代になっちゃうとあんまり載ってないわな。たまに載ってる仕事も、通いだから。住み込みじゃないから。住所どこですかって。

住所がないから勤めに行かれないわけよ」。43歳のOさんは、「新聞の職業欄で探すんだけど、どうしても信用がないですよね、住所がないと。今は、住み込みを歓迎するとこってあまりないんですよ。土木しか。ほかの所は通勤に限るっていうでしょう。住所がないと不安なんですよね。雇う方がどうしても」。住所がないこと、連絡場所がないことが仕事さがしの大きな障害になっている。また、路上から通勤することの難しさとして、37歳のYさんは、「月給なんですよね。その場で貰えないから交通費が困っちゃうんですよね。あと服ね。毎日同じ、服着てたらおかしいと思うでしょ」と別の要因をあげる。すでにみたように、不安定就労がホームレスになる主要な原因の1つなのだが、ホームレスでいることがこんどは、安定した雇用を得られない原因になる、ホームレスから抜け出せない〈悪循環〉である。

　安定した仕事に就きにくいホームレスたちが、仕事をしようとするとき、結局かれらが〈現金商売〉と呼ぶ〈日雇い労働〉に頼らざるをえない。「受入先が無いんだから現金に頼るしか無いんですよ。現金なら適当な住所書いて、電話番号適当に書いといて、名前だっていんちき書いたって分かりゃしないんだから、その日一日だとみんな思っているから（Zさん）」。新宿の場合、日雇い労働市場として、もっとも一般的なのが高田馬場（戸山公園）である。そこには早朝、いわゆる手配師と仕事を求める労働者が集まる。高度成長期には、「仕事がなくて困ったということはなかったのよ。気に入らなきゃ、自分の好きなとこに行けたのよ（Hさん）」という日雇い労働市場は、バブル経済崩壊以降次第に縮小し、現在は完全に買い手市場になっている。そんななかで、とりわけ50代以降の高齢層にとって、仕事を見つけることが難しい。73歳のFさんは、「朝4時に起きて、歩いて行って、あればそれで何とか行けるけど、ない日もあるでしょ。いまの状態じゃ、ある方がおかしいぐらい。だから、あぶれるでしょ。そしたらもう力なくなっちゃうんだよ。もうがっかりしちゃうよ。それでまあ、人によっていろいろしてるけど、夕方あそこへ帰ってきて寝る。明日こそ何とかしなきゃいかんと思って、また朝4時に起きて行くでしょ、ね、ないでしょ。そんなのが、3日続いたら、もう行く気

がしないんだよ」と話す。まだ45歳のZさんも、「(手配師も)厳しくなって、いくら知っててもだめなんですよ。よっぽど昔から同じとこの手配師のとこ行ってれば、じゃ今日は無くても明日は入れてやるから必ず来いよっていう口約束は貰えるんです。だけど仕事はあるかないか保証はないんですよ。明日あれば入れてやるというだけで。で、何回も干されるでしょ。じゃ行ってもしょうがないなってなっちゃうわけね」。仕事に〈あぶれる〉ことで働くことへの意欲を失っていく、そしてそのことによってホームレスの状態から抜け出せなくなり、ますます意欲を失っていく〈悪循環〉である。

　日雇い労働の場合、かれらが〈現金〉と呼ぶ働き方のほかに、もう1つ「出張」という働き方がある。これは、10日なら10日、15日なら15日、契約で働きに行く。その間いわゆる〈飯場〉に入るのが普通である。この方が満期時にまとまったお金が貰えて良さそうに思えるが、最近はそうでもないというのがZさんの言い分である。「10日契約なら10日契約で行くけど、10日だけ働けるんじゃないんですよ。2日か3日働いたら、2日か3日休まされちゃうんで、10日契約が20日だの一月だのになっちゃうんですよ。それでいくらも貰ってこれないでしょ。それで、行かないほうがいいやってなっちゃうんですよ」。実際、最近10日契約で出張に行ったNさんの給料明細を見せてもらうと、22日間で、手取り4万2千円である。一日の単価は、7,500円なのだが、食事代、雑費、前借りなどで3万3千円引かれている。これだと確かに、日当2,000円にも満たない。

　日雇い労働もままならぬホームレスたちにとっての〈金銭の調達〉の手段は、さまざまな雑業に従事することである。なかでも雑誌集め、テレフォンカード集め、券の並び(ダフ屋)の3つが代表的なものである。小銭稼ぎについてOさんは、「僕はすごくオーソドックスなんですよ。まずは、週刊誌ですよね。一冊50円で引き取ってくれますからね。その週の奴は。それにテレフォンカード。こないだ80枚ぐらいで、1,500円ほどになりました。それから野球や相撲の並びね。あとは、自販機ありますよね。案外落ちてるものなんですよ」。なかには、本を集めることから引き取って売る方をやりだすもの

もいる。もとバカラハウスのIさんは、「Y組のTが親分。収益の7分を親分に、3分を自分が取ります。売り上げはだいたい、月、水、金が600冊で6万ぐらい、火、木は300冊で3万ぐらい」といい、商売のコツは「固定客を摑んで、一日の売り筋を読んで仕入れること」だという（1997年5月談）。かれの場合、以前に焼き鳥屋や麻雀屋をやっていた経験と商才が多分に生かされている。女性のホームレスのLさん（50歳、高卒）は、個々のホームレスからテレカを買い取って、100枚単位でバイヤーに売っている。ちなみにLさんは、軽度の精神障害で、障害年金（月6万円）を貰っている。「じゅんちゃん（バイヤー）は、一枚14円って言うんだけど、12円という人もいて、私そのまま貰っちゃうでしょ。計算しないじゃない。一日に100枚ないと、どうのこうの危ないって言うから、しょうがないから損しても買っちゃうの（実際、彼女との会話中に、1人のホームレスが70枚のテレカを売りにきて、それをLさんは、2,000円で買い取った。わけのわからない世界である）」。しかしいずれにせよ、このような雑業も、ホームレス間の競争が激しく、一般的には、小銭稼ぎ以上のものではない。また、ヤクザとの関連が見え隠れする領域でもある。

　安定した仕事がないことが、かれらにとっての〈金銭の調達〉の難しさだが、たとえ日雇いなどである程度の収入が得られたとしても、かれらの生活態度が、金を貯めてアパートを借りるという方向にはなかなか向かわないのも事実である。「飯場に行ったら15日契約や10日契約で金貰って帰ってくるでしょ。それで、金のある間はホテルに泊まったり、サウナに泊まったりして、ぶらぶらして、なくなると仕事に行こうと思うんだけど、今は全然ないから、あそこに居座っちゃうのね（Fさん）」。「あそこにいながら働いて金を貯めてアパートを借りるっていうのは、難しいでしょうね、やっぱり。金が貯まらないし、結局、ある面で甘いところもあるんですよね。何とかなるっていう頭があるんですよ、要するに。普通の人は仮に5万持ってて、家賃が4万だったら、それを払うでしょ。払わないんですよ。何とかなるっていう感じで、一か八かの勝負（ギャンブル）にでるんですよね。人のこと言えないけど（Oさん）」。「投げやりになってるのが大半じゃないかな。まず、酒でしょう。

ギャンブルやるにはある程度の銭がいるけど、酒の場合は安い金額で飲めるでしょ。だから一番てっとり早い酒に走っちゃうんですよ。飲めない人は、ある程度小金ためちゃやっぱりギャンブル行ってますよ。少しでも憂さ晴らすっていうか、自分の楽しみみたいのを追求するにはそれしか無いでしょ（Ｚさん）」。この〈悪循環〉がホームレス状態からますます抜けられなくしている。

　ホームレスたちのなかでの世話役的なことをしていたＰさん（48歳、大卒）は、一端、ホームレスになることで、物理的にではなく、精神的に働けなくなるという。「本人自体が長く（ホームレスを）やっていると肉体より先に心の方が死んでしまって、普通の生活に対して、大変な恐怖感が強くて、普通の仕事に行きたいんだけど怖くて行けないんですね。精神的に遠ざかるとなかなかすっと入り込めないんです」。また、Ｏさんは、「仕事見つけて出ますよね。でもね、やっぱりうまくいかなくて、帰ってくる、だからね、あそこが一種の実家みたいになっているんですよ。だからちょっとしたことがあると、すぐ挫折するわけですよ、精神的に」という。ホームレスの経験が長くなればなるほど、ホームレスの状態に適応し、そのことが、その人の人格に影響を与え、ますますホームレスの状態から抜けにくくなる。これも〈悪循環〉の１つである。

### ⑷ホームレスの生活②：人間関係

　ホームレスの人たちの人間関係にとって、まずは重要なのが、かれらの間の〈仲間関係〉である。ホームレスの中には、他のホームレスから全く孤立して生活しているものもいるが、その多くは、親密さの程度はそれぞれ異なるが、一定のグループや２、３人の仲間を作って生活している。一般的には、その仲間やグループの重要な機能は、〈食料の調達〉を中心とする〈資源の調達〉である。ここにきて３ヵ月ちょっとになるＯさんは、「僕らはね、７〜８人のグループ作っているわけですよ。まあグループっていうか、要するに食料のグループですよね」といい、そのグループが出来たいきさつをつぎのよ

うに語る。「俺は最初はずっと（階段の）下だったんですよ。1ヵ月くらいは。最初はね、あそこにいて、誰とも話さなかったし、向こうからも誰も来ないんですよ。ただどうしても自分で食料取れないから。そのうち、Aさんが僕のところに食料もってきたんですよ。Aさんの相棒が食料調達の名人だったんだけど、2人が別れたわけ。そしたらAさんが僕に近づいてきたわけですよ。今度2人でやらないかって言って。俺も1人じゃとてもやってけないと思ったから、じゃ手組みますかってことでやりだしたんですよ」。また、最初に紹介したKさんの場合は、10人ぐらいの仲間がいるという。そのなかでのやり取りをKさんは次のように語る。「（炊き出しなど）何の食事もない日があるんですよ。そんなとき、この10人ぐらいに、これまでに集めたテレカを持ってこさせるんです。それが10枚でもあれば200円でしょ。それでパンの耳でも買ってきて配るわけです」。Kさんの場合の仲間は、Kさんの行動力に依存しているという感じの人たちが多く、空間的にもかなり拡散している。Zさんは、空間的にも隣接して、仲間と生活をしている。「本来の仲間は、6人位なんです。だけどそれぞれが友達持ってるから、いろんな仕事のつきあいだとか、飲み仲間だとかいうのがいますから、多いときには、12人位集まっちゃうんですよ」。それだけの仲間がいると、日替わりで、そのうちの誰かが仕事に有り付ける可能性が高く、その稼ぎ〈金銭の調達〉で、飲食をして生活が成り立っている。

　ここで重要なことは、このような〈仲間関係〉の存在が、ホームレスの状態への適応と、そこから抜け出すことの難しさに強く関連していることである。Bさんは、ホームレスの初期段階での仲間の重要性をつぎのように話す。「最初のうちは寝れなかった。何ていうのか、精神的に抵抗するっていうのか。でもね仲間がいると、わりあい慣れるのも早いんです。だからわりあい寝られるんです」。そして仲間関係が密接であるほど、そこから抜け出しにくくなる。「環境に流されちゃうんです。同じような仲間同士で楽な方に流されちゃう。仲間もいるし食うにはある程度困らない。誰か仕事行ったって言えば、おいおいおいってやってれば、一杯飲めるし飯もくえる。タバコ

## 第4章　見捨てられた都市：都市とホームレス　103

だって買ってきて貰えばそれで何とかなる。それでみんなお互いにやってきたから、それが当たり前になっちゃってるから。結局はずるずる仲間がいるから自分だけ出るっていうのもいかないから（Zさん）」。「今は仲間がいるから。お金貯まらないしね。入ったらあげなくちゃならないからね。自分ひとりで、ほら、かわいそうだもんね。こっちも世話になってるしね（Yさん）」。

　ホームレス同士の人間関係のなかで、〈仲間関係〉と同時に重要なのが、〈他者との差異化〉と〈プライドの維持〉である。〈他者との差異化〉はいろいろな側面で見られるが、一番わかりやすいのは外見による差異化である。「ここにいるのはみんな汚くて臭いだろう。あんなんといっしょになるのは嫌なんだよ（Fさん）」、「何にも持ってなくて、紙袋だけ持って、それこそなかには新聞紙しか入っていないの。足なんかもう真っ黒。ああいうふうにだけはなりたくないから。身なりだけはきちっとしようと思って（Jさん）」。「すき好んでこんな所に来る人はいないよ。何かそれぞれ事情があって来て、だけど来てても中には、どうしようもないのがいるでしょう。真っ黒で汚いのいるでしょう。ああゆうのにはとてもじゃないけどなりたくない。ああゆうところにいる以上同じなんだけど、気持ちとしては、あそこまで落ちたくないなと（Uさん）」、「3回のメシを抜いてでも、わたしは風呂に行きますからね。いやなんですよ、汚いかっこしてるのが（Aさん）」。また、もと公務員で山谷での生活が長かったQさん（65歳、大卒）は、福祉の世話にならないことに他者との差異化とプライドを持つ。「福祉のうどんだけはね、死んでもいかないです。あそこで行かないのは、僕ともう1人か2人位しかいないんじゃないかな。少しくらい人間性ってものを持ちたいですよ。自分ながらどうにかこう頑張っていこうって」。

　ホームレスにとっての〈プライド〉という点では、Iさんが、「人間っていうのは過去のなかに、生きてきたなかに、どっかにきらっと光るものがあるんですよね。それに比べていま置かれた立場というのはめちゃくちゃなわけです」というように、過去へのこだわりが強い。Zさんは、そのことがホームレスの仲間同士での喧嘩の原因だという。「昔の話を出されて、俺はこん

時こんだけ稼いだとか、こういう生活してたとか言われたって、おもしろくないじゃない。まして、酒飲んでる時に、だからふざけるんじゃないってなっちゃうわけ」。「プライドうんぬん言う前に、俺達は一番下まで落ちちゃってんだからもう。これ以上、下はもう本当の乞食で、それこそ残飯漁りするしかないんだと。俺達はそこまでいってないんだと。仕事あるときは仕事行って銭稼いでくるんだから。ただたまたまこういう生活してるっていうだけであって」と話す。過去へのプライドを自省しつつ、〈本当の乞食〉との差異化を計って、現在のプライドを維持している。

　ホームレスたちにとっての人間関係でもう1つ重要なのは、ホームレス以外の人々との関係である。なかでもとりわけ、家族や親族との関係が重要である。これについては、すでに、〈家族の脆弱性〉が、ホームレスになりやすい条件を形成することを述べた。その際の、AさんやFさんのケースにすでに示唆されているように、ホームレスであることが今度は、家族や親族との関係をさらに希薄にする。62歳のJさんも、「（東京にいる弟に）万が一のときは電話しようと思うけど、いやもう、自分は新日鉄で、やつは西鉄だったから。当時は、私の方が格がずっと上だったから。今じゃ落ちぶれて、どうにも電話かける気にならないから」と、落ちぶれたこと、ホームレスであることで、家族・親族に連絡を取ることができないでいる。この意味では、家族や親族との関係の希薄化は、ホームレスになる原因でもあり、また同時に、結果でもあるといえる。

### (5) 悪循環の坩堝

　結局、いま見てきたように、ホームレスの生活は、ホームレスの状態から抜け出せないように働くさまざまな〈悪循環〉に満ちている。路上生活歴1年のJさんがいみじくも、「この家業にはまったら、甘ったれて、生活する気力だんだん失っていくわ。結局、体がだんだんだるくなってくるから、仕事なんか行く気力なくなってくるから」というように、ホームレスの生活をすることが、働く意欲、出る意欲を減退させてしまう。住所がないこと、お

金がないこと、スティグマ（焼印）があることが仕事や住居をますます見つけにくくする。そして、ホームレスであることが、家族や親族との関係をますます持てなくさせてしまう。つまるところ、ホームレスであることが、ホームレスになる要因、〈雇用の脆弱性〉、〈住居の脆弱性〉、〈家族の脆弱性〉をますます強めてしまう。ホームレスの生活は、ホームレス状態から抜け出せなくする〈悪循環の坩堝〉である。その意味で、最初が勝負というOさんの次の言葉は重い。「最初の3日、4日目くらいのときにね、本人は真剣にね、持ち金もないわ、何とかしなきゃいけないっていう頭はあるんですよ。要するに、そこが勝負どころですよ」。

## 3　問題の構造的背景

　ホームレス問題の理解にとって、もっとも重要なのはやはり「なぜ、人々がホームレスになるのか」、その原因をどのように考えるのかであろう。これまでの貧困の研究や都市のアンダークラスの研究を参照すれば、これには行動論的なアプローチと構造論的なアプローチの対立する2つの見方があることが分かる。前者の行動論的アプローチは、ホームレスになる原因を、基本的に諸個人の行動様式に求める。ホームレス個人の特質や、ホームレス集団のある種の文化が、人々をホームレスの状態に貶めていると考える。「彼らは、怠け者で、努力をしなかったために、ホームレスになったのだ」というのがこの立場の典型的な言説であろう。一方、後者の構造論的なアプローチは、ホームレスの原因を、経済構造の変化や都市構造の変化、政策のあり方や労働市場のミスマッチといった個人を超えた何らかの構造的な要因に求める立場である。そしてこの2つの見方は、単なる状況分析を超えて、前者が保守主義に、後者がリベラルにというように対立する政治的立場に直結している。

　しかし、実際には、どちらか片方の要因だけでの説明は難しく、個人的な諸要因と構造的な諸要因とが相互に結合し、複雑に絡まりあって、ホームレ

スという現象を生み出していると考える方が現実的である。個人的な諸要因には、怪我や病気、高齢化といった不可抗力的な要因と、ギャンブルや酒に溺れやすいとか、目標をたてて、それに向かって努力することが不得手といった個人的な性向があるだろう。そしてこれらの要因は、一見分かりやすいゆえに、広く社会一般に受容されていく。ホームレスをめぐる、〈なまけもの〉、〈精神病者〉といったステレオタイプ的な見方が形成されていく所以がここにある。しかし、ここで重要なことは、ただ単に人々の行動様式だけが、ホームレスの背景にあるわけではないことである。直接的な関連が可視的でないために、なかなか理解されないことが多いのであるが、以下では、ホームレスになりやすい基本的な条件、〈雇用の脆弱性〉、〈住居の脆弱性〉、〈家族の脆弱性〉をもたらしている構造的な諸要因に検討を加えよう。

### (1) 日本経済の再編成

その主たる原因を脱工業化や情報化、あるいはグローバリゼーションのいずれに求めるにせよ、日本経済の再編成（リストラクチャリング）の雇用に及ぼす影響がある。表4-2は、1985年から1995年までの10年間の東京都の雇用構造の変化を5年ごとに見たものである。これをまず業種で見れば、製造業の大幅な減少と、サービス業の増大が特徴的である。つぎに職種で見ると、専門技術職、管理職、事務職の増加と技能労務職の大幅な減少が特徴的である。つまるところこの10年間の雇用構造の変化としては、製造業の技能労務職の大幅な減少（231,473人、28.3％）が特筆すべきことがらである。この間サービス業の技能労務職は、37,909人（14.8％）の増加、建設業の技能労務職も、25,588人（7.2％）の増加であるが、製造業での大幅減少を補うだけの増加にはなっていない。結果として、この10年間に技能労務職は、195,364人（10.9％）の減少である。1990年に技能労務職は、バブルの影響で、一端増加しているので、90年から95年の減少は一層大幅（221,229人、12.2％）なものになる。この大幅な技能労務職の減少（脱マニュアル化）が、雇用構造全体の専門職化とあいまって、〈雇用の脆弱性〉に結びついていると考えることはそ

表4-2 東京都の雇用構造の変化（1985-1995）

（単位：百人）

|  | 専門技術 | 管理 | 事務 | 販売 | サービス | 技能労働 | その他 | 総数 |
|---|---|---|---|---|---|---|---|---|
| 建　設　業 | | | | | | | | |
| '85 | 579 | 460 | 1,020 | 328 | 21 | 3,568 | 98 | 6,079 |
| '90 | 791 | 476 | 1,230 | 425 | 23 | 3,930 | 93 | 6,969 |
| '95 | 1,038 | 628 | 1,326 | 556 | 11 | 3,824 | 94 | 7,477 |
| 製　造　業 | | | | | | | | |
| '85 | 1,660 | 1,292 | 3,809 | 1,970 | 54 | 8,191 | 148 | 17,125 |
| '90 | 1,782 | 1,200 | 4,063 | 2,431 | 66 | 7,520 | 116 | 17,182 |
| '95 | 1,708 | 1,151 | 3,680 | 2,000 | 39 | 5,876 | 93 | 14,549 |
| 公益運輸通信 | | | | | | | | |
| '85 | 180 | 276 | 1,818 | 311 | 123 | 1,010 | 2,425 | 6,143 |
| '90 | 200 | 294 | 1,893 | 440 | 123 | 1,056 | 2,288 | 6,296 |
| '95 | 172 | 321 | 1,956 | 496 | 120 | 881 | 2,332 | 6,277 |
| 卸売小売飲食 | | | | | | | | |
| '85 | 469 | 1,274 | 4,691 | 9,216 | 3,453 | 2,349 | 155 | 21,608 |
| '90 | 512 | 1,246 | 4,828 | 9,303 | 3,046 | 2,385 | 128 | 21,814 |
| '95 | 613 | 1,462 | 5,196 | 9,630 | 3,780 | 2,246 | 111 | 23,041 |
| 金融保険不動産 | | | | | | | | |
| '85 | 146 | 474 | 2,814 | 1,630 | 154 | 89 | 59 | 5,365 |
| '90 | 201 | 670 | 3,449 | 2,216 | 207 | 110 | 52 | 6,906 |
| '95 | 194 | 735 | 3,222 | 2,222 | 324 | 92 | 54 | 6,844 |
| サービス業 | | | | | | | | |
| '85 | 7,705 | 790 | 4,532 | 699 | 2,410 | 2,556 | 536 | 19,233 |
| '90 | 9,136 | 983 | 5,836 | 1,038 | 2,529 | 3,026 | 608 | 23,173 |
| '95 | 9,925 | 1,112 | 6,362 | 1,176 | 2,937 | 2,935 | 785 | 25,241 |
| そ　の　他 | | | | | | | | |
| '85 | 135 | 67 | 1,571 | 5 | 13 | 86 | 1,047 | 2,924 |
| '90 | 155 | 84 | 1,503 | 7 | 17 | 80 | 1,066 | 2,918 |
| '95 | 149 | 98 | 1,520 | 2 | 11 | 51 | 1,027 | 2,859 |
| 総　　　数 | | | | | | | | |
| '85 | 10,885 | 4,646 | 20,307 | 14,167 | 6,232 | 17,865 | 4,531 | 79,031 |
| '90 | 12,790 | 4,965 | 22,859 | 15,872 | 6,373 | 18,123 | 4,384 | 86,276 |
| '95 | 13,803 | 5,532 | 23,320 | 16,097 | 7,222 | 15,911 | 4,517 | 87,577 |

資料：国勢調査各年（東京都；従業地ベース）

う難しくない。

　そしてこのような比較的長期的な構造変動に加えて、バブル経済崩壊とその後の不況の影響がある。バブル崩壊後の倒産企業件数の増加と失業率の増大は、しばしば言及されるところである。しかし、野村正實はこれを短期的な影響ではなく、より構造的なわが国独自の雇用構造の崩壊の兆しと捉えている（野村、1998）。野村によれば、わが国の雇用構造の特質は、〈全部雇用〉にあったという。〈全部雇用〉とは、仕事を求めている人は全員なんらかの仕事についているが、完全雇用とは違って、各人が最大限の生産性をあげてい

るわけではないし、賃金に満足しているわけでもない状態をいう。そして、雇用のモデルとして、〈大企業モデル〉、〈中小企業モデル〉、〈自営業モデル〉を区別し、〈大企業モデル〉は、景気が後退しても直ちには従業員を削減せず、企業内に過剰労働力をとどめておく雇用保蔵によって、〈中小企業モデル〉は、離職すると非労働力化する傾向の強い女性パートタイマーの雇用調整によって、〈自営業モデル〉も、離職した場合非労働力化する傾向の強い、家族従業者としての女性の就労によって、それぞれ〈全部雇用〉の実現に貢献してきたという。しかしそれがここにきて、大企業は、いわゆるリストラと称される過剰労働力の雇用保蔵を見直す方向にあり、中小企業、自営業もその衰退が始まっているという。その結果は、わが国独自の雇用構造の崩壊であり、〈雇用の脆弱性〉の増大である。

　さらに、直接ホームレスの雇用との関わりの深い、日雇い労働市場の構造変化がある。日雇い労働市場の中核であった建設業界が労働力の若年化（具体的には50歳以下）をはかっていることである。それはこれまでの手配師に頼る労働力の調達から、飯場を中心とした若年労働力の確保に重点が移行してきていることを意味する。表4-2からも分かるように、バブル崩壊後の1990年から95年の5年間に、建設業のマニュアル職は、10,591人減少しているが、そのこと以上に、業界の若年化の方針が、とりわけ高齢の日雇い労働者の〈雇用の脆弱性〉に繋がっていると思われる。

(2)　住宅構成の変容

　わが国の場合、欧米の大都市でしばしば議論されるような計画的に低階層者を追い出して、中高階層者のための住居を建設する、いわゆる大規模なジェントリフィケーション（再開発による上級化）はさほど顕著ではない。しかし一方で、木賃ベルト地帯に象徴されるように、個々の低家賃のアパートが、より家賃の高いワンルームマンションへと転換されるようなケース、あえて言えば、小さなジェントリフィケーションは多い。東京都全体で、いわゆる木造賃貸住宅がその大半を占める共同建て1～2階の民間賃貸住宅の戸

数は、1980年の107万9千戸から90年には97万2千戸へと、10年間に10万戸以上減少している（東京都、1994）。一方で、民間賃貸マンションの戸数は、80年の26万5千戸から90年には約67万戸と大幅に増加している。このように住宅構成のなかで、低所得者のための住宅が都市全体のなかで減少していることが、低所得者層にとっての〈住居の脆弱性〉を高めている。また、必ずしもこのような住宅の分野だけでなく、簡易宿泊所やカプセルホテル、サウナなども、都市再開発によって高級化し宿泊代や利用料を高めたことが、ホームレスの増加に繋がっているという指摘もある。

### (3) 都市の住まい方と人間関係

東京都全体の世帯の類型別構成の推移を見ると、1980年には、核家族世帯が60.3%、単身世帯が28.5%、合わせて88.8%であったものが、1990年には、核家族世帯が55.3%、単身世帯が36.0%、合わせて91.3%になっている（東京都、1992）。このことから分かるように、今日、都市における住まい方が、ますます核家族および単身単位になっており、以前のように親族や他人が同じ屋根のもとに暮らすという住まい方ができなくなっている。それだけ家族外成員に対する家族や親族の援助能力が小さくなっているわけで、そのことが〈家族の脆弱性〉を高めている。

その背後には、家族における人間関係の構造的な変化があった。家制度の名実ともにおける崩壊が、家族関係の変化をもたらした。以前であれば、長男が家産を相続する一方、親兄弟の面倒を見るという暗黙の義務が備わっていたはずである。それに対して現在は、家族関係がほぼ完全に〈個人化〉した。その結果は、個人が家族関係のしがらみから自由になる一方で、〈家族の脆弱性〉は増大した。

### (4) 日本の福祉社会

〈雇用の脆弱性〉、〈住居の脆弱性〉、〈家族の脆弱性〉というホームレスになりやすい3つの基本的条件に加えて、ホームレス問題の構造的背景として、

いわゆる〈セイフティ・ネット〉としての社会保障制度、いい換えれば、わが国の福祉社会の特質に検討を加えておく必要がある。わが国の社会政策の指針となったといわれる『日本型福祉社会』(自民党、1979)によれば、日本型の福祉社会は、「個人に自由で安全な生活を保障するさまざまなシステムからなる。そのようなシステムの主なものは、(1)個人が所属する（あるいは形成する）家庭、(2)個人が所属する企業（または所得の源泉となる職業）、(3)市場を通じて利用できる各種のリスク対処システム（保険など）、(4)最後に国が用意する社会保障制度である。すなわち、高度福祉社会は、個人の生活を支えるに足る安定した家庭と企業を前提として、それを(3)によって補完し、最終的な生活安全保障を国家が提供する、という形をとるものである。そこで重要なのは、まず家庭基盤の充実と企業の安定と成長、ひいては経済の安定と成長を維持することである。これに失敗して経済が活力を失い、企業や家庭が痩せ細って存立が困難になっていく中で国が個人に手厚い保護を加えると言う行き方は『福祉病』への道であるといわなければならない。今日、大多数の日本人は上の(1)-(4)の安全保障のシステムに支えられて『それほど悪くない人生』を送ることができる。(1)-(4)のシステムには基本的な欠陥はないと見てよい。今後は高齢化の進行に応じて、これらのシステムに必要な手直しを加えていけばよいであろう。」ということになる。ここでは明らかに、まずは家族が責任を果たし、家族がどうしても責任を果たせない場合、あるいは家族がいない場合に限って、国家が最低限度の社会保障をおこなうことが強調されている。

　ホームレスの場合には、家族や企業への帰属がおぼつかないわけで、ここでいう最低限度の国家の社会保障に頼らざるをえない人々である。その場合、具体的には生活保護の適用ということになるが、野村は、「戦前、生活保護を規定していたのは恤救規則や救護法であった。これらの法律は、労働能力のない人だけを救済しようとし、労働能力のある者を救済対象から排除していた。戦後の生活保護法によって労働能力のある者も生活保護の対象となった。しかし、戦後になっても、たんに行政当局だけでなく、社会の幅広い層

も、労働能力のある者は働くべきだ、働かない者は怠け者だ、と考えつづけている」(野村、1998: p.156)とわが国の生活保護思想が戦前からの思想を引きずっていることを指摘する。そして、「たとえ収入は少なくとも働いて生計をたてろ、働く体力や能力があるかぎり働き口はなにかある」という行政的、社会的圧力が、これまで〈全部雇用〉という現実があったがために説得力をもっていたという（野村、1998）。このような特質をもつ現在のわが国の福祉社会は、〈家族の脆弱性〉、〈雇用の脆弱性〉の増大につれて、福祉システムそのものの〈脆弱性〉が大きな問題となってきている。

## 4　ホームレスへの一般社会の反応

「人々がなぜホームレスになるのか」その原因をめぐる説明には、主にホームレス本人の行動様式にその因を求める行動論的解釈と、主として社会の構造にその因を求める構造論的解釈とがあることはすでに述べた。ここでは、そのどちらの説明が正しいかという議論はひとまずおいて、ホームレスではない一般の人々が、ホームレスになる原因をどのように考えているのか、いわば一般社会のホームレスに対する認識を問題にしよう。ホームレス問題の原因を客観的に分析することも無論重要であるが、一方で、社会的構築という性格を多分に有するホームレス問題をより良く理解するためには、一般の人々のこの問題への捉え方を分析することも、それ自体として大きな意味があると考えるからである。表4-3は、最近、筆者が関わった5つの地域（お台場、佐倉市、横浜市青葉区、台東区、三鷹市）においておこなわれた標準化（量的）調査の結果である[3]。用いた質問文は、いずれの調査においてもほぼ同様であり、基本的にホームレスになる原因が、主としてホームレスの本人にあると思うか、社会の仕組み（構造）の方にあると思うかの二者択一の形式となっている。ただし調査方法の違いもあって、台東区と三鷹市の調査には、「わからない（DK）」という選択肢が初めから調査票に含まれている。結果は、どの地域でも、また回答者個人の社会的属性にさほどかかわらず、ホー

## 表4－3　ホームレスの原因の認識

| | | お台場 | | | 佐倉市 | | | 青葉区 | | | 台東区 | | | | 三鷹市 | | | |
|---|---|---|---|---|---|---|---|---|---|---|---|---|---|---|---|---|---|---|
| | | 本人 | 社会 | 合計 | 本人 | 社会 | 合計 | 本人 | 社会 | 合計 | 本人 | 社会 | DK | 合計 | 本人 | 社会 | DK | 合計 |
| 全体 | | 65.5 | 34.5 | 727 | 70.9 | 29.1 | 323 | 74.5 | 25.5 | 298 | 63.0 | 17.4 | 19.6 | 443 | 53.1 | 19.5 | 27.4 | 467 |
| 性別 | 男 | 69.1⁺ | 30.9⁻ | 349 | 73.2 | 26.8 | 138 | 78.0 | 22.0 | 118 | 63.6 | 19.5 | 16.9 | 231 | 57.2⁺ | 19.3 | 23.5⁻ | 264 |
| | 女 | 62.2 | 37.8 | 378 | 69.2 | 30.8 | 185 | 72.2 | 27.8 | 180 | 62.3 | 15.1 | 22.6 | 212 | 47.8⁻ | 19.7 | 32.5⁺ | 203 |
| 年齢 | 20才代 | 64.7 | 35.3 | 133 | | | | | | | 55.4 | 23.1 | 21.5 | 65 | 42.7⁻ | 23.3 | 34.0 | 103 |
| | 30才代 | 67.5 | 32.5 | 338 | 69.3 | 30.7 | 75 | 87.2 | 12.8 | 39 | 57.1 | 14.3 | 28.6⁺ | 70 | 40.6⁺ | 21.7 | 37.7 | 69 |
| | 40才代 | 58.3 | 41.7 | 120 | 69.9 | 30.1 | 143 | 74.0 | 26.0 | 100 | 49.4 | 19.0 | 31.6⁺ | 79 | 56.5 | 14.5 | 29.0 | 69 |
| | 50才代 | 70.0 | 30.0 | 50 | 75.3 | 24.7 | 85 | 74.0 | 26.0 | 123 | 69.7 | 21.2 | 9.1⁻ | 99 | 67.5⁺ | 6.5⁻ | 26.0 | 77 |
| | 60才以上 | 66.3 | 33.7 | 86 | 65.0 | 35.0 | 20 | 63.9 | 36.1 | 36 | 73.1⁺ | 12.3 | 14.6⁻ | 130 | 57.0 | 24.8 | 18.2⁻ | 149 |
| 学歴 | 高校卒 | 61.4 | 38.6 | 236 | 76.6 | 23.4 | 77 | 78.0 | 22.0 | 82 | 66.3 | 15.4 | 18.3 | 273 | 55.4 | 17.4 | 27.2 | 213 |
| | 短大卒 | 66.1 | 33.9 | 168 | 67.8 | 32.2 | 87 | 69.5 | 30.5 | 82 | 54.4 | 24.6 | 21.0 | 57 | 35.2⁻ | 35.2⁺ | 29.6 | 54 |
| | 大学卒 | 68.6⁺ | 31.4⁻ | 315 | 69.6 | 30.4 | 158 | 75.4 | 24.6 | 130 | 59.8 | 18.8 | 21.4 | 112 | 55.3 | 17.3 | 27.4 | 197 |
| 職業 | 専門技術 | 62.4 | 37.6 | 125 | 69.8 | 30.2 | 43 | 73.8 | 26.2 | 42 | 57.6 | 15.2 | 27.2 | 33 | 54.0 | 25.4 | 20.6 | 63 |
| | 管理経営 | 71.9 | 28.1 | 64 | 73.9 | 26.1 | 69 | 81.1 | 18.9 | 74 | 60.6 | 21.2 | 18.2 | 66 | 63.0 | 15.1 | 21.9 | 73 |
| | 事務 | | | | | | | | | | | | | | | | | |
| | 販売 | 69.2 | 30.8 | 354 | 77.4 | 22.6 | 64 | 75.4 | 24.6 | 61 | 60.2 | 19.9 | 19.9 | 176 | 50.0 | 16.4 | 33.6 | 128 |
| | サービス | 66.7 | 33.3 | 18 | 46.2 | 53.8 | 13 | 66.7 | 33.3 | 12 | 81.0⁺ | 8.6⁻ | 10.4 | 59 | 61.5 | 10.3 | 28.2 | 3 |
| | 肉体労働 | | | | | | | | | | | | | | | | | |
| 収入 | 500万未満 | 57.0⁻ | 43.0⁺ | 186 | 83.3 | 16.7 | 6 | 66.7 | 33.3 | 9 | 22.1 | 22.1 | 22.1 | 113 | 52.4 | 23.4 | 24.2 | 124 |
| | 700万未満 | 66.7 | 33.3 | 246 | 52.9 | 47.1 | 17 | 76.2 | 23.8 | 21 | 69.2 | 16.8 | 14.0 | 107 | 51.1 | 22.2 | 26.7 | 90 |
| | 1,000万未満 | 74.1⁺ | 25.9⁻ | 162 | 63.9 | 36.1 | 72 | 70.0 | 30.0 | 50 | 59.2 | 16.3 | 24.5 | 49 | 47.5 | 23.0 | 29.5 | 61 |
| | 1,500万未満 | 70.5 | 29.5 | 78 | 71.5 | 28.5 | 123 | 74.0 | 26.0 | 104 | 68.6 | 13.7 | 17.6 | 51 | 52.1 | 13.7 | 34.2 | 73 |
| | 1,500万以上 | 53.1 | 46.9 | 32 | 77.5 | 22.5 | 89 | 76.3 | 23.7 | 97 | 70.6 | 8.8 | 20.6 | 34 | 72.2⁺ | 7.4 | 20.4 | 54 |

注：＋、－は、残差の分析で、5％水準で有意な項目

ムレス本人に原因があるとするものが、社会に原因があるとするものを大きく上回っている。

　この結果は、基本的にほぼ同様な質問をしているアメリカの全国調査の結果と比較するとき、より興味深いものになる（Lee et al., 1992）。その調査では、1,084人の有効標本数のうち、488人（45％）が、ホームレスの原因は社会にあると答えており、358人（33％）が、ホームレス本人に原因があるとし、残りの238人（22％）が分からないと答えている。ここで分からないというものをひとまず除けば、58％のものがホームレスの原因を社会に求めていることになる。これは私たちの調査と全く逆の結果である。なぜこのような結果になるのか。この問に的確に答える準備は、いまの筆者にはないが、アメリカと日本におけるホームレス問題の量と質、両面での深刻さの違いや、わが国の努力万能主義の影響、さらには、リー（B. Lee）らが指摘する新聞、雑誌、テレビといったメディアの取り上げかたの問題などが関係しているのではないかと想像される。しかしここでは、そのことよりもむしろ、この結果の社会的含意の方を問題にしたい。

　表4-4は、すでに見たホームレスの原因に対する認識の仕方とホームレス対策への態度との関連を、同じ調査で見たものである。ホームレス対策への

表4-4　ホームレス対策への態度

| | | 予算を増やせ | 税金の無駄 | 合計 |
|---|---|---|---|---|
| お台場 | | | | |
| | 本人 | 20.0 | 80.0 | 461 |
| | 社会 | 72.6 | 27.4 | 241 |
| 佐倉市 | | | | |
| | 本人 | 29.9 | 70.1 | 224 |
| | 社会 | 79.8 | 20.0 | 89 |
| 青葉区 | | | | |
| | 本人 | 31.9 | 68.1 | 216 |
| | 社会 | 84.2 | 15.8 | 76 |
| 台東区 | | | | |
| | 本人 | 16.8 | 62.0 | 279 |
| | 社会 | 61.0 | 13.0 | 77 |
| | DK | 14.9 | 19.5 | 87 |
| 三鷹市 | | | | |
| | 本人 | 20.2 | 62.1 | 248 |
| | 社会 | 51.6 | 23.1 | 91 |
| | DK | 15.6 | 12.5 | 128 |

注：いずれも、カイ自乗検定、1％水準で有意

態度は、「ホームレス対策にもっと予算を増やすべきだ」という積極的な意見と、「予算を増やすのは税金の無駄使いだ」という消極的な意見の二者択一の形になっている。この表から、どの地域でも、ホームレスの原因に対する認識のされ方とホームレス対策への態度には強い関連があることが分かる。すなわち、ホームレスの原因を社会の構造に求めるものほど、ホームレス対策により好意的になっている。そしてこの傾向は、興味深いことに、先に見たアメリカの調査でも同様の結果になる。要するに、ここで重要なことは、一般の人々がどのようにホームレスの原因を考えるか、その認識の仕方が、ホームレスをめぐる政治的、政策的結果を左右すると思われることである。この点で、すでに見た日本とアメリカの一般の人々のホームレス問題についての認識の相違は、重要な社会的・政治的意味をもつことになる。法律的、行政的側面でのわが国のホームレス対策の遅れは、行政の責任体制の曖昧さといった組織的な問題もさることながら、多分に、このホームレスの一般社会における認識のされ方と無関係ではありえない。

## 5 文化としてのホームレス問題

### (1) 排除の合理化

最後に、昨今のホームレス問題を現代社会の文化の問題と関連づけて論じよう。ホームレスをめぐるこれまでの多くの議論は、福祉や政治・行政の問題として語られることが多かった。そのことの重要性を少しも否定するつもりはないが、昨今のホームレス問題は、われわれの社会をかたち作っている支配的な価値、すなわち近代の文化そのもののあり方を問う、より根源的(ラディカル)な問題を含んでいるように思う。

階層研究者のマーフィー(R. Murphy)は、近代という時代が、〈集団主義的な排除〉から〈個人主義的な排除〉へと社会の排除の枠組みが移行した時代であるという(Murphy, 1988)。ここで、かれがいう〈集団主義的な排除〉とは、ジェンダーとかエスニシティとか、宗教とか、いわば属性主義的な規則

にもとづく、排除や差別のことであり、〈個人主義的な排除〉とは、個人の技能や資格にもとづく、業績主義的な排除や差別のことである。かれは、近代という時代が、属性主義から業績主義へと、一見道徳的な進歩を達成したかのように見えたが、実はそれは、財産や資格証明にもとづく個人主義的、自由主義的な支配への移行であったと説く。ここで重要なことは、(形式)合理性に基礎を置く近代という時代が、〈個人主義的な排除〉というかたちで、排除の形態までも合理化したことである。分かりやすくいえば、ジェンダーや人種、民族などによる差別は、それがいまだあるかないかは別として、現代社会において、もはや正当なこととしては受け入れられなくなっている。いい方を替えれば、ジェンダーや民族の差別を問題にする場合には、まだある属性主義的な差別を近代の基準である業績主義でのり超えようとしているわけである。それに対して、現代社会のなかで、財産や資格をめぐる競争に敗れたものは、かれらが努力をしなかった結果なのだということで、排除や差別が正当化される。

　ホームレスの問題に戻ろう。「ホームレスの人たちは、怠け者で、努力をしなかったのだから、排除されても当然だ」というかなり一般化した言説は、まさにこの〈排除の合理化〉そのものである。〈自業自得〉という言葉で排除や差別が合理化される。わが国の〈過当競争社会〉（森永、1998）や〈全部雇用社会〉（野村、1998）といった社会経済的な特質が一層その傾向を強めているように思える。問題は、そのような合理化によって、なぜある種の人々が他の人々と違って努力ができないのか、あるいはまた、努力をしなくなってしまうのか、どこに本質的な問題があるのかといった一連の問題への思考が停止してしまうことである。業績主義的な排除が正当性をもつ近代という時代を、わたしたちはどのようにしてのり超えて、そののちにどのような新しい時代を構想できるのか。ホームレス問題が投げかける根本的な問題である。

## (2) 都市空間のエステ化と公共空間

　近代という時代に内在する問題と並んでもう１つ、現代の消費社会に内在

する文化の問題を指摘しておく必要がある。社会理論家のヤング（I. Young）は、現代社会における抑圧ないし支配の形態を5つに分類し、そのうちの1つに〈文化帝国主義〉をあげる（Young, 1990）。この〈文化帝国主義〉とは、その社会での中核的、支配的な人々の経験や文化が普遍化され、それがその社会のすべての人々の行動規準として押し付けられることをいう。そのような社会的な〈普遍〉が確立されることによって、それから逸脱する人々は、〈他者〉として差異（別）化されることになる。そしてヤングによれば、そのような〈他者〉は、一方でステレオタイプによって、他方で不可視（本来存在しないもの）であると見なされることによって、二重にかつ逆説的に抑圧されているという。ここでとりあげてきたホームレスの人々の集団は、われわれの社会のなかで、このような〈他者〉を構成する集団の分かりやすい例である。しかし問題はそれに留まらない。

　深化した消費社会としての都市において、ズーキン（S. Zukin）らポストモダン都市論者がしばしば指摘するように、都市における文化戦略の重要性が増し、美しい景観のもつ覇権（ヘゲモニー）が増大する（Zukin, 1997）。ここでは、その現象を都市空間の〈エステ化〉と呼んでおこう。いうまでもなくこの〈エステ化〉は、その社会の中核的な社会層であるミドルクラスの価値と親和的である。そして多くの場合、都市空間の〈エステ化〉は、後期資本主義の文化的なロジックのもとに、商業資本によって担われていく。ここに現代都市における公共空間の資本による管理という事態が現れてくる。そもそも都市の公共空間とは、都市に住む、あるいは都市を訪れる誰でもが利用できる空間であったはずである。それがズーキンが紹介するニューヨークの42ndストリートにあるブリアント公園のように、周辺のビルのオーナーや商業店舗の経営者などによって、空間が〈エステ化〉され、その結果、それまでそこを利用していた、ホームレスやマイノリティの露店商などが排除され、小奇麗なカフェと共に、ビジネスマンやビジネスウーマンを中心としたミドルクラスの人々がそこを占拠するようになる。重要なことは、このように都市空間の〈エステ化〉を通して、極めてソフトに、また、洗練されたかたち

で、〈他者〉の排除、およびそれにともなう社会統制が実施されることである。

　消費社会における〈美的なもの〉を通した、脱政治化された支配・服従(搾取)の関係の成立。その関係のなかで、往々にして搾取する側にまわることになるわれわれは、この問題にどう取り組むべきなのか。その際、新しい公共空間の概念は、どのように構想されうるのか。これもまた、ホームレス問題が投げかける重要な論点である。


(注)
(1)　インタビュー調査は、1995年2月から1996年8月にかけて、50人の少なくとも当時はストリート・ホームレスであった人々におこなった。インタビュー時間は、通常1時間から2時間であった。調査の詳しい方法は、文献(園部、1996)を参照して欲しい。
(2)　Kさんへのインタビューをおこなったのは、1995年2月である。
(3)　お台場の調査は、1997年、台場地区コミュニティ調査研究会(代表、有末賢慶応大学教授)による。佐倉市(染井野)と横浜市青葉区(桂台、若草台)の調査は、1997年、文部省科学研究費補助金課題「脱工業型都市の社会分析：サービスクラス増大の社会的意味」(代表、園部雅久)による。台東区と三鷹市の調査は、1997年、文部省科学研究費補助金課題「大都市の都市構造の転換と社会移動に関する実証的研究」(代表、渡戸一郎明星大学助教授)による。調査の詳しい内容は、それぞれの報告書を参照して欲しい。

# 第5章 トランスナショナルな社会空間：都市とエスニシティ

## 1 序

　この章では、〈新しい都市の貧困〉の議論にとって、前章で取り上げたホームレスの問題と並んで重要な論点を形成するエスニシティの問題を取り上げる。このエスニシティ（民族）問題の取り組みには大きく分けて2つあるといわれる（山本、1997）。1つは、自らの歴史的領土をもった民族間の問題であり、そこではナショナリズム、民族の自決、民族的アイデンティティが主として分析の対象になる。それは多くの場合、（国民）国家という枠組みの問題と深くかかわってくる。もう1つは、移民等による国際的な人の移動にともなう、流入層と受け入れ層の問題、すなわち、1つの国のなかでのホスト（受け入れ）社会とエスニック集団との関係・共存の問題である。それは、地域社会レベルの問題、つまりエスニック・コミュニティの問題として現出してくる場合が多い。ただし、民族的アイデンティティの問題を全く抜きにして、エスニック・コミュニティの問題を考えることができないように、当然のこととしてこの2つの問題は、無関係にあるわけではない。研究の重点の置き所が異なるということである。

　本章の対象は、そのような意味では後者である。周知のように、1980年代なかば以降、わが国において、外国人労働者ないし居住者の飛躍的な増大をみた。そしてその多くが、大都市圏への流入であった。とりわけ東京の池袋

や新宿は、大都市インナーエリアとして、早くからかれらの受け入れ場所となってきた。ここでの主要な関心は、そのような地域社会レベルにおける、エスニック・コミュニティの形成、ないしエスニック関係・集団の形成のプロセスを社会学的（社会的行為に着目して）に理解することである。方法は、新宿の大久保エリアをそのようなエスニックな関係が集積する求心的な社会空間と捉え、ヒヤリングを中心としたアーバン・エスノグラフィーないしケース・スタディのスタイルをとるが、その際、可能なかぎり、実証と理論的アプローチとの関連を考慮していきたい[1]。

## 2　エスニック・コミュニティの理論

　ホスト社会とエスニック集団との関係を捉える理論的アプローチには、主としてそれを階層関係に着目して捉えるアプローチと、その関係を、共同性とか相互了解とか、主としてコミュニケーション関係に重点を置いて捉えるアプローチとを区別することができる。前者については、すでに堤要の整理がある（堤、1993）。彼女によれば、そこには古典的エスニシティ論、国内植民地論、分割労働市場論、中間マイノリティ論、エンクレイブ（飛び地）論の5つのパースペクティブがある。

　まず、〈古典的エスニシティ論〉は、社会が業績主義的な近代社会へと移行するに従って、エスニシティというような属性主義原理にもとづく階層構造は遅かれ早かれ消滅すると考える。〈国内植民地論〉と〈分割労働市場論〉は、近代化が進展しても、文化的差異にもとづく不平等な職業の分配、すなわち文化的分業は程度の差はあれ残存し、垂直的なエスニシティ別階層構造ができあがると考える。〈中間マイノリティ論〉は、この分割された労働市場を前提にして、マイノリティが経済的適所（ニッチ）を主として、自営業主としてマジョリティとマイノリティの媒介的役割に見出す点に着眼する。〈エンクレイブ論〉は、分割労働市場を回避して、エスニック集団独自の経済機構（エンクレイブ経済）を作る点に着眼する。そのエンクレイブ経済のなかで、

独自の階層構造ができあがっていると考える。

以上が堤の整理であるが、ここではこれらに、ウォルディンガー（R. Waldinger）らの〈エスニック分業論〉を付け加えておきたい（Waldinger, 1986-7）。それは、それぞれのエスニックグループが、分割労働市場を必ずしも前提とせずに、労働市場にそれぞれの経済的適所を見出して、エスニック集団ごとの分業を形作っている点に着目する。これは、必ずしも垂直的なエスニシティ別階層構造を前提としない点で、〈国内植民地論〉と〈分割労働市場論〉とは異なり、経済的適所が必ずしもマジョリティとマイノリティの媒介的役割に限られない点で、〈中間マイノリティ論〉とは異なる。さらに、エスニック集団ごとのエンクレイブ経済が出来上がるわけではない点で〈エンクレイブ論〉とも異なる。

一方、後者のコミュニケーション関係に重点を置く理論的アプローチについては、これまで筆者の知るかぎり、体系的に整理を試みた研究は見られないので、ここで独自に検討しておこう。取り上げるアプローチは、生態学的エスニシティ論、制度的完結性論、下位文化論、エスニック・バウンダリー（境界）論、社会的閉鎖論、エスニック・エンクレイブ論である。

まず、〈生態学的エスニシティ論〉は、パーク（R. Park）に代表される同化論的アプローチであり、ホスト社会とエスニック集団の間に、接触・葛藤・応化・同化のコミュニケーション過程を想定する。エスニック集団が、遅かれ早かれホスト社会の文化に吸収されていくと考える（Park, 1926）。〈制度的完結性論〉は、ブレトン（R. Breton）に代表されるアプローチであり、エスニック集団の個人を単位として、社会統合ないしコミュニケーションの様式は、自らのエスニック集団への統合、自分以外のエスニック集団への統合、ホスト社会の民族集団への統合の3つの様式があることに着目する。同化論はそのうちのホスト社会への統合のみを扱っていることになる。そして、個人が、このうちのどの様式に統合されるかは、個人の属性ではなく、当該のエスニック・コミュニティの制度的な完結性によるという。ここで、制度的完結性とは、エスニック・コミュニティがその成員のニーズを、ホスト社会

とはかかわりなく、満たすことができる程度のことである (Breton, 1964)。このエスニック・コミュニティにおける制度（インスティテューション）への着目は、フィッシャー（C. Fischer）の〈下位文化論〉を想起させる (Fischer, 1975=1983)。下位文化論自体は、必ずしもエスニック集団に限られた議論ではないが、フィッシャー自身もケースとして取り上げるように、妥当な適用領域である。ここでは、そのような下位文化を支える制度が、その制度を支えるに足るだけの人口の大きさ、すなわち臨界人口量（クリティカル・マス）によって維持されること、および、下位文化同士の衝突と伝播、革新（文化創造）といった概念が重要である。

エスニック集団の自他の文化の境界線ということに着目するのは、〈エスニック・バウンダリー論〉である。このアプローチの代表者であるバルト（F. Barth）によれば、都市社会におけるエスニック集団は、社会化のプロセスで維持される内側からの境界と、自他の集団間のコミュニケーションや都市全体の動向との関連で形成される外からの境界という〈二重境界〉で捉えられるという (Barth, 1969)。和崎春日はこのアプローチを敷衍して、経済的競争という生存条件、自文化の実現および他者の文化実現や要求という3つの要因に規定されて、自らの集団の境界を操作する、3つの生き抜き戦略を提示する（和崎、1988）。その戦略とは〈創造〉（今までとは異なる新しい社会関係や統合・結びつきを創りあげる方法）、〈借用〉（他集団の社会関係を取り込んだり、その統合関係に便乗したりする方法）、そして〈修正〉（これまでの社会関係による統合のあり方を若干変えて再整理する方法）の3つである。

一方、この境界を閉鎖することの利点に着目するのが、〈社会的閉鎖論〉である。このアプローチは、ウェーバー（M. Weber）のコミュニティ論にその基礎がある (Neuwirth, 1969)。ウェーバーは、政治、経済等の社会的利益への闘争が、コミュニティ形成の根本と考え、コミュニティが形成されると社会的利益がそのコミュニティ内で独占されるという。エスニック・コミュニティの形成は、お互いのエスニシティの違いによる利益闘争の結果であり、互いに排除しあう関係になる。この見方は〈エスニック・エンクレイブ論〉に繋

がる。ここでのエンクレイブは、先に見た経済機構としてのエンクレイブというよりも、社会的、空間的な閉鎖性、いい換えれば、コミュニケーション的閉鎖性に特徴づけられる。

　以上の2つのアプローチ、すなわち社会的な不平等に着目する階層論的アプローチと共同性の欠如に着目するコミュニケーション論的アプローチは別個に扱われることが多い。しかし、ハバーマス（J.Habermas）の言葉を借りれば、前者は、主として、〈システム〉の領域に、後者は、〈生活世界〉の領域に属する。そして、ここで重要なことは、この2つの領域が〈生活世界の植民地化〉という言葉が端的に表現しているように、無関係ではありえないことである。そのような状況がどのように現実の都市社会に現れており、それに生活主体がどう対処し、またどう対抗しうるのか。エスニック・コミュニティの研究もこの現代社会の問題と切り離して考えることはできない。

## 3　エスニシティをめぐるわが国の特質

### (1)　流入の時期と移民の段階

　移民等の国際的な人の移動にともなう、流入層と受け入れ層の関係を地域社会レベルから捉えようとする場合、流入の時期や段階、受け入れ社会側の外国人政策のあり方や福祉国家の性質などがその関係のあり方につよく影響するであろうことは想像に難くない（Boal, 1996）。ここでは、そのようなエスニシティをめぐるわが国の特質を整理しておこう。まず初めに、外国人の流入の時期であるが、これはすでに述べたように、わが国の場合、戦争中の強制連行は別として、1980年代半ば以降、急増する。この点で、欧米の多くの国が、高度経済成長期に移民や外国人労働者の受け入れをおこなってきた状況と大きく異なる。

　このことは、当然のこととして、わが国の移民の段階やタイプに影響を与えている。この点で、カースルズ（S.Castels）とミラー（M.Miller）が移民のタイプを4つに分けて考察しているのが参考になる（Castels and Miller, 1993=

1996)。1つは、一時的な移住民である。これは、移民自身にとっても受け入れ側にとっても一時的な労働力と見做されているタイプである。故郷の家族への送金が目当てであり、永住する意図はない。2つは、一時的な労働移住のつもりであった者が、その滞在が長引くことによって、同じエスニックグループの人との社会的ネットワークを発展させ、最小限の相互援助は確保しているタイプである。3つは、より滞在が長引くことで、家族の呼び寄せも起こり、長期滞在の意識が高まってくる。それにつれて、かれら自身の諸制度を備えたエスニック・コミュニティが形成されてくるタイプである。最後の段階は、永住化のタイプである。しかしこれには、対照的な2つのタイプがあり、1つは、法的に市民権を獲得しているタイプであり、もう1つは、政治的排除と社会経済的周辺化を被っているタイプである。このタイプ分けに照らして、わが国の現状を考えると、流入時期が新しいこともあって、主に1と2のタイプが多いといってよいだろう。そして、一部にエスニック・コミュニティの萌芽が認められてきている。

### (2) 外国人政策の特質

つぎにわが国の外国人政策の特質を明らかにしておこう。ここでも、カースルズとミラーの移民政策のタイプ分けを参照しよう。かれらによれば、移民政策のタイプによって、国が3つのグループに分類される。1つは、アメリカやカナダ、オーストラリアのような古典的な移民の国であり、そこでは、永住化が奨励され、将来の市民として合法的な扱いを受け、居住権が保証され、家族の呼び寄せが許可されている。2つは、フランス、オランダ、イギリスなど、植民地所有の歴史を持った国である。そこでは、移民の受け入れに際して、以前の植民地国を優先し、徐々に永住化が認められ、家族の呼び寄せも許可されている。3つは、ドイツやスイスに典型的な厳格な外国人労働者モデルである。ここでは、労働市場や市民権は、制限されている。移民は一時的な滞在であるという考えが支配的であり、家族の呼び寄せも奨励されない。しかしそれにもかかわらず、現実には、滞在が長期化し、家族の呼

び寄せもおこなわれてきた。

　これらのモデルに対して、わが国は、一貫して（非熟練）外国人労働者の受け入れを容認しないという政策をとってきた。そのため、非熟練労働に就く外国人労働者の多くが不法就労の状態にある。ただしよく知られるように、1989年に入管法が改定され、日系人を外国人労働者として利用することが合法化された。さらに研修生制度の拡大によって、外国人労働者の公式な受け入れが制度化されるが、家族の呼び寄せは制限され、研修終了後は、帰国が義務づけられるなど、外国人労働者の定住を認めない基本原則が貫かれている。このように、わが国の場合、合法的な移民の定住にともなう平等化の要請と不法移民の規制要請が同時的に課題となっている欧米諸国とは、問題状況に大きなずれがある。

### (3) 福祉国家の性質

　その国の福祉国家の性質は、直接的な移民政策ではないが、移民の居住状況に対して大きな影響を及ぼす。アンデルセン（E. Andersen）は、福祉国家を3つのタイプに分類している（Andersen, 1990）。第1は、リベラルな福祉国家であり、家計調査（資格審査）による援助と控えめな社会保険制度に特徴がある。第2は、福祉の権利が階級や地位に付属しており、伝統的な家族の価値の保存に重きを置く国である。第3は、普遍主義的な福祉観が発達していて、最小限のニーズの平等ではなく、もっとも高い水準の平等を促進することを目標にしている国である。第1はアメリカ、第2はドイツ、第3はイギリスにそれぞれ代表される。

　この点からすれば、わが国は、福祉の権利がなんらかの地位に付属する第2の型に近い。外国人に対する社会保障という観点からは、上記の適法就労でないという外国人の法的地位が大きな問題となる。たとえば健康保険の適用は、適法に就労する外国人に対しては、日本人と同様の扱いをするが、適法就労でないときは、その適用が拒否される。また、生活保護は、定住外国人にかぎり、非定住外国人への適用は排除されている。そして、不法に日本

に滞在している者は、そもそも日本で生活することが法律上許されていないから、生活保護を適用する前提が欠けていると見做されている。国民健康保健の加入用件にも、原則として外国人登録の必要性が謳われ、単に1年以上日本に滞在しているというだけでは加入することができない（旗手、1994）。このような種々の制度的制約のもとで、多くの外国人が地域社会で暮らしている。

## 4　重層化するエスニシティ

### (1)　新宿区大久保エリア

　よく知られるように、新宿区は東京都のなかでも、もっとも外国人登録人口の多い区である。図5-1は、新宿区の国籍別外国人登録者数の推移を表す。80年代半ば以降、急速に増え始め、バブル期を過ぎても、ゆるやかに増加し、1995年には18,800人ほどで区全体の人口の6.7％になる。国籍別うちわけでは、韓国・朝鮮と中国が圧倒的に多く、1995年では、韓国・朝鮮が40％、中国が35％と、この2つの国で全体の4分の3を占めている。ただし、この数字には、在日韓国・朝鮮人、在日中国人も含まれており、韓国・朝鮮

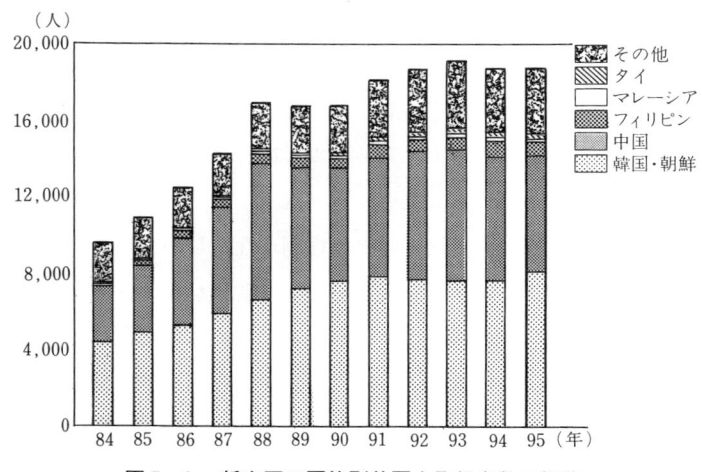

図5-1　新宿区の国籍別外国人登録者数の推移
資料：新宿区外国人登録国籍別人員調査表

表5-1　大久保地域・町丁別外国人人口

● 1989（昭和64）年1月1日現在

| | 住民総数 (a) | 住民基本台帳人口 (b) | 外国人登録人口 (c) | (c)/(a) |
|---|---|---|---|---|
| 大久保1丁目 | 4,703 | 3,755 | 948 | 20.2 |
| 大久保2丁目 | 7,871 | 6,860 | 1,011 | 12.8 |
| 百人町1丁目 | 3,691 | 3,194 | 497 | 13.5 |
| 百人町2丁目 | 4,173 | 3,755 | 418 | 10.0 |
| 北新宿1丁目 | 6,500 | 5,812 | 688 | 10.6 |
| 北新宿2丁目 | 4,757 | 4,380 | 377 | 7.9 |
| 北新宿3丁目 | 6,862 | 5,968 | 894 | 13.0 |
| 大久保地域計 | 38,557 | 33,724 | 4,833 | 12.5 |
| 新宿区計 | 321,664 | 304,703 | 16,961 | 5.3 |

● 1993（平成5）年1月1日現在

| | 住民総数 (a) | 住民基本台帳人口 (b) | 外国人登録人口 (c) | (c)/(a) |
|---|---|---|---|---|
| 大久保1丁目 | 3,905 | 3,078 | 827 | 21.2 |
| 大久保2丁目 | 6,728 | 5,736 | 992 | 14.7 |
| 百人町1丁目 | 3,196 | 2,737 | 459 | 14.4 |
| 百人町2丁目 | 3,705 | 3,251 | 454 | 12.3 |
| 北新宿1丁目 | 5,680 | 4,911 | 769 | 13.5 |
| 北新宿2丁目 | 4,195 | 3,749 | 446 | 10.6 |
| 北新宿3丁目 | 6,465 | 5,531 | 934 | 14.4 |
| 大久保地域計 | 33,874 | 28,993 | 4,881 | 14.4 |
| 新宿区計 | 292,810 | 274,049 | 18,761 | 6.4 |

● 1996（平成8）年1月1日現在

| | 住民総数 (a) | 住民基本台帳人口 (b) | 外国人登録人口 (c) | (c)/(a) |
|---|---|---|---|---|
| 大久保1丁目 | 3,632 | 2,854 | 778 | 21.4 |
| 大久保2丁目 | 6,386 | 5,421 | 965 | 15.1 |
| 百人町1丁目 | 3,082 | 2,596 | 486 | 15.8 |
| 百人町2丁目 | 3,507 | 2,994 | 513 | 14.6 |
| 北新宿1丁目 | 5,262 | 4,567 | 695 | 13.2 |
| 北新宿2丁目 | 4,021 | 3,551 | 470 | 11.7 |
| 北新宿3丁目 | 6,275 | 5,233 | 1,042 | 16.6 |
| 大久保地域計 | 32,165 | 27,216 | 4,949 | 15.4 |
| 新宿区計 | 282,929 | 264,095 | 18,834 | 6.7 |

資料：新宿区住民基本台帳人口、新宿区外国人登録者人口

人の場合は在日が3割程度だといわれる（奥田・田嶋、1993）。

　そして、これまたよく知られるように、その新宿区のなかでももっとも外国人が集住している地域が、ここで取り上げる大久保エリア（大久保1-2丁目、百人町1-2丁目、北新宿1-3丁目）である。表5-1にあるように、1996年1月現在で、その数は4,949人であり、エリア全体の人口の15.4％に当たる。とりわけ大久保1丁目は、外国人人口の割合が20％を超え、5人に1人が外

国人である。しかもこの数字は、登録外国人のみの数であり、いわゆる不法滞在者、オーバーステイヤーを加えれば、その数は相当なものになることは疑いない。また、この表から、バブル崩壊後も、その絶対数、割合ともに増えつづけていることがわかる。その国籍別構成は、残念ながらエリア単位では分からない。ただし、奥田道大らの大久保エリアの調査では、韓国と中国の2つの国籍のカテゴリーで大多数を占めている。ランダムサンプリングがおこなわれているわけではないので、正確なところは分からないが、韓国人と中国人が多いことだけは間違いないであろう。そしてその多くが、80年代半ば以降に来日した、ニューカマーの人々である（奥田・田嶋、同上）。

### (2) 越境者たちの生活世界
#### ① 増殖する生活組織

国境を越えて他国で生活を始めた人々にとって、日々の暮らしを成り立たせる基本的な生活組織が必要なことは論をまたない。そしてそれが言語を含めて、自国の文化が継承されているほど、人々に安堵感を与え、生活の質を向上させることも事実である。まずは、新宿区のなかでは最大のエスニックグループである韓国人社会を取り上げて、そのような生活組織がどのように出来上がっているのかを、生活情報誌の掲載広告を用いて見てみよう。ここで用いる生活情報誌は、『韓国人生活情報』（株式会社 剛一）であるが、このような生活情報誌（エスニックメディア）自体がまた、異国に生活するものに

表5-2　韓国系情報誌にみる生活組織の拡大

単位（件）

|  | 1992 | 1993 | 1994 | 1995 | 1996 |
|---|---|---|---|---|---|
| 飲食店（飲み屋） | 48 | 136 | 140 | 155 | 144 |
| 飲食店（食堂） | 20 | 44 | 48 | 52 | 64 |
| クリーニング・仕立て | 8 | 16 | 18 | 15 | 15 |
| レンタルビデオ | 5 | 11 | 15 | 13 | 14 |
| 病院 | 9 | 11 | 11 | 12 | 13 |
| 引越し | 10 | 14 | 18 | 20 | 15 |
| 旅行社 | 4 | 4 | 10 | 13 | 20 |
| 美容室 | 7 | 8 | 9 | 12 | 13 |
| 不動産 | 5 | 8 | 6 | 4 | 4 |
| その他 | 30 | 41 | 41 | 50 | 47 |
| 総数 | 146 | 293 | 316 | 346 | 349 |

資料：『韓国人生活情報』各年1月号

第5章　トランスナショナルな社会空間：都市とエスニシティ　129

とって、貴重な生活組織の１つでもある。

　表５-２は、『韓国人生活情報』の1992年から1996年まで各年の１月号に掲載された広告のうち所在地が新宿であったものの種類と数を記したものである。これらはあくまでも掲載された広告であり、実際の動向を必ずしも反映しているとはいえないが、それでもこの５年間に、さまざまな生活組織が充実してきていると見做して大きな間違いはないであろう。異文化の社会で暮らすうえで、生活の基本的なニーズである、食べること、住むこと、着ることが、まずは確保されねばならない。飲食店、不動産、引越し、衣裳にかかわる組織ができる。そしていざという時の医者・病院、母国との交通を確保する旅行会社、さらに、生活に幅をもたせるためのビデオ、ＣＤ、書籍などのレンタル業の発達がある。また、数のうえでは多くなく、その他に分類されている組織には、教会、旅館・ホテル、小規模商社、キムチの配達屋、自動車ディーラー、法律相談、職業斡旋、メイド紹介、保険代理店、結婚相談、興信所、靴修理、家電製品の出張修理、サウナ、エステ、カラオケ、ペットショップ、リサイクルショップ、託児所、送金業、占い業などがあり、実に多彩な生活拡充組織が生まれている。

　このような傾向は、なにも韓国人社会だけではなく、新宿でもう１つの大きなエスニックグループを形成する中国人社会にも見られる。ここで重要なことは、これらの諸制度ができ、それを維持することができるに足るクリティカル・マスの存在である。母国の文化に根ざしたこのような生活組織の充実は、越境者たちの生活の質の向上に役立つとともに、ブレトンがいうように制度的完結性の高度化をもたらす。そして、そのことが自らのエスニックグループ内で閉じた生活を可能なものにする。しかし、それが直ちに閉鎖的なエスニック・コミュニティを形づくるわけではない。「民族性とか、韓国人同士もっと団結しゃなくちゃいけないとか、助け合わなきゃいけないとか、それは良い話ですが、それは自然のながれのなかでできることで、韓国人だけが団結してもいけないし、この村で仲良くなっていかなきゃならない。ここでお世話になっているのだから」。20数年前に来日し、現在は大久保で

レンタル・ビデオ屋を営む李さんはこういう。

② マルチエスニック・ビジネスの繁栄

一方、このような生活組織の拡充を、ひとたびビジネスの視点からながめれば、それは、さまざまなビジネスチャンスの拡大を意味することになる。エスニックビジネスの誕生、隆盛である。この大久保エリアは、歌舞伎町と結んで〈黄金のデルタ地帯〉と呼ばれるほど、この種のビジネスの成功の可能性の高い地域である。大久保で旅行代理店を営む韓国人の李さんは来日して5年ほどになるが、「国際航空チケットの販売という仕事上、たとえば韓国人だけというように地域を限定して商売をしても儲かりません。さまざまな国のお客さんを相手にすれば、それだけ多くのチケットを売ることができ、商売が繁盛します。大久保にはさまざまな国から来た人が住んでおり、格安チケットの販売には最適です」という。このようにビジネスのマーケットは、基本的にトランスナショナルな性格を持っている。

それを象徴するのが、中国人の楊さんが大久保で経営する飲食店「屋台村」である。大久保通りから少し奥まったところにあるバラック風の建物、

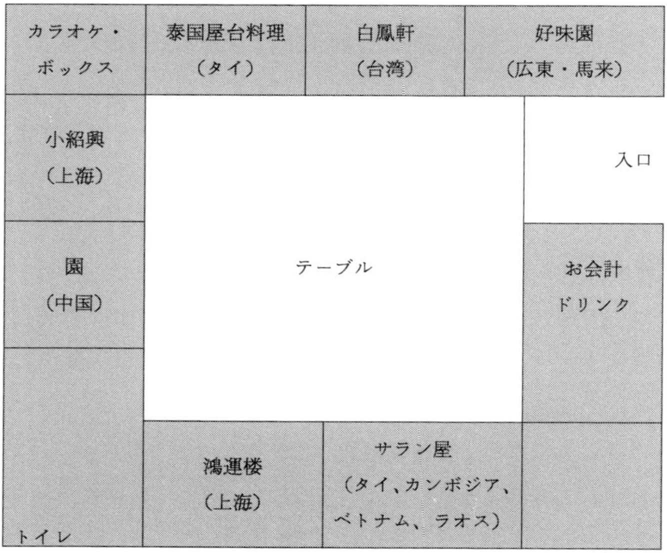

| カラオケ・ボックス | 泰国屋台料理（タイ） | 白鳳軒（台湾） | 好味園（広東・馬来） |
|---|---|---|---|
| 小紹興（上海） | テーブル | | 入口 |
| 園（中国） | | | お会計 ドリンク |
| トイレ | 鴻運楼（上海） | サラン屋（タイ、カンボジア、ベトナム、ラオス） | |

図5-2　大久保の屋台村

10軒のテナントが図5-2に示すように配置されている。中央には簡素なテーブルと長椅子が置かれ、かなり雑然とした印象を受ける。この店の特徴は、図からも分かるように、一つ屋根のもとに、中国、台湾、マレーシア、タイ、カンボジア、ベトナム、ラオスといったアジアのさまざまなエスニック料理のブースが並んでいることである。以前は、韓国の店もあったという。そして、サラン屋がタイ人の経営であることを除いて、それぞれの店が、本国の人の経営になっており、本場に近い味が楽しめることである。楊さんと各店の関係は、大家と店子の関係であり、それぞれのお店が楊さんに賃貸料を支払う。従業員も中国人、台湾人、マレーシア人、タイ人、日本人とマルチエスニックである。

　1986年に上海から来日した楊さんは、1994年にこの店を開く。同時に、貿易関係、不動産関係の仕事もしている楊さんがこのような店を始めた動機は、「オーストラリアに行ったときに、いろいろな国の料理が食べれる所があり、そんなような店を日本でやったら面白いのでは」ということであった。楊さんにとっても、先の李さんと同様に、重要なことはいかにビジネスが儲かるかということであり、それを求める結果としてマルチエスニックな空間を創り出している。

　③ 個人化したエスニシティ

　越境者たちに共通することは、それぞれが自らの生活水準の向上をめざして、来日し日々の生活を送っている個人化したアクターだということである。同じエスニシティとしての団結が個人に優先してあるわけではない。先に紹介した『韓国人生活情報』の編集に携わる文さんは、「良かれ悪しかれ、大久保地域の韓国人社会には集団的な団結はない」ことを強調する。「この大久保という狭い地域に、韓国雑誌や店がたくさんある。そのために同業者との競争で、価格を下げあって店が潰れてしまうことが多々あり、お互いに助け合うことはほとんどない」という。さらに「○○料理店は、まずい」などと平気で噂をながしたり、それぞれが自分の儲けのことだけを考えていて、価格協定や相互協力の組織をつくることはまず無理だともいう。

また、旅行代理店を経営する先の李さんも「韓国人は基本的にバラバラです。その理由として言えることは、概して韓国人は独立心が強く、個人という単位を重視するということです。よって韓国人社会を牛耳るようなリーダー的存在の人もいません。たとえ外国のある地域に韓国人が集まって住んでいるような地域があっても、それはビジネスなどの利点が一致しているからで、決してコミュニティをつくろうとして集まったのではありません」という。

　この点は、多かれ少なかれ中国人社会にも共通しているようで、先の「屋台村」の楊さんは、「商売上のあるいは個人的に属するような中国人の組織のようなものはないです。仲間数人で集まって、まあ関係ない人は関係ないです。そういうのはできないです。まあ、口コミで仲間になって、そのくらいです」という。また、一方で、商店会や町内会といった日本の地域組織にも関心はないようで、「わたしのところに入るようにとは言ってこないし、まあ、呼ばれれば行くかもしれないけど。自分からは入ろうとは思わないし、自分で儲かればいいかなと思って、別に入る必要ないし、こっちから行きたくはない。人のプライベートあるからね」という。

　ただし韓国人社会や台湾人社会には、まとまったお金をつくるために結成する集まりである、いわゆる講にあたる「無尽」や「組合」といった組織は見られる。確かにそのような組織は同国人同士の集まりではあるが、それによって、エスニックなアイデンティティが強められるという性格のものではない。越境者たちは、エスニックなものに基礎を置く集団を作ったり、それに所属したりするということが驚くほど少なく、個人がそれぞれの関心に応じて、それぞれのネットワークを発展させている。エスニックなアイデンティティを維持しようとするフェスティバルのような催しも見当たらない。それぞれの個人の生活水準の向上にとって、そんなものはいまのところ必要ないということなのであろう。エスニック・アイデンティティの高揚といった一種のスローガンは、政治的なアクターが登場してきたときに初めて必要になる、あるいは社会的に構築されるものなのではなかろうか。

## ④ オーバーステイヤーの生活

 越境者と一口にいっても、さまざまな人たちが含まれる。ビジネスでお金を儲けようとするものもいれば、オーバーステイヤーという身分で、大方はいわゆる３K職種について生活しているものがいる。1988年にマレーシアからいとこと一緒に日本に初めて来たというMさんは、後者のひとりである。「日本語が分からないので、不法労働者のリーダーに仕事や住む場所を紹介してもらいました。初めは、東京に着いたのですが、名古屋の工場に行かされました。そこは車の部品工場で、韓国やスリランカの不法労働者がたくさん働いていました。時給1,000円で一日中働き、近くに遊ぶところがなく、言葉も分からなかったので夜は寮に帰って寝るという生活を１年続けました」。

 その後、Mさんは一旦マレーシアに帰り、1991年に再び観光ビザで日本にやってくる。このときは、ずっと日本に滞在していたいとこに仕事や住むところを世話してもらったという。当時、かれのいとこは、日本のマレーシア人不法滞在者のリーダー的な役割をしていて、やくざからアパートを借りて、それを不法滞在者に貸していた。その後、1992年にいとこがマレーシアに帰国し、その変わりをMさんが努めることになる。そのアパートは当時（1994年６月）、西武新宿線の下落合の駅から歩いて４、５分の所にあった。外観はコンクリート３階建ての比較的しっかりした建物に見える。Mさんの部屋はその２階にあった。なかに入ると、上下に２部屋あり、下が６畳間、上が４畳間ほどの広さである。それに小さなキッチンとユニットバスにトイレが付いている。家賃は月８万５千円だという。ただしバブル時は、11万円だったということで多少値下がりしている。景気のいい時は、ここに男女18人が寝泊まりをしていたこともあったというが、今は、男７人だけである。家賃は、１人当たり３万２千円だという。Mさん曰く「損はしないけど、あまり儲かりはしない」とのことだった。

 1995年３月、かれは、「入管が厳しく、マレーシア人が減り、いま人数が増えているインドネシア人のマーケットを大きくしたいし、新大久保に部屋があったほうが客の反応がいいので」ということで新大久保のアパートに引越

し、同じような貸し部屋を2ヵ所に持っている。ただし、2ヵ所で経営しているというのは、儲かっているからというのではなく、1つのアパートの住人のひとりが犯罪を起こして取り調べを受けたので、この先トラブルを起こしてその部屋にいられなくなったら仕事ができなくなってしまうからということであった。今後の先行きに関しては、「このビジネスをやったのは儲かるからです。でも、これ以上規模を大きくするつもりはありません。大変だからです。4年前は、毎日客の出入りがあって心配ありませんでしたが、最近は、入管も厳しくなり、マレーシア人が減って心配です」とかなり悲観的である。

　日本で600万円を貯めるのが目的だというMさんは、現在、週5日、川口のパイプ工場でも働いている。時給1,200円で、週給でもらっている。川口までは通勤に1時間ぐらいかかるが、新大久保にアパートもあるので、工場の近くに住む気はなく、新大久保は夜遅くまで電車があって便利でいいという。つきあいに関しては、日本人とのつきあいはなく、「古い友達はマレーシアに帰ってしまったけど、知り合いと公園などで会ったりします。同じアパートに、マレーシア人の友達がいて、かれとよくマージャンをします」と、同国人同士のネットワークのなかで生活している。この点に関しては、同じマレーシアから来ているオーバーステイヤーのCさんも、「マレーシア人だけで、日本人とはほとんどかかわらないで生活しています。日本には、私たちマレーシア人の社会がすでに存在していますから、もう日本人の社会には入れないし、入りたくもありません。とにかくお金が儲かればいいのです。日本の文化とか友好とかには興味がありません」といい、オーバーステイヤーの間で、言葉の通じるかなり閉鎖的な人間関係が出来上がっていることは確かなようである。ここには、必ずしも制度的完結性が高くない社会のなかで、自らの生活圏を狭めつつ、同じエスニックグループのネットワークのなかで生活している越境者の姿がある。

　⑤ **宗教的世俗世界**
　信仰をもつ越境者たちにとっては、教会など宗教施設が重要な意味をもつ。

大久保エリアにある「宗教法人東京中央教会」は、韓国人の牧師が堂会長を努めるプロテスタント系教会である。そこには多くの韓国人、および日本人も礼拝に訪れる。大久保近辺の人に限らず、遠くから、また、新しくやって来た人に限らず、古くから日本に住んでいる韓国人、留学生などさまざまな人が訪れる。そのように多くの人々が集まる結果、自ずとそこは重要な情報交換の場所になる。この教会で聖火隊の指揮を努めるYさんは、「日本に来たばかりの人で教会に来る人もいます。見ず知らずの人がいきなり来て、仕事を探して欲しいと言ったりもします。そんな時は驚きますが、何か情報があって助けになるのなら教えてあげています。また、住居の問題などもありますからね。皆でいろいろ話して、お互い譲れるもの、たとえばストーブとか、があったら譲り合ったりしています」という。このような教会のもつ世俗的な役割については、大久保エリアからは離れるが、イバーラ（M. Ibarra）が港区六本木のカトリック教会に集うフィリピン人を対象にして優れたフィールドワークをまとめている。そこでの、宗教的平等社会のなかに、世俗的な階層構造が持ち込まれ、フィリピン人同士のなかに軋轢を起こしているという知見も興味深い（Ibarra, 1999）。

　大久保エリアの老朽化した木賃アパートの一室には、台湾式の「百玄宮」というお寺がある。持ち主は、60才代の台湾人女性の黄さん。この寺を開いて10年以上になるという。狭く薄暗い部屋のなかにぼうっと明かりが灯され、部屋いっぱいに3つの仏像が奉られている。お経なのか不思議な旋律の音楽が流れている。参拝に来る人は、台湾人に限らず、香港、中国、タイ、シンガポール、マレーシア、インドネシアなど、さまざまな国の人だという。また、遠くから電車にのって来る人もいるという。「ここはね、言葉が通じなくても神様に尊敬の気持ちさえあれば、ちゃんと通じるわよ。だって、人の心はおなじだもの。そしてほら、ここは神様がはっきり見えるでしょう。浅草の観音様は遠くて見えないでしょう。だからみんなここに来るんだ。お供えものを持ってきて、静かに神様の前で、自分の悩み、その寂しさを涙をながしながらする人もいるわ。やっぱりみんな、外国で1人でがんばっているか

らさ」と黄さんは話す。何の宗派にも属さないもっとも世俗化した民間信仰に、個人化した越境者たちのもっとも率直な精神世界を垣間見る思いがする。

### (3) トランスナショナルな社会空間

これまでに長い歴史をもつ社会現象としての移民と現代の移民の現象の間にはかなりの大きな隔たりがある。シラー（N. Schiller）らはそれを、移民（immigrant）から越境者（transmigrant）へというキーワードで捉える（Schiller et al., 1999）。従来の移民研究は、移民を故郷や故国を捨てて根こそぎ移住し、異なる社会や文化に適応するうえで、多大な困難や苦痛に直面する人々と見做してきた。それに対して、昨今の移民は、国境を越えた多様で、コンスタントな関係のうえに毎日の生活を送っており、また、かれらの公的なアイデンティティは、1つ以上の国との関係において構成されている。そのような移民は移民（immigrant）というよりも越境者（transmigrant）と呼ぶに相応しいというのが彼女らの主張である。そしてそれを条件づけているのが、トランスナショナルな社会空間の成立である。

ここでいうトランスナショナルな社会空間とは、プリエス（L. Pries）によれば「互いに織り込まれた結合度の高い新しい社会的ネットワークとして理解されるものであり、それは、空間的には拡散ないしは複数の地域にまたがり、また、決して一時的ではない持続的な社会空間」（Pries, 1999: p.26）を指す。そしてそのような社会空間は、人々の社会的地位にとって重要な準拠枠として働き、日々の生活実践やその人の生き方、人間のアイデンティティを決定づけるとともに、それは、国家という社会の文脈を越えて方向づけられている。このように理解されるトランスナショナルな社会空間の成立は、いうまでもなく、現代社会における交通システムとコミュニケーション技術の発展に大きく支えられている。ジェット飛行機、国際電話、ファックス、インターネットなどの発達は、越境者が異国に居ながらにして、母国との緊密な連絡を可能にする。しかしまた、このような技術的な基盤は、越境者のトランスナショナリズムそのものを生み出す要因というよりも、それを促進す

第5章　トランスナショナルな社会空間：都市とエスニシティ　137

る要因と考えた方がよいという見方がある。たとえばシラーらは、世界経済化のなかで、現代の移民たちが、移住した国に完全に組み込まれてしまうことはあり得ないことだし、望ましいことでもないと考え始めたこと、および政治的なリーダーたちが、国外のディアスポラ（離散者）をグローバルな資源と考え始めたこと、そういう事実への対応として越境者たちのトランスナショナリズムの成立をよりよく理解できるという（Schiller, et al., 1999: p.81）。重要な指摘である。

　ここで対象としてきた大久保エリアも、このトランスナショナルな社会空間という考え方を参照することで、より理解が深まるのではないか。大久保という地域自体は確かに、地理的に限られた空間であるが、そこに生活する越境者たちは、もっと広いまさにトランスナショナルな社会空間というに相応しい空間を生きている。先の「屋台村」の楊さんも、日本にそれほどこだわりがあるわけではない。「あと5、6年して屋台村の契約期間が切れたら上海に帰ろうかなと思っています。向こうでレストランか貿易かできれば」。また、ビジネスで成功できるのならアメリカでもいいという。また、この屋台村で従業員として働くQさんは詳しくは分からないが「天安門事件」との関連があるようで、奥さんと小学生の子どもは、上海に住んでおり、奥さんの仕事の関連もあって、インターネットを使ってコミュニケーションを取っているという。また、大久保で洋服の仕立屋を営むソウルから来たKさんは、韓国人のお母さんと日本人のお父さんの間のハーフで、現在は日本国籍を持つ。ただし奥さんと2人の子どもは韓国で暮らしており、Kさんは日本と韓国を行ったり来たりしている。「百玄宮」の黄さんも「主人はもういなくなっちゃった。子どもは4人で、3人は日本の大学を卒業し、みんな台湾にいる。だからもうお寺を閉めて台湾に帰ろうと思う」と話す。自らの生活水準の向上と維持をめざして1つの社会に拘らない、越境者たちの間に確かにトランスナショナリズムが芽生えている。

## 5　ホスト社会のエートス：マルチカルチャリズム考

　越境者たち、あるいは流入層と受け入れ層との間の関係を考えるうえで、受け入れ側の社会の越境者に対する考え方や態度、いってみればホスト社会のエートスが重要な意味を持つことはいうまでもない。この点に関してはこれまでに、同化主義（asimilationism）対多文化主義（multiculturism）という形で多くの議論がなされてきた。そして近年の傾向としては多文化主義が望ましい規範となりつつあるというのが現状であろう。しかし、たとえば70年代以降、マルチカルチャリズムを政策的に採ってきたオーストラリアの場合でも、いまだにこの概念をめぐっての議論が絶えない。

　そのもっとも大きな論点は、マルチカルチャリズムといわれているものが2つの異なった理論的な概念から成りたっているということであろう。1つは、文化多元主義（cultural pluralism）であり、もう1つは構造的多元主義（structural pluralism）である。簡単にいえば、前者が文化的な生活の様式（ライフスタイル）の多様性を強調するのに対して、後者は、公的な場面における生活機会（ライフチャンス）の平等性を強調する。後者の立場に立てば、これまでオーストラリアが採ってきた政策は前者の文化的なライフスタイルへの寛容性であり、労働市場や昇進あるいは政治、マスコミといった公的な場面では、極めて明確なエスニシティにもとづく不平等が存在しているということになる。さらにいえば、そういった構造的な不平等を覆い隠すものとして、現在のマルチカルチャリズムが機能しているということになる（Jamrozik, Boland and Urquhart, 1995）。

　確かに一例として、メルボルン市のマルチカルチャリズムのための実際の政策を見てみると、フェスティバルやコンサート、料理といった文化的なアイデンティティの確保が中心である。「メルボルンの人口の4分の1以上が、140ヵ国からの移民です。都市は、そんな文化や関心の豊富な多様性の本拠地です。メルボルン市は、メルボルンのたくさんのエスニック・コミュニティの代表者とともに、それぞれのエスニシティの固有の遺産をメルボルン

市民と共有するために努力をします。メルボルン市は、コミュニティを基盤とする多くのフェスティバルを援助します。それは、他の民族との結びつきを強め、ツーリストがメルボルンを訪れ、その文化的多様性を楽しむことを促進します（『メルボルン市パンフレット』）」。

中央政府や州政府が基本的理念として社会的公正や平等を唱えても、実際のデータは、エスニシティ、より具体的には NESB (Non-English-speaking background) グループと不平等との関連を否定しがたい形で提示してしまう (Jamorozik et al., 1995)。そして、そもそもオーストラリアのマルチカルチャリズムが、全人口が2,000万人にも満たないこの国の人口増加政策と、いわゆる3K職種の労働力不足という労働市場政策にそのプラグマティックな基盤があることを思い起こせば、構造的多元主義の実現がそう簡単でないことは明らかである。しかし、そのような現実がどうであれ、〈建前〉としてでも、多民族の共存を唱えるマルチカルチャリズムが社会の理念として存在していることの重要性は否定できない。

翻って、わが国の現状は、政策的にはすでに見たように極めて閉鎖的である。グローバル経済化のなかで好むと好まざるとにかかわらず、越境者が増加していく現実のもとで、同化主義にしろ多文化主義にしろ、この問題に関してほとんど正面きった議論がなされないのは何故か。これまでの同質社会神話の残骸への信仰だけが、この国の社会のエートスとして生き残っているように思える。そういう国としての理念を欠いたまま、地域社会が多民族化への現実的な対処に迫られている。

大久保エリアの場合には、すでに見たように、1980年代後半以降外国人が増え始め、1989年には、登録外国人人口の割合だけでもエリア全体で12％を越え、その後バブル崩壊にもかかわらず、この割合は増え続ける。大久保の路地に外国人が目立ち始めた頃の状況を、地元町会長のBさんは、毎晩8時ごろになると「わらわら」、「異様なほど」、「どこからこんなに集まってくるのかと思うぐらい」外国人が集まってきて、「これじゃフィリピン通りだ」などと囁かれていたという。そんな状況のなかで、1991年、このエリアの4つ

の町会と旅館組合が集まり、「百人町環境浄化対策協議会」を設立する。この協議会の活動としては、自主パトロールが中心であり、その他、警告のための看板の設置などもおこなう。ただしこの協議会の活動の目的は、犯罪の防止や売春の防止であり、必ずしもすべての外国人の排除を狙ったものではない。

　むしろ、多くの商店を抱える地域社会の外国人に対する対応は、微妙であり、複雑である。一方で「得体の知れない隣人」であることは事実であるが、また他方では「重要なお客さん」でもある。とりわけ日本人の人口減少が著しいこの地域にとって、多くの商店は、事実上外国人の客で商売が成り立っている。「最初は嫌がっていたが、次第に外国人が店へ投資する額が増加してきた。だから、店の経営は外国人に左右され、外国人客の多い店だけが残るようになった。こうなったら、好き嫌いは言ってられない時代です」と商店会長のＨさんはいう。また、もう１つの商店会長のＡさんも「外国人客が増え始めたころ、インテリヤの店などは、早くから外国人従業員を雇って、応対など外国人客に都合のいいようにした。でも今はそれが当然。店から外に出れば、外国人なんて普通だし、外国語だって耳障りじゃなくなってきた」と話す。このことはなにも商店にだけ限られたことではなく、この地域で、貸し室業を営む多くの地域住民にとってもまた同じことがいえる。木賃アパートの借り手は、いまや生活水準の向上した日本人ではなく、その多くが外国人になっている。「空けておくよりは、外国人にでも貸した方がまし」というのが多くの大家さんの本音である。

　地域社会を構成する個人や集団の利害が複雑に絡まりあって、外国人に対する地域社会としての１つの方向性を見出せないでいる。ことを荒立たせずに、良くいえば、日本人同士のお互いの立場を尊重して、悪くいえば、なし崩し的に、あいまいな態度を取り続けている。それを外部から見るとこの地域の外国人に対する〈無関心〉に写る（奥田、1998）。〈消極的なマルチカルチャリズム〉とも呼べるものがホスト・コミュニティであるこの地域のエートスになっている。

## 6　結論：エスニシティ・市場・共同性

　これまでエスニック・コミュニティが論じられるとき、ゲットー化やエスニック・エンクレイブの形成という文脈で取り上げられることが多かった。〈分極化する都市〉論にとっても、それが重要な論点になることに間違いはない。ただし、近年そういったある意味でステレオタイプ的な見方に対して疑問を投げかける研究が現れてきている。チャン（H. Chen）の『Chinatown No More』はその代表的なものであろう。そこでは、エンクレイブ・モデルにかわって、ワールドタウン・モデルが提案されている。少し長くなるが、チャンの文章をそのまま引用してみよう。

　「クイーンズの中国人は、チャイナタウンを形成していない。かれらはそんなに同質的ではない。教育的背景や仕事の経験、世帯の形態や社会的ネットワーク、そのそれぞれが異なっている。かれらは閉鎖的なエスニック・エンクレイブに住んでいない。かれらの多くが中国人以外の人と一緒に働いている。そしてたいてのものが中国人以外の人と隣合わせに住んでいる。中国人だけで占拠されている通りはどこにもない。さまざまな民族のエスニックビジネスがお互いに共存している。そのようなビジネスのオーナーには、となりの店のオーナーと個人的に親しい関係を持っているものもいる。（中略）クイーンズは世界のいろいろなところからやってきた人々のワールド・タウンだ。そして人々は、この多民族のコミュニティをより豊かに、より美しく、より平和にするべく貢献している」(Chen, 1992: p.263)。

　このようなエスニック・コミュニティの多様性の指摘は、わが国のように、昨今エスニック・コミュニティと呼べるようなものが初めてできつつあるところでは、今後の方向を考えるうえで極めて重要である。ここではひとまず、図5-3のようなエスニック・コミュニティの類型を考察の補助線として考えたい。この類型は、エスニシティの軸と空間の軸から構成され、エスニシティの軸は、他のエスニシティに対する社会関係の閉鎖性と開放性によって

```
                    〈空間〉
                    (拡散)
   Collapsible        │
    community         │        融合
                      │
                      │
〈エスニシティ〉(閉鎖)─────────┼─────────(開放)
                      │
    エンクレイブ       │      ワールドタウン
                      │
                      │
                    (集住)
```

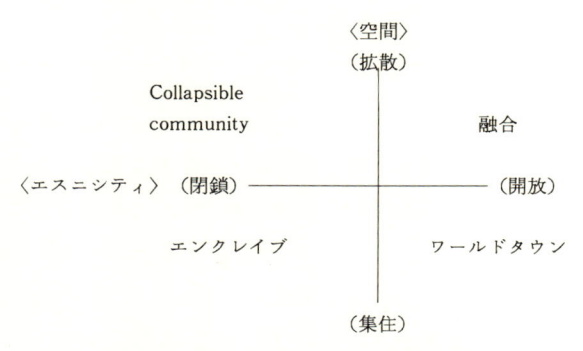

図5-3　エスニック・コミュニティの類型

特徴づけられる。一方、空間の軸は、居住の形態が空間的に集住しているか拡散しているかによって特徴づけられる。いわゆるエンクレイブ・モデルは、空間における集住と他のエスニシティに対する閉鎖性を特徴とする。それに対して、ワールドタウン・モデルは、空間的な集住傾向とエスニシティにおける開放性によって表される。一方、空間的には拡散しつつも、エスニシティにおいて閉鎖的なコミュニティを形成する場合がある。すでに紹介したイバーラは、六本木の教会を核とするフィリピン人コミュニティの調査から、折りたたみ式のコミュニティ（Collapsible Community）という概念化をおこなったが、それがこの型に当たるといえる。さらに理念的には、空間における拡散とエスニシティにおける開放が考えられ、この型を融合モデルと呼んでおく。

　このような類型に照らして考えた場合、本章で対象としてきた大久保エリアはどのようなエスニック・コミュニティと考えられるのか。空間的な集住傾向を前提とすれば、エンクレイブ型なのか、それともワールドタウン型といえるのか。最後に、この問題を考えてみよう。ここでのポイントは、他のエスニシティに対する閉鎖性／開放性の程度と内容である。この点で、このエリアは日本人以外の一つのエスニシティがマジョリティを占めるということはなく、韓国人、中国人、台湾人、マレーシア人、タイ人、インドネシア人などが相当入り乱れて居住している。アパート単位で同国人が集住すると

いうケースは見られるが、一般的には、多くの人が同国人以外の人と隣り合わせに住んでいる。そして生活が自国のエスニック・コミュニティ内で完結しているわけではない。

　ここで思い起こされるのが、ブレトンの〈制度的完結性〉の概念である。ブレトンは、この完結性の程度を、教会のような宗教施設、エスニック・メディア、生活の相互扶助組織の種類や数で捉えているが、この点から見れば、大久保エリアでは、韓国人社会の完結性が相対的に高い。しかし、その韓国人社会も実態調査から明らかになったことは、エスニシティにもとづく連帯を基盤にコミュニティがつくられているわけではなく、個々人の業績志向的行為（他者との競争に勝ち、自らの生活を向上させる）がビジネスとして、さまざまな組織をつくりあげているという個人化の側面が強いことである。その意味では、個々人の行為の意図せざる結果としての完結性であり、集合的行為主体による〈社会的閉鎖〉という意味合いは弱い。一方、マレーシア人、インドネシア人、タイ人などは、その数（人口量）が圧倒的に少なく、制度的完結性を高めるうえでの〈クリティカル・マス〉の制約が大きい。同国人同士での相互援助や扶助は当然見られるものの、閉鎖的なコミュニティを形成するという段階には至っていない。

　もう1つ、このエリアが〈黄金のデルタ地帯〉と呼ばれるように、外国人、とりわけ中国人、韓国人にとって、金もうけの対象、ビジネスのエリアと考えられていることが、エスニシティの閉鎖性を弱める働きをしている。その典型的な例が、すでに取り上げた「屋台村」である。繰り返しになるが、「屋台村」は、オーナーは中国人であるが、店子としては、中国人、台湾人、タイ人、マレーシア人、日本人がかかわっており（以前は韓国人もいた）、多民族化している。民族的に開放することが、個人のビジネス戦略として、プラスになると判断されれば、エスニシティの閉鎖性は比較的容易に打破される。ここに見られるのは市場の支配であり、市場の原理が民族という属性主義に優先されている。そしてここでもエスニシティが集合的行為主体として立ち現れるのではなく、〈個人化〉されて機能している。

さらに、〈バウンダリー論〉の〈二重境界〉という観点からいえば、すでに述べたように、ホスト社会である日本人の地域社会が多様な利害関心から構成されており、決して一枚岩的に、外国人の排除を掲げているわけではないことが、エスニシティの閉鎖性を弱める働きをしている。言い方を替えれば、ここでも市場原理が優先されて、商店の経営にしろアパートの経営にしろ、顧客としての外国人が受容されている。インタビュー時に耳にした「たてまえ排除、本音は出て行かれたら困る」という言葉が、そのことを象徴している。

以上の議論から明らかなように、大久保エリアは、エスニシティの閉鎖性に特徴づけられるエンクレイブ型のエスニック・コミュニティを形成しているわけではない。それでは、このエリアをワールドタウンと呼ぶのは妥当なのであろうか。この点を考えるうえでの困難さは、ワールドタウン自体の概念の曖昧さにある。既述のチャンの叙述は、1つの例示ではあっても、定義とは言えまい。そこでここでは、エスニシティの開放性の内容を検討することから始めよう。そのさい、〈市場的統合〉と〈合意的統合〉という2つの統合の形態を区別することが有効に思える。ここで〈市場的統合〉とは、市場のメカニズムによる行為の調整であり、市場原理による売り手と買い手との貨幣を通じたコミュニケーションによる行為調整である。一方、〈合意的統合〉とは、言葉による行為の調整であり、言語コミュニケーションによる主体相互の了解という形をとる。行為者のとる社会的行為の類型という観点から見れば、ハバーマスの言葉を借りて、前者は、目的・手段の合理性にもとづく〈成果志向的行為〉に、後者は、コミュニケーション的合理性にもとづく〈了解志向的行為〉にそれぞれ根ざしている (Habermas, 1981=1986)。

さて、この2つの統合の形態の区分を念頭において、大久保エリアを観察すれば、このエリアは、すでに見てきたように〈市場的統合〉によって、エスニシティが統合されている印象が強い。そのことが、この地域において、外国人の受け入れが〈本当の受容〉ではなく、〈仮の受容〉と診断されたり、ホスト社会側の〈過少反応〉、〈無関心〉が問題視されたりする所以であろう。

ワールドタウンという言葉には、多様なエスニック集団間の言語的コミュニケーションによる相互了解ということが含意されていると思う。その意味からすれば、大久保エリアはいまだワールドタウンとは呼べない。このエリアを特徴づけているのは、日本人にとっても外国人にとっても、〈成果志向的行為〉であり、その結果としての〈市場的統合〉である。〈市場的統合〉は、相互の了解がないために、〈関係の解消〉や〈強制と暴力〉に条件次第で、容易に転化する可能性がある。とくに、わが国の場合、外国人に対する法的、政治的統合がなされていないゆえに、そのリスクはとりわけ大きい。〈了解志向的行為〉にもとづく〈合意的統合〉の形成、これが流入層、受け入れ側、双方にとっての重要な課題である。困難な課題ではあるが、そのプロセスのなかで、ワールドタウンに相応しい文化の創造が蘇生してくるはずである。

(注)
(1) 大久保エリアのヒアリングを中心としたケーススタディは、1995年4月から1997年3月にかけて、上智大学社会学科都市社会学ゼミでおこなった作業がもとになっている。セミの報告書としては、『多民族化する都市』(平成7・8年度 都市社会学ゼミナール、1997)がある。

# 第6章 脱工業化の風景：
## 　　　都市とインナーシティ

## 1　インナーシティ問題

　1970年代後半、ロンドン、ニューヨークなど、アングロサクソン圏の大都市に少なからず共通して見られる現象として、大都市内部地域の活力低下、いわゆるインナーシティの衰退問題が現代的都市問題の1つとして、都市研究者の間で着目されるようになった。その嚆矢となったのは、1977年のイギリス政府白書『インナーシティに対する政策』の刊行であった。インナーシティ問題の先進国イギリスでは、早くからインナーシティの衰退が論議され、すでに1972年に、ロンドン、バーミンガム、リバプール、3つの都市のインナーシティを対象としたエリアスタディが着手された。その成果が、この『白書』を生み出すこととなった。

　『白書』は、インナーシティ問題を4つの側面から捉える（HMSO, 1977b）。第1は、経済的な衰退である。ここでは、失業者の増大、とりわけ、伝統産業や製造業の雇用機会の減少にともなう、仕事の需要と供給のミスマッチによる未熟練・半熟練労働者の失業が問題とされる。第2は、物的環境の衰退である。住宅や施設の老朽化、基本的な設備に欠ける劣悪な住宅の残存、放棄された土地や建物が問題とされる。第3は、社会的不利益の集積である。低所得者層、高齢者、障害者など社会的弱者の密集、それにともなう子どもの学力の低下が問題とされる。第4は、少数民族の増加であり、エスニッ

148　1　インナーシティ問題

ク・マイノリティのインナーシティへの集住が指摘される。ただし、マイノリティの集住それ自体が問題というわけではなく、問題をかかえた地域とエスニック・コミュニティとが重なる傾向が問題とされる。

　大都市のインナーシティというある一定の地域に、失業の増大、住宅の老朽化、社会的弱者の集積といった数多くの問題群が、重なり合って存在する、いわゆるマルチプル・ディプリベーション（多元的貧困）を具現化した問題集積地区の形成が見られた。そこでは、バンダリズム（暴力行為）が蔓延し、人種差別が日常化して、環境の荒廃と治安の悪化が大きな都市問題となった。このような特徴をもつインナーシティ問題は、イギリスの大都市だけに見られるのではなく、アングロサクソン圏の大都市に少なからず共通した現象であった。そのことが、次章で取り上げるミドルクラスの郊外の形成と併せて、〈裕福な郊外〉対〈貧困のインナーエリア〉という構図で、アングロサクソン圏の都市の〈分極化する都市〉論にリアリティを与える基盤となった。

　このインナーシティ問題に関しては、わが国の都市研究者の間でも、1970年代後半から80年代半ばにかけて大きな盛り上がりを見せる。しかし、その後、「都心地域の地価高騰と都心人口の一層の減少を背景に、都心居住論にとって替わられる形で急速に下火」（大江, 1995）になっていった。その大きな理由は、大江守之も指摘するように、わが国の大都市においては、イギリスで見られたような〈インナーシティ問題〉が明確には存在しなかったからであろう。ただし、このことは、わが国の大都市のインナーエリアに問題がないということは意味しない。イギリスのインナーシティの貧困を生み出す構造的原因として、脱工業化、製造業の衰退、ブルーカラー職の減少、ブルーカラーの低い教育水準、転職の難しさなど、一連の要因が指摘されている（HMSO, 1977a）。つまるところ、これらは、都市の経済的リストラクチャリングの社会的結果である。その意味では、わが国の都市東京も例外ではない。東京の脱工業化転換にともなって、都市のインナーエリアに広がる製造業地域はいかなる変容を経験しているのか。そこにどのような問題を、現在的にも将来的にも読み取ることができるのか。これがこの章の課題である。

## 2　東京の製造業とインナーシティ

まず初めに、東京都全体の製造業の動向を見ておくことにする（東京都、1998）。1995年12月現在の東京都内の工場数は、67,667所、従業者数は、718,435人で、全国総数に対して、それぞれ10.3％（全国1位）、6.6％（3位）を占めている。これらの工場は、製造品出荷額等で20兆1,395億円、付加価値額で8兆6,751億円をあげ、その額はそれぞれ全国の6.5％（4位）、7.3％（4位）となっている。この数字から見れば、東京はまだまだわが国有数の製造業地帯ということができる。しかし、工場数、従業者数の推移を図6-1で見ると、工場数はピークであった83年の99,867所に比べ約32,000所減少し、従業者数は当時から29万人ほど、ピークの63年の150万人からは半減していることが分かる。とりわけ83年からの工場数の減少が著しい。この工場数の推移を、工場の従業者規模別に見たのが図6-2である。中堅・大規模層の工場の減少は、すでに60年代半ば頃から始まっており、80年代半ば以降の傾向と

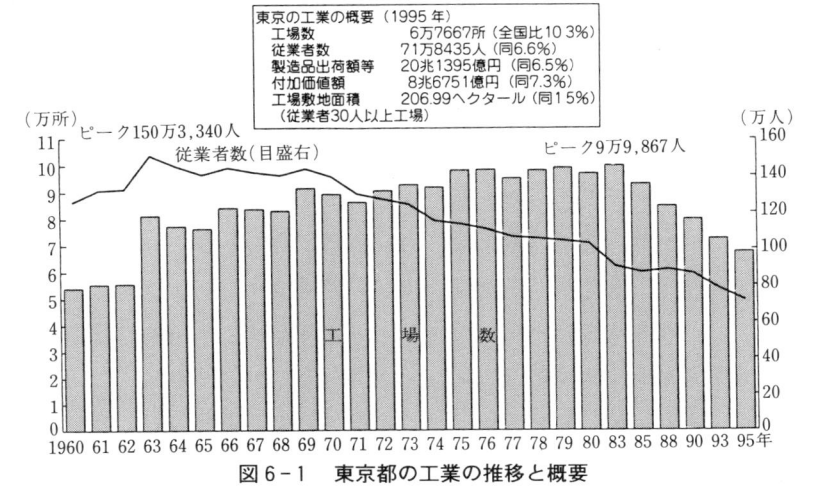

**図6-1　東京都の工業の推移と概要**

注：1980年までは毎年全数調査をおこなっていたが、それ以後は西暦年末尾3、5、8、0年のみの全数調査となった。
資料：東京都総務局「東京の工業」、通商産業省「工業統計表」
出典：東京都、1998

150　2　東京の製造業とインナーシティ

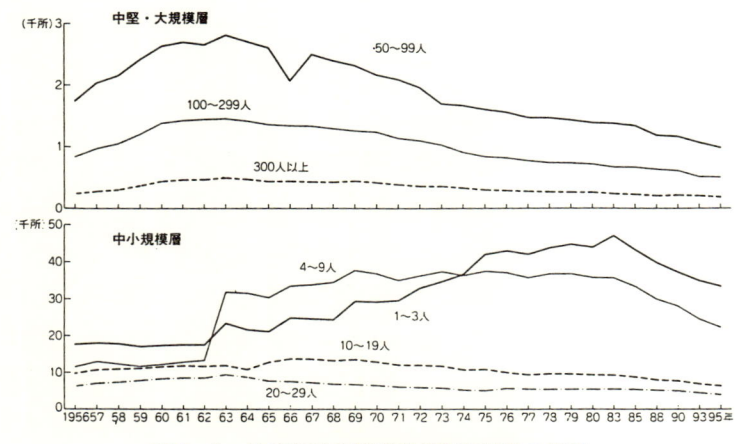

**図6-2　東京都の従業者規模別工場数の推移**

注：1980年までは毎年全数調査をおこなっていたが、それ以後は西暦年末尾3、5、8、0年のみの全数調査となった。
資料：通商産業省「工業統計表」
出典：図6-1と同じ

しては、従業者数9人以下の小規模・零細層の減少が顕著である。とりわけ従業者数1人から3人の零細工場の減少が、80年代半ばまでは増加傾向にあったがゆえに著しい。東京の工場の9割以上は、従業者規模20人未満の工場であり、東京の付加価値総額の22％を占める。今後の東京の製造業にとって、この小規模・零細層の動向が重要である。

　一方、東京の製造業地域には、よく知られるように、出版・印刷工業に特化する都心・副都心地域、機械金属・電気機械工業に特化する城南地域、消費財工業に特化する城東と城東外周地域、精密機械、化学工業に特化する城北地域、いわゆるハイテクゾーンと呼ばれる電気機械工業、輸送用機械工業に特化する多摩地域がある。図6-3は、城南（大田、品川、目黒）、城東（墨田、荒川、台東、江東）、城東外周（足立、葛飾、江戸川）、城北（板橋、北）、それぞれの地域の工場数の推移を表したものである。1995年、城南地域の工場数は、10,491所（都の15.5％）、付加価値額は、1兆38億円（11.6％）、城東地域の工場数は、16,196所（23.9％）、付加価値額は、9,299億円（10.7％）、城東外周

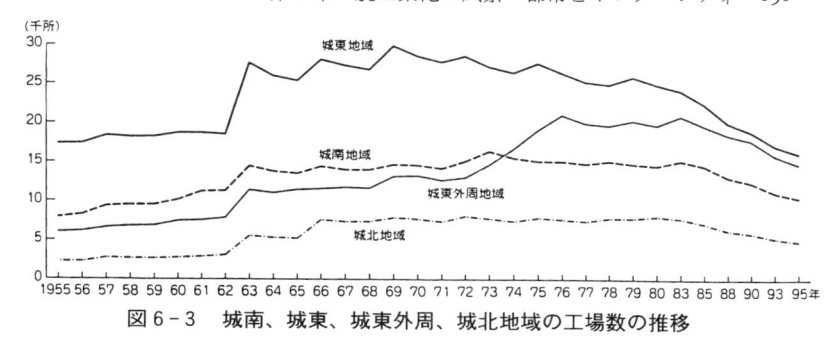

第6章　脱工業化の風景：都市とインナーシティ　151

**図6-3　城南、城東、城東外周、城北地域の工場数の推移**

注：1980年までは毎年全数調査をおこなっていたが、それ以後は西暦年末尾3、5、8、0年のみの全数調査となった。
資料：東京都総務局「東京の工業」
出典：図6-1と同じ

地域の工場数は、14,845所（21.9％）、付加価値額は、7,717億円（8.9％）、城北地域の工場数は、4,927所（7.3％）、付加価値額は、6,228億円（7.2％）であった。

　これらの地域のうち、もっとも早くから工場数が減少したのは城東地域であり、ピークは、1969年である。城東地域の区別にそのピークからの減少率を見ると、台東区（48.4％）、墨田区（47.1％）、荒川区（47.0％）、江東区（43.6％）となる。それに比べて、城東外周地域では、76年から83年頃がピークであり、区部内周部からの外延的移動があったことを窺わせる。一方、城南地域の工場数は、73年頃をピークに、83年頃まで比較的安定的に推移し、その後80年代半ば頃から徐々に減少する傾向を見せている。また、城北地域については、60年代後半から70年代にかけて、ほぼ安定的に推移し、その後80年代にはいって減少に向かっている。結局、この図からは、東京の主要な製造業地域であるこの4つの地域が、80年代半ば以降いずれも工場数を減らしてきていることが分かる。これに比べて、都内の付加価値総額の3分の1を占める多摩地域の場合は、それほど大きな減少傾向には至っていない。東京の製造業の中心が、区内部からハイテクをベースとした電気機械、輸送用機械を中心とする多摩地域に移っていることが窺える。

　図6-4は、東京都区部を対象とした社会地区分析の結果である（園部、1985）。

2　東京の製造業とインナーシティ

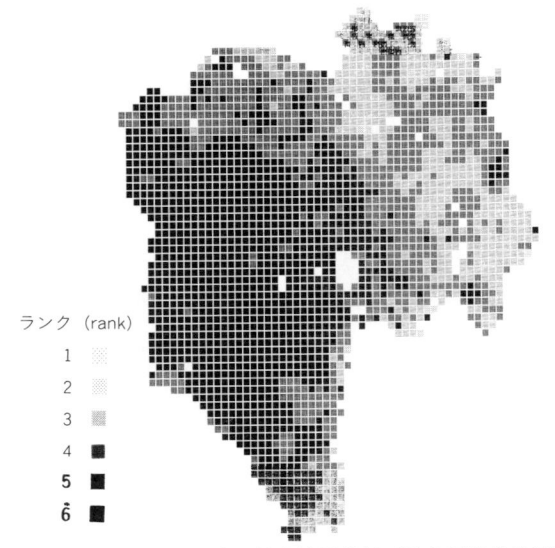

図6-4　東京の社会地区分析（社会経済的地位）

出典：園部、1985

　社会経済的地位を表す指標として、高等教育終了者の割合（学歴）、ブルーカラー率（職業）、1人当り畳数（生活水準）の3つの変数を含んだ、全部で9つの変数の主成分分析の結果を地図化したものである。図は、この社会経済的地位を表す3つの指標の総合指標といった意味合いをもつ。他の地区に比べて学歴が低く、ブルーカラー層の多い、その意味での相対的に社会経済的地位が低い地域は、都心から見て隅田川の川向こうに当たる向島、京島一帯、荒川左岸の西新井一帯、江戸川と新中川に囲まれた篠崎一帯、羽田空港付近の糀谷一帯あたりに広がる。このように、社会経済的地位が相対的に低い地域は、いま見てきた東京都区部の製造業地域とかなりよく重なり合っていることが分かる。
　このような東京のインナーシティに広がる製造業地域は、グローバル化、脱工業化の波を受けつつ、現在どのような変貌を遂げつつあるのか。また、そのことは社会的にはどのような意味を持つのであろうか。城東地域のなかから、墨田区、さらに墨田区のなかから京島地区をケースとして取り上げて、

このことを考えてみたい。

## 3　変貌するインナーシティ：墨田区・京島地区

### (1) 京島の歴史

　墨田区京島は、旧向島区に位置し、関東大震災後大正末期から昭和の初期にかけて、市街化が急速に進行したところである。震災後、延焼を免れた京島に、それまで職人町として発展していた本所から罹災者が住みつき、工場や商店を営み始める。また、東京の経済の復興につれて、都内や地方から多くの人々が流入し、京島の市街化を押し進める。この昭和の初期に、大量の棟割長屋が建設されたことがその受け皿となった。京島の歴史は、東京の工業の発展と深くかかわる。東京の工場は、関東大震災で大きな打撃を受け、工場数は3分の1に激減するが、昭和初期の軍需を背景に成長を始める。自動車、電気機械、兵器の生産にともなって、プレス、プラスチック、金型、メッキなどの機械工業が著しい発展を見せ、昭和10年には、震災前の水準に復興する。戦前、京島は、本所、向島地区に立地した自転車、石鹸、インキ、ゴムの大手メーカーや関連中小工場の職工たちの居住地となる。一方、震災後に流入してきた人々が町工場を起こし、自営業者の町ともなった。第2次大戦の戦火を免れたことで、このような物理的、社会経済的な特徴がそのまま戦後に引き継がれることになる。

　戦後、朝鮮半島動乱による特需景気を端緒として、わが国の産業が成長期にはいったころ、京島の工業も成長期を迎える。とくに、輸出用金属玩具メーカーや喫煙具メーカーを中心に、金型、金属プレス、ゴム成型、塗装メッキ業などが栄えた。さらに、このような金属加工系業種のみに留まらず、ハンドバック、カバンなどの袋物やベルトなどの皮革製品の部品加工業、ニット、メリヤス縫製業などの繊維雑貨系加工業が隆盛をみる。京島にある事業所の多くが、昭和30年代、40年代の開業である（墨田区、1984）。しかし、この隆盛も昭和40年代にはいると、大工場の都外転出が目立ち始め、加えて

ドル・ショックなど円高傾向が強まり、輸出用金属玩具、喫煙具産業を中心として大きな打撃を受ける。京島の人口および就業者人口のピークは、ともに昭和40年であり、その後、製造業就業者を中心に漸減していく。

### (2) 京島の現在

京島地区（京島2、3丁目）の人口は、1990年に8,159人（国勢調査）である。1970年の13,508人と比べれば、約6割程度に減っている。図6-5から分かるように、墨田区全体と東京都区部の人口は、1980年代にはいって、ほぼ安定していたのに対して、京島地区は依然人口の減少が続いている。しかし、それでも人口密度は309人／haで、墨田区平均の158人／haを大きく上回っている。このことは京島地区においては、人口減少そのものよりも、人口構成の変化を見る必要があることを意味する。図6-6は、年齢階層別人口構成比の推移を表している。幼年年少人口比の減少と老年人口比の増大が特徴的である。この傾向は、必ずしも京島に限ったことではないが、1990年の東京都と墨田区の高齢者率が、それぞれ10.5％、13.0％であることを考えれば、京島地区がとりわけ高齢化した地域であることが分かる。なお、1996年の住民基本台帳の人口集計によれば、高齢者率は20.9％にのぼる。住民の5人に1人

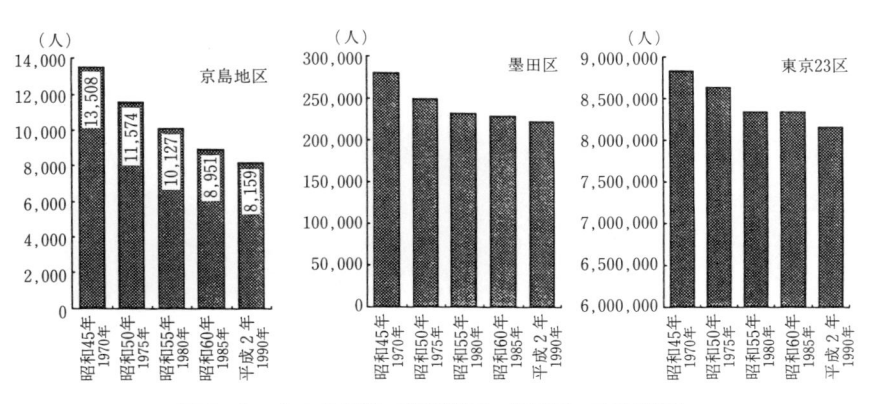

図6-5 人口の推移（京島地区・墨田区・東京23区）

資料：各年国勢調査
出典：墨田区、1996

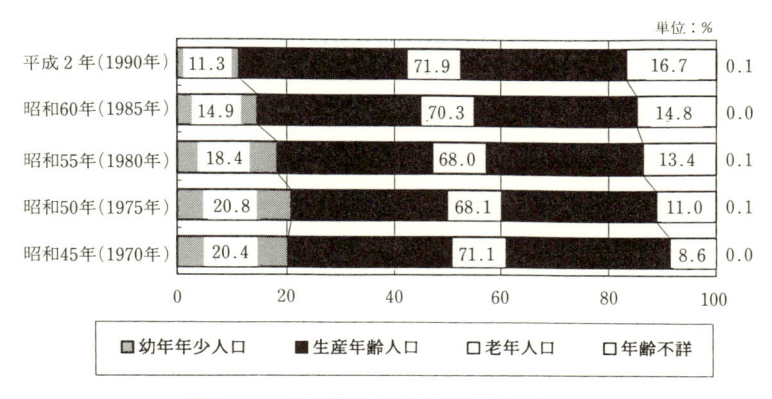

第6章　脱工業化の風景：都市とインナーシティ　155

| 年 | 幼年年少人口 | 生産年齢人口 | 老年人口 | 年齢不詳 |
|---|---|---|---|---|
| 平成2年(1990年) | 11.3 | 71.9 | 16.7 | 0.1 |
| 昭和60年(1985年) | 14.9 | 70.3 | 14.8 | 0.0 |
| 昭和55年(1980年) | 18.4 | 68.0 | 13.4 | 0.1 |
| 昭和50年(1975年) | 20.8 | 68.1 | 11.0 | 0.1 |
| 昭和45年(1970年) | 20.4 | 71.1 | 8.6 | 0.0 |

図6-6　京島地区の年齢階層別人口構成比

出典：図6-5と同じ

表6-1　京島地区の65歳以上の居住者を含む家族類型別世帯数の推移

|  | 世帯数 | 夫婦 | % | 夫婦と子・両親 | % | 夫婦と子・片親 | % | 単独 | % |
|---|---|---|---|---|---|---|---|---|---|
| 昭和60年(1985年) | 1,031 | 185 | 14.1 | 56 | 5.4 | 181 | 17.6 | 198 | 19.2 |
| 平成2年(1990年) | 1,055 | 226 | 13.1 | 38 | 3.6 | 141 | 13.4 | 237 | 22.5 |

資料：各年国勢調査
出典：図6-5と同じ

　が高齢者ということになる。さらに、表6-1は、65歳以上の居住者を含む家族類型別の世帯数の推移を見たものである。夫婦と子のいる世帯が減少しているのに対して、夫婦のみ世帯および単独世帯が増加している。1990年の京島の総世帯（2,989世帯）の3分の1以上（35.3%）の世帯に、65歳以上の高齢者が居住し、そのうちの半数近く（43.9%）が、夫婦のみか単身で暮らしていることになる。京島地区は、〈超高齢化地域社会〉である。

　京島が、震災と戦災2回にわたり、火災を免れたことはすでに述べた。このことは、現在のまちの物的環境を大きく規定している。1991年の京島地区の建物数は、2,076棟で、平均敷地面積は、98.6㎡である。その多くが戦前に建てられた木造建築で、〈木造老朽住宅密集地区〉を形成している。ただし、その不燃化率は、1981年から1991年にかけて、棟数比で、6.8%から12.7%に、面積比で、14.7%から22.3%に上昇した。また、建物の92.9%が1～2

156　3　変貌するインナーシティ：墨田区・京島地区

階の低層建物であり、平均階数は2.0階であるが、低層建物が266棟減少しているのに対して、3階建てが66棟から129棟に、4階以上のものが11棟から19棟に増加している。徐々にではあるが、建物の不燃化、高層化が進行している。さらに、建物の建替えも、1991年から1994年には85件あり、徐々に進んでいる。このような動向を反映して、不良（老朽）住宅率は、1983年の50.6％から、1995年には、35.6％に減少した。ただし、建替えの多く（77.6％）が、100㎡未満の狭小住宅であり、その意味では過密が再生産されている。

図6-7は、産業種別の事業所数の推移である。これを見ると、1991年には、全体で1972年より315所減少しており、なかでも製造業が43％（209所）と大きく減少している。卸・小売業は20％（87所）の減少である。また、図6-8の従業員数の推移を見ると、全体で、1,029人減っており、そのうち製造業では36％（662人）の減少である。卸・小売業は、23％（319人）の減少である。ただし、10年ごとにそれぞれの減少率を比較してみると、事業所数では、製造業が、23.6％、25.7％の減少、卸・小売業が、4.8％と15.7％の減少、さらに、従業員数では、製造業が、25.9％と13.3％の減少、卸・小売業が、9.6％と14.8％の減少である。この10年は、事業所数でも従業員数でも、卸・小売業の減少率の増大がめだつ。ここからは、地域の製造業の衰退にともなって、地域の商業が次第に沈滞してきている傾向が窺える。元気印といわれる、橘銀座商店街といえども例外ではない。また、1事業所当たりの従業員数では、

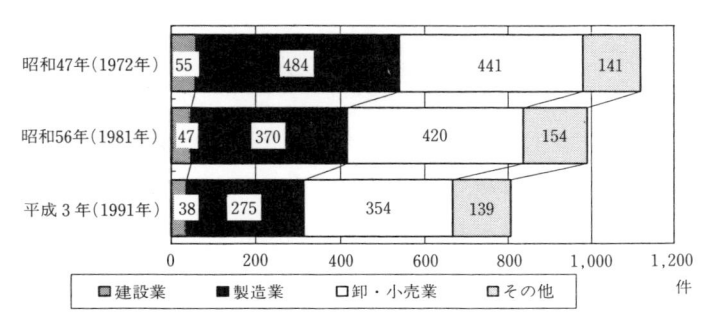

| 年 | 建設業 | 製造業 | 卸・小売業 | その他 |
|---|---|---|---|---|
| 昭和47年(1972年) | 55 | 484 | 441 | 141 |
| 昭和56年(1981年) | 47 | 370 | 420 | 154 |
| 平成3年(1991年) | 38 | 275 | 354 | 139 |

図6-7　京島地区の事業所数の推移

出典：図6-5と同じ

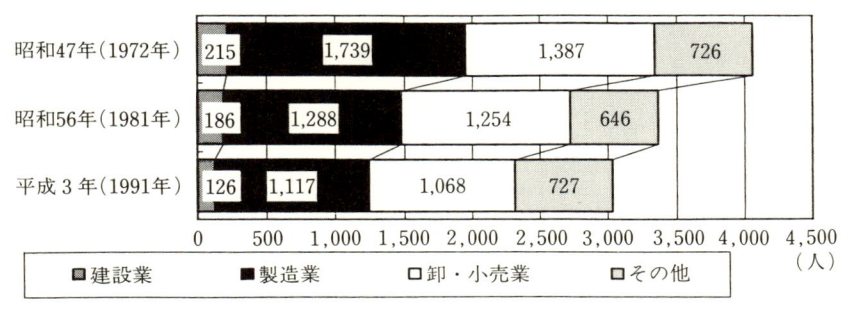

第6章 脱工業化の風景：都市とインナーシティ　157

| | | | | |
|---|---|---|---|---|
|昭和47年(1972年)|215|1,739|1,387|726|
|昭和56年(1981年)|186|1,288|1,254|646|
|平成3年(1991年)|126|1,117|1,068|727|

■建設業　■製造業　□卸・小売業　□その他

図6-8　京島地区の従業員数の推移

出典：図6-5と同じ

表6-2　京島地区住民の職業構成の変化

| | 1980 | 1995 |
|---|---|---|
| 総　　　　数 | 5,424(100.0) | 4,228(100.0) |
| 専門技術職 | 192( 3.5) | 274( 6.5) |
| 管理的職業 | 157( 2.9) | 123( 2.9) |
| 事務従事者 | 821( 15.1) | 756( 17.9) |
| 販売従事者 | 1,128( 20.8) | 793( 18.8) |
| サービス職業 | 462( 8.5) | 429( 10.1) |
| 保安職業従事者 | 24( 0.4) | 52( 1.2) |
| 農林漁業作業者 | 4( 0.1) | 3( 0.1) |
| 運輸通信従事者 | 152( 2.8) | 153( 3.6) |
| 技能工等作業者 | 2,481( 45.7) | 1,598( 37.8) |

注：1980年は、牛島千尋氏、1995年は筆者作成
資料：各年国勢調査調査区集計

　1972年に、3.59人であったものが1991年には、4.06人と増加を示しており、規模の小さい事業所が多く減少したことが分かる。

　最後に、京島地区居住者の社会階層の動向を捉えるために、職業構成と学歴構成の変化を見る。この地域が、東京都区部と墨田区全体に比較して、ブルーカラー層と低学歴層が相対的に多いことは、すでに社会地区分析でも見たように、この地域の大きな特徴である。そして、現在まで、その点に変わりはない。国勢調査の職業分類（大分類）のデータが町丁目単位で得られるのは、1980年と1995年であるので、その15年間の職業構成の変化を表6-2に示す。自営業の多い技能工等作業者と販売従事者が減少し、一方での専門技術職、事務職の増加、他方でのサービス職、保安職の増加が見られる。この意

表6-3 京島地区住民の最終学歴の変化

| | 卒業者総数 | 小・中学校卒業 | 高校卒業 | 短大・大学卒業 |
|---|---|---|---|---|
| 1980年 | 7,530(100.0) | 3,913(52.0) | 2,914(38.7) | 686( 9.1) |
| 1990年 | 6,627(100.0) | 2,598(39.2) | 2,935(44.3) | 905(13.7) |

注：卒業者総数には学歴「不詳」を含む
上段は、牛島千尋氏、下段は、筆者作成
資料：各年国勢調査調査区集計

味では、自営業層の衰退にともなって、京島地区居住者の職業構成は、全体として分極化の傾向を示しているともいえる。一方、京島地区居住者の教育程度(学歴)の変化は、町丁目単位でデータの得られる1980年と1990年の10年間で表6-3のようになる。これから住民全体の学歴構成は高くなっていることが分かる。また、1990年の昼間人口の夜間人口に対する割合は、65.1%であり、「京島まちづくりセンター」の資料によっても勤め人の増加が指摘されている。相対的に高学歴な勤め人、いわゆるサラリーマン層が増えているということになる。

### (3) 京島のまちづくり

京島地区のまちづくりにかかわる年表を表6-4に掲げる。京島地区のまちづくりは、80年代に本格的に始まった。1980年に、町会役員、東京都、墨田区および専門家からなる「京島地区まちづくり検討会」が発足した。この「検討会」は、翌年(1981年)に、「京島まちづくり協議会」という規約を持った正式な団体に発展する。「協議会」は、計画、商業、工業の専門部会にわかれ、1982年、計画部会を中心に検討してきた〈まちづくり計画の大枠〉を決定する。そこでは、まちづくりの目標として、①京島にふさわしい良好な居住環境のまち、②住商工が一体化した職住近接のまち、③大震災に強い安全なまち、④人口1万人以上が定着する活気あるまち、の4項目を掲げ、計画の柱として、①生活道路の計画、②建物の計画、③コミュニティ施設の計画、の3項目をあげている。

京島地区は、東京都の〈マイタウン東京構想〉の目玉として注目されるなか、組織づくり、計画づくりが順調に動き出した。都内で初めて〈修復型〉と〈住民参加〉を前面に押し出したプロジェクトであった。しかし、実際の

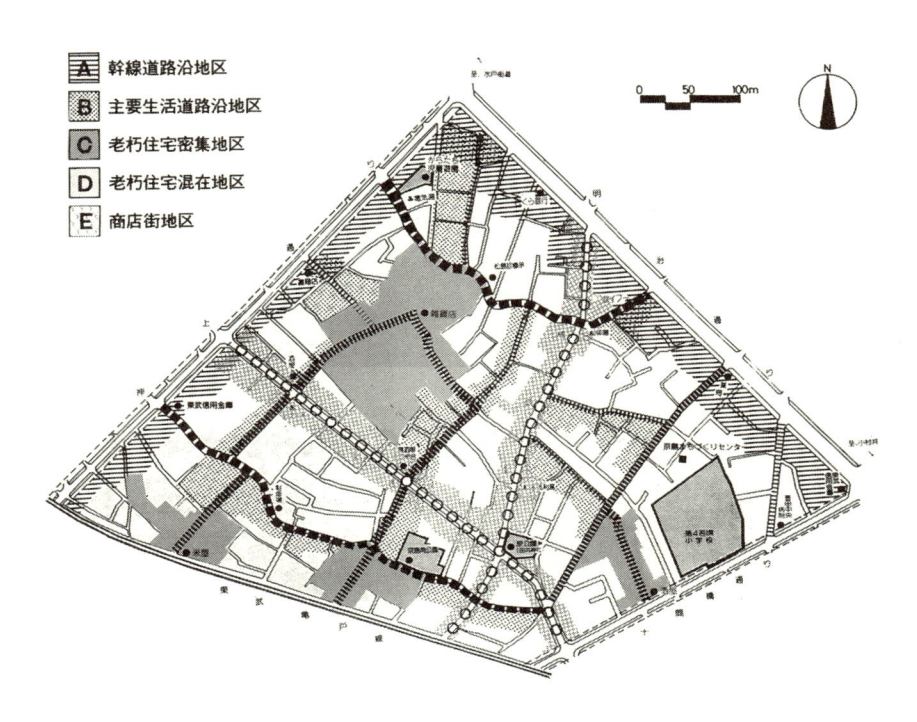

第6章 脱工業化の風景：都市とインナーシティ 159

A 幹線道路沿地区
B 主要生活道路沿地区
C 老朽住宅密集地区
D 老朽住宅混在地区
E 商店街地区

図6-9　京島地区の建物・道路計画

建設計画の実施に際しては、多難に見舞われる。京島地区初のコミュニティ住宅の建設に関しては、まず、1981年に対象地区の居住者32名から、土地の先行取得の陳情書が数回出され、東京都は計画の早期実現をめざした。しかし、その周辺地区の住民が1982年に住民集会を数回開き、〈まちづくり計画の大枠〉に反対して、「まちづくり協議会」の会長の辞任を要求し、その後会長が辞任することになる。さらに1983には、「京島まちづくり住民の会」として、道路拡幅計画など〈計画の大枠〉に反対する署名を集めて提出する。この住民の反対運動は、都と区は、反対住民が居住する京島3丁目4〜7番地には手をつけないこと、反対グループは、コミュニティ住宅の工事着工に合意することを確認して、1984年10月に終結した。こうした住民運動の影響もあって、住民や地権者の協力が得られず、80年代に完成したコミュニティ住

160　3　変貌するインナーシティ：墨田区・京島地区

表6-4　京島地区の

| 年　度 | 京島地区 まちづくり事業 | 調査・計画 |
|---|---|---|
| 1965（昭和40）年度 | | |
| 1968（昭和43）年度 | | |
| 1969（昭和44）年度 | | |
| 1971（昭和46）年度 | 京島地区開発構想（東京都住宅局） | |
| 1972（昭和47）年度 | | |
| 1973（昭和48）年度 | | |
| 1974（昭和49）年度 | 墨田区京島調査報告（東京都企画調整局） | |
| 1978（昭和53）年度 | まちづくり意向調査（東京都住宅局） | |
| 1979（昭和54）年度 | | まちづくり説明会開催（地区12箇所） |
| 1980（昭和55）年度 | 京島地区整備計画（素案）作成 | まちづくり検討会設置計画案を地元に提案 |
| 1981（昭和56）年度 | 京島地区地区計画（素案）作成 | 京島まちづくり協議会発足 |
| 1982（昭和57）年度 | 京島地区商店街診断勧告書（都商工指導所）京島地区整備計画調査 | 京島まちづくりセンター開所 「まちづくり計画の大枠」合意 |
| 1983（昭和58）年度 | 不良住宅判定調査　墨田区まちづくり助成制度に関する調査 | 住環境整備モデル事業大臣承認 |
| 1984（昭和59）年度 | | 木造賃貸住宅地区総合整備事業の適用 |
| 1985（昭和60）年度 | | まちづくり助成制度施行 コミュニティ住宅第1号完 |
| 1986（昭和61）年度 | | |
| 1987（昭和62）年度 | | |
| 1988（昭和63）年度 | 不良住宅判定調査（京島地区住環境整備モデル事業整備計画素案作成調査） | コミュニティ住宅第2号完成 |
| 1989（平成元）年度 | 京島まちづくり事業推進計画作成委託調査 | まちづくり助成制度による共同化住宅完成　京島まつり開催 |
| 1990（平成2）年度 | 木賃地区整備促進事業ガイドライン作成調査 | 事業主体が都から区へ移管 |
| 1991（平成3）年度 | | |
| 1992（平成4）年度 | | コミュニティ住宅3棟完成 |
| 1993（平成5）年度 | | コミ住用地交換基準要綱施行 |
| 1994（平成6）年度 | | |
| 1995（平成7）年度 | 京島地区まちづくり事業現況調査 | 11棟目のコミュニティ住宅着工 |

出典：図6-5と同じ

## 第6章 脱工業化の風景：都市とインナーシティ

### まちづくり事業等の年表

| 墨田区<br>計画・制度・他地区 | 国・群<br>計画・制度 | 他区市のまちづくり |
|---|---|---|
| | 「0メートル市街地防災拠点整備方式樹立調査」（建設省）<br>不良住宅地区調査区域区分制度導入<br>市街値再開発事業導入　江東再開発基本構想 | 新潟地震（昭和39年） |
| 白ひげ東地区市街地再開発事業都市計画決定<br>白ひげ東地区地元協議会の発足 | | 区長公選制度導入 |
| | | 庄内地域再開発基本計画策定 |
| 白ひげ東地元協議会が事業計画合意<br>白ひげ東地区入居開始 | 住環境整備モデル事業創設 | |
| 市街地整備計画策定不燃化促進事業開始 | 特定住宅市街地総合整備促進事業発足<br>都市防災不燃化促進助成事業創設　地区計画制度創設 | 神戸・真野まちづくり構想策定 |
| 墨田区長期総合計画策定 | 都市防災施設基本計画（防災生活圏構想）マイタウン東京構想 | 神戸・真野まちづくり条例策定 |
| 墨田まちづくり公社発足<br>墨田区土地開発公社発足 | 木造賃貸住宅地区総合整備事業創設 | 神戸・真野地区地区計画策定　木場公園三好住宅完成 |
| 三世代住宅助成開始 | | 杉並区「蚕糸跡地周辺不燃化まちづくり計画」決定<br>太子堂地区のトンボ広場完成 |
| 一寺言問地区防生活圏モデル事業開始 | | |
| 跡地尊第2号完成<br>（一寺言問地区）<br>市街地優良不燃住宅建築助成金交付制度施行 | | 東池袋地区の辻広場完成 |
| 防災まちづくり集会すみだ開催 | | 上尾市仲町愛宕地区「コープ愛宕」完成<br>太子堂地区高齢化のワークショップ開催 |
| 市街地優良不燃住宅建築助成金交付制度改正 | 東京都住宅マスタープラン決定<br>財東京住宅・まちづくりセンター設立 | 門真市朝日地区カルチェ・ダムール完成<br>世田谷まちづくりセンターオープン |
| 雨水利用推進助成制度創設 | 密集住宅市街地整備促進事業の統合・再編 | 阪神淡路大震災<br>上尾市仲町愛宕地区4件目のコミュニティ住宅着工 |

宅は、2棟29戸にとどまり、〈計画の大枠〉は、一時完全に頓挫してしまった。

しかし、90年代に入ると、まず、1990年に事業主体が東京都から墨田区に移管され、㈶墨田まちづくり公社の中に「京島まちづくりセンター」が設立され、より地域に密着した体制が整えられる。同時に権利関係や住宅老朽度などを見直すとともに、整備計画を変更し、コミュニティ住宅の建設戸数の縮小、自主更新の進みにくい区域への重点的配置、10戸程度の小規模団地の多数配置を決定する。あわせて、パンフレットやビデオにより、自主更新や共同化の住まいづくりを住民や地権者に積極的に働きかけた。その結果、コミュニティ住宅の建設、まちづくり助成制度や密集市街地整備促進事業による木造老朽住宅の共同化が徐々に進み、道路の拡幅にも協力が得られるようになり、事業が進展し始めている。表6-4は、これまでの事業実績（平成9年度末現在）である。

## 4　脱工業化の浸透

　京島を含めて墨田区のまちづくりの1つの大きな柱は、工業の振興である。表6-5は、1995年度の墨田区工業振興施策の実績である。これについては、墨田区が大都市インナーエリアの中小零細工業の振興において先導的な役割を果たしているという評価がすでにある。また、墨田区に〈不思議な活力〉が芽生えているという報告もある（関、1995、成田、1999）。しかし、ここで改めて、墨田区全体のまちづくりの成果を評価することは、筆者の力量を超えるので、ここでは、京島地域の工業に限定して、その動向を取り上げることにする。

　すでに、京島の町工場や商店が減少していることには言及したが、京島A町会をケースとして、町工場の動向をもう少し具体的に見てみたい。京島A町会は、1986年に、まちづくりの一環として、自主的に『工業者からの通信』と題する〈わがまちワークマップ〉を作成している。そこには、①工業

## 表6-5　墨田区工業振興施策の1995年度実績

| 項目 | 内容 | 件数 | 金額 |
|---|---|---|---|
| **相談業務件数** | | | |
| 商工相談 | 企業経営全般にわたる相談 | | 280件 |
| 経営・技術相談 | 技術士、技能士などによる相談・指導 | | 1,199件 |
| 取引(下請)相談 | 仕事の受発注に関する斡旋・紹介・相談 | | 717件 |
| 工作機器の利用 | 先端NC工作機器・旋盤・研削盤等の利用 | | 1,448件 |
| 測定機器の利用 | 三次元測定器・真円度測定器等の利用 | | 960件 |
| OA相談 | OA機器、情報システムの導入・活用に関する相談 | | 524件 |
| DTP相談 | コンピューター活用による印刷物編集に関する相談 | | 22件 |
| **融資制度斡旋件数・融資額** | | | |
| 商工業融資 | 金融機関に長期・低利融資の斡旋を行う | 2,391件 | 92億6,600万円 |
| 小規模企業特別融資 | 上記融資を受けられない企業に融資斡旋 | 103件 | 2億950万円 |
| 中小企業共同化事業資金融資 | 組合が実施する共同事業に対する運転資金・設備資金の融資斡旋 | 1件 | 80万円 |
| 産業立地支援事業資金融資 | 工場建替え等の長期工学資金の斡旋 | 1件 | 4,000万 |
| 福利厚生融資 | 区内事業所従業者の福利厚生資金の貸付け | 35件 | 1,612万 |
| **工業振興スクール受講者** | | | |
| マイスター養成基本コース | | | 102人 |
| 技能士等養成準備コース | | | 0人 |
| 設計・加工技術、経営・情報管理、メカトロ・接続技術の習得コース | | | 396人 |
| 最新の工作機械・精密測定機器の操作・性能を習得する実技コース | | | 578人 |
| CAD／CAM講習会 | | | 93人 |
| **セミナー開催回数・定員** | | | |
| 新入社員セミナー | 年1回3日間 | | 160人 |
| 経済情勢セミナー | 年2回 | | 各回60-100人 |
| 簿記セミナー | 9-11月週2回 | | 60人 |
| **イベント開催** | | | |
| すみだファッションフェアの開催 | | | 年1回1日 |
| すみだテクノフェアの開催 | | | 年1回2日 |
| **ネットワークづくり支援** | | | |
| 異業種交流の促進 | 会場・コーディネーター提供、事務連絡支援等 | | 7グループ結成 |
| 共同受注グループ「ラッシュすみだ」の結成 | 開発・加工・製品化の中小零細48社参加 | | |
| 「異業種交流フォーラム・イン・すみだ」の開催 | 他地域との交流・連携 | | 年1回 |
| 若手産業人交流支援 | すみだ産業コネクションの経費の一部補助 | | |
| **補助(支援)事業件数・補助金額** | | | |
| 区内産業団体国際交流 | 販路拡張、技術研修、情報収集等 | 5団体 | 1,171万円 |
| 区内生産品等販路拡張 | 商品見本市、展示会、広告宣伝事業等 | 13団体 | 2,252万円 |
| 商工業団体経営研究 | 研修会、研究会、機関誌発行等 | 20団体 | 238万円 |
| 若手経営者団体育成 | 若手グループの自主研究 | 8団体 | 130万円 |
| 工場建替え用貸工場設置 | 短期賃貸用貸工場4コマ | | 入居3企業 |
| 新技術・新製品開発 | グループによる自主的研究開発 | 3件 | 600万円 |
| 立ち上がり支援制度 | 3年間家賃の一部助成 | 3件 | 182万円 |
| 工房創出支援制度 | 上記企業のための貸工場建設経費の一部補助 | | |
| 工房サテライト事業 | 工場アパートの配置1棟 | | |
| 商品企画開発支援 | オリジナル商品の企画 | | 入居10企業 |
| 優良工場推進運動 | 模範モデル工場「フレッシュ夢工場」認定 | | 累計64社 |
| 「小さな博物館」運動 | 設置・運営経費の一部補助 | | 累計23館 |
| 「マイスター」運動 | マイスターの認定・活動補助 | | 累計43人 |
| 「ものづくりショップ」運動 | モデルショップの認定・設立運動 | | 累計6店 |
| 永年金属優良従業員表彰 | | | 414人 |
| 産業優秀技能者表彰 | | | 28人 |
| 伝統的手工芸技術保持者表彰 | | | 1人 |

資料：すみだ中小企業センター調べ
出典：成田、1999

者どうし、お互いに知り合い、ふれあいを強めていきたい、②地区で生活している他の住民に、工業への理解を深めてもらいたい、③地区外の事業者へ仕事の内容をＰＲしていきたい、という３つの目標が掲げられている。そして『工業者からの通信』には、京島Ａ町会に位置する52の事業所の紹介がある。その業種を書き出してみると、金属プレス（４）、写真用品製造、配管用金物、メリヤス（２）、スプリング、板金塗装、写植デザイン、ハンドバッグ金具（２）、金属挽物、椅子製作、グラビア印刷、オフセット印刷、シルク印刷、活版印刷、袋物裁断、袋物加工、建具製作、建築金物、建築板金、建築塗装、精密機械加工、工業用ブラシ、帽子加工、ニット縫製、方針磁石、ゴム加工（２）、ゴム金型、製甲、プリント基盤加工、バフ研磨、銘板、ホーニング、造作家具内装、打抜型、革靴、履物、シャープペンシル、製本、金属塗装、左官（２）、理化学ガラス、ネーム刺繍、木工挽物、ロー付（２）、と多彩である。

　果たして、10年以上が経過した現在、その動向はいかなるものであるのか。どのくらいの事業所が現存しているのであろうか。この点を明らかにするために、「京島まちづくりセンター」の協力で、外観の目視観察をおこなってもらい、さらにそれをもとにして、この『冊子』の作製に中心的な役割を担った地元の工業者数人へのインタビューを実施した。その結果は、52事業所のうち、34事業所が現存、移転が３事業所、残りの15事業所が廃業状態ということであった。廃業した事業所の多くが、事業主の死亡、高齢のためであり、転業して勤め人になったというケースは２件のみである。おおよそ３割が、この10年そこらのうちに、廃業したことになる。そしてより重要なことは、現存する事業所のほとんどが、いまの代かぎりで廃業を決意していることである。後継者のいる事業所は１、２件にすぎない。ある事業主が「（一時期息子が継ごうかという話もあったが）私自身が見て、うちの仕事はもうしょうがないだろうと。気力があって、技術があって、金があってね、それで雰囲気が良いのなら別だけど、昔とちがって、いまはもう３Ｋになって、より仕事量もなくなって。」（Ｗさん、金属プレス、63歳）というように、いまのような状態で

は、とても息子に継がせられない、あるいは、継げとはいえないというのが多くの事業主の本音である。今後のことについては、「あと何年かやっていければ、それでいい。これからどうしようとか、こうしようとかいう考えはないですね。もう。」（Ｉさん、メリヤス仕上げ、61歳）。また、「以前は、仕事に対する愚痴も言ってたけど、最近は愚痴も出ない。あきらめの境地です。」（Ｓさん、ニット縫製、58歳）というように、自分の代だけでも食べていければというのが実状である。

「どの業種が良くて、どの業種が悪いというのではなく、ここの場合、全体的に悪いですね。」（Ａさん、建築金物、62歳）というように、京島の零細企業は、わが国の景気の低迷と海外生産による製造業の空洞化の影響をもろに受けて低迷している。14、5年前に比べると、仕事の量は、半分から3分の1に減ったという。あと10年もすれば、この地に、どれほどの事業所が生き残っているのであろうか。この結果からは、京島のまちづくりが、あるいは墨田区の工業振興政策が、少なくとも京島の工業という点では、これまでのところその維持、発展にそれほど効力を発揮しえなかったことが分かる。こと京島を見るかぎり、そこに〈不思議な活力〉（関満博）を見出すことはできなかった。このような脱工業化の浸透のなかで、京島のまちは、〈働くまち〉から〈住むまち〉へ、〈自営業のまち〉から〈勤め人のまち〉へと大きく転換しつつあるように見える。また、現在の京島のまちづくり自体も基本的にこの傾向を受け入れる方向で進展しているように思える。重要なことは、この〈脱工業化の風景〉の社会学的意味を問うことである。

## 5　結論：脱工業化転換の意味

### (1)　インナーシティ問題の〈兆し〉？

東京の脱工業化転換は近年、その製造業のなかにも、勝ち組と負け組の分極化を作り出している。付加価値の小さい、生産加工中心の零細工場は、そのなかで明らかに負け組を形成している。東京の製造業のなかで生き残るた

めには、付加価値の大きいハイテク化を志向するか、ファッションや工芸品に象徴される文化産業化の方向をめざすかしかないように思える。この点で、京島の工業の大方は、前者の付加価値の小さい生産加工中心の工場である。それが京島に〈不思議な活力〉を見出せなかった大きな原因であろう。ただし、墨田区あるいは東京のなかでも、勝ち組は少数派であり、その多くは負け組なのである。〈不思議な活力〉論は、この点で、少数派の勝ち組にのみ当てはまる議論といえる。

　果たして、脱工業化転換の負け組が多く集まる京島に、冒頭で触れた、アングロサクソン圏の大都市に見られるようなインナーシティ問題の〈兆し〉が見られるのか。明らかに、その答は否である。製造業の衰退にともなう経済的な衰退は確かに見られるが、この地域の失業率が飛び抜けて高いかといえばそうではない。現に、零細工場主たちも細々と、いってみれば生業として、仕事を続けている。すでに見たように、廃業は、高齢化、死亡によることが多い。また、この地域は、確かに〈老朽住宅密集地域〉ではあるが、特別な地価の下落はなく、土地や家屋が放棄されるということはない。そして、とりわけ重要なことは、この地域は、相対的に低所得者層が多いところではあるが、それにともなって、子どもの学力の低下が問題となるようなことはないことである。京島の2世たちは、確実に高学歴、ホワイトカラー化の道をたどっている。その意味で、貧困が再生産されてはいない。さらに、この地域に外国人居住者が多く住み着くということもない。イギリスの『白書』が指摘するインナーシティ問題の4つの側面、どれをとっても京島地区には当てはまらない。その結果、この地域に環境の荒廃と治安の悪化が表面化しているというようなことはない。ここでは、「物的環境の衰退が社会的な衰退を導く」という、いわゆるインナーシティ問題の中心的命題は当てはまらない。ある工業者の形容を借りれば、〈貧しさの連帯〉が、これまでのまちの歴史のなかで育まれ、いまなお少なからず、それが保たれている。

　しかし、すでに述べたように京島は、〈自営業のまち〉から〈勤め人のまち〉へ、〈働くまち〉から〈住むまち〉へと大きく変貌しつつある。その意味

では、京島は、大きな都市問題を経験することなく、「住宅地への再編過程に組み込まれた」（大江、1995）という総括が当を得ている。ただし、工場主を中心とした自営業層の衰退は、そのことだけに留まらない。それは、自営業層を核とした〈まちのシステム〉全体の崩壊につながる。その過程で失われた、あるいは失われるものは何か。これがつぎの論点となる。

(2) 下町の二重の役割とその喪失

京島のような自営業層を核とした下町の〈まちのシステム〉には、2つの重要な社会的特徴があった。その1つは、よく知られるように、相対的に強固な町会・自治会組織と豊富な近隣関係の存在である。**表6-6**は、われわれが1989年3月に実施した、墨田区全体を対象とした標準化調査の結果から、町会・自治会への参加状況と社会層との関連を見たものである[1]。下町の生活世界の社会層をここでは8つに分類している。業種にかかわらず、事業主を含めて従業員が4人以下の事業主が零細事業主層であり、この層がこの地域の多数派の社会層を形成する。この層と小中企業主および家族従業者層が自営業層である。残りの5つの社会層が勤め人層である。これから明らかに、この種の地域組織が自営業層を実質的な担い手として組織、運営されていることが分かる。また、**表6-7**は、同じ調査から、近隣関係の程度と社会層の関連を見たものである。ここでも明らかに、自営業層に親密な近隣関係が豊富に認められる。この結果は、下町の社会関係がいかに自営業層を中心とし

表6-6 墨田区住民の町会・自治会への参加

| | | 加入役員 | 加入のみ | 非加入 |
|---|---|---|---|---|
| 合　　　計 | (386) | 24.6 | 59.3 | 16.1 |
| 零 細 事 業 主 | (101) | 39.6⁻⁻ | 55.4 | 5.0⁻⁻ |
| 小 中 企 業 主 | (26) | 30.8 | 57.7 | 11.5 |
| 家 族 従 業 者 | (39) | 25.6 | 56.4 | 17.9 |
| 専 門 サ ー ビ ス | (11) | 0.0 | 54.5 | 45.5⁻⁻ |
| ホ ワ イ ト カ ラ ー | (74) | 16.2⁻ | 70.3⁺ | 13.5 |
| 零細企業労働者 | (47) | 14.9⁻ | 51.1 | 34.0⁻⁻ |
| 中大企業労働者 | (55) | 16.4 | 60.0 | 23.5⁻ |
| パ ー ト 労 働 者 | (33) | 27.3 | 63.6 | 9.1 |

注：＋、－：＋＋、－－は比率の差の検定で、それぞれ5％および1％水準
出典：園部、1990

表6-7　墨田区住民の近隣とのつきあい

|  |  | 相互援助 | 話合う関係 | 挨拶程度 | 交際なし |
|---|---|---|---|---|---|
| 合　　計 | (387) | 20.4 | 35.4 | 39.8 | 4.4 |
| 零細事業主 | (101) | 36.6++ | 37.6 | 23.8-- | 2.0 |
| 小中企業主 | (27) | 25.9 | 33.3 | 40.7 | 0.0 |
| 家族従業者 | (39) | 20.5 | 38.5 | 41.0 | 0.0 |
| 専門サービス | (11) | 18.2 | 45.5 | 36.4 | 0.0 |
| ホワイトカラー | (74) | 10.8- | 29.7 | 58.1++ | 1.4 |
| 零細企業労働者 | (47) | 12.8 | 27.7 | 51.1+ | 8.5 |
| 中大企業労働者 | (55) | 9.1- | 32.7 | 43.6 | 14.5++ |
| パート労働者 | (33) | 18.2 | 51.5+ | 24.2- | 6.1 |

出典：表6-6と同じ

表6-8　世代内職業・従業上の地位移動（京島A町会）

|  |  | 現職 自営NM | 自営・M | 勤めNM | 勤め・M |
|---|---|---|---|---|---|
| 初　職 | (258) | 23.3 | 27.9 | 19.8 | 29.1 |
| 自営NM | (26) | 73.1++ | 0.0 | 19.2 | 7.7- |
| 自営・M | (36) | 2.8- | 63.9-- | 8.3 | 25.0 |
| 勤めNM | (74) | 37.8++ | 10.8- | 35.1-- | 16.2- |
| 勤め・M | (114) | 10.5 | 34.2+ | 14.0 | 41.2++ |
| 農　業 | (8) | 0.0 | 25.0 | 12.5 | 62.5+ |

出典：園部、1992

て構成されてきたかを示すものであり、〈自営業のまち〉から〈勤め人のまち〉への変化は、明らかにこの〈まち〉の社会的凝集度を衰退させることを示唆する。

　第2は、社会移動に関わるものである。表6-8は、同じくわれわれが1987年3月に、京島のA町会の全世帯を対象として実施した標準化調査の結果から、世代内の社会的地位の移動、具体的には本人の初職と現職との間の変化を見たものである[2]。ここでは、社会的地位を職業と従業上の地位との組み合せで捉えている。職業は、ホワイトカラー、販売サービス職をノンマニュアル（NM）に、生産工程職、労務作業職をマニュアル（M）に分類し、従業上の地位は、自営と勤めに分類している。実際上は、ノンマニュアルの多くが、販売サービス職であり、マニュアルの多くが生産工程職である。その結果は、勤めノンマニュアルの自営ノンマニュアル化、および勤めマニュアルの自営マニュアル化が顕著に認められる。このことは、勤め層の自営化、より明確には、ブルーカラー層の地位達成点としての自営業化という、ブルーカラー

層にとっての上昇移動の機会を、この地域が提供してきたことを示唆する。〈自営業のまち〉から〈勤め人のまち〉への変化は、この〈まち〉がこれまで担ってきた、この相対的低階層者への成功目標の提供、つまるところかれらにとっての〈夢〉を提供する役割が終焉することを意味する。もっとも、そのような〈夢〉を提供することができなくなったことが、〈働くまち〉から〈住むまち〉への変化をひき起こしているのだが。

筆者は、この〈まずしさの連帯〉ともいわれる、町会・自治会を核とした豊富な近隣関係の提供と、相対的低階層者への上昇移動の機会の提供という下町の生活世界の人間関係と社会移動に関わる二重の役割が、欧米の大都市に比較して、急激な都市化を経験したにもかかわらず、東京が社会秩序のうえで、際立った安定性を保ち得た要因の一端だったのではないかと仮説的に考えている（園部、1992）。そう考えると、現在進みつつある、下町の生活世界の喪失は、東京という都市全体にとっても、想像以上に大きな意味を含んでいるような気がしてならない。

### (3) 超高齢化地域社会

京島地域に、アングロサクソン型のインナーシティ問題が見られないことはすでに述べたが、それに変わって、東京のインナーシティの問題として、現在および将来的に、もっともリアリティがあるのが高齢者問題である。関満博は、わが国の大都市のインナーシティの問題に触れ、そこにつぎのような共通のプロセスを見出している（関、1995）。まず、継続的に人口が減少し、同時に高齢化が進み、若者がいないという地方の過疎地域とほぼ同様の年齢構成となる。その結果、高齢者は自分一代で終わりとの意識となり、住宅の更新投資も進まない。また、再開発も難しい地域には、社会資本の投下も遅れ、街は次第にくたびれてくる。その結果、ますます若者からは嫌われ、社会的な光を浴びることもなく、高齢者だけになってしまう。

京島地域もこれとかなり似通ったプロセスをたどっているように見える。この地域が〈超高齢化地域社会〉になりつつあることはすでに触れたが、改

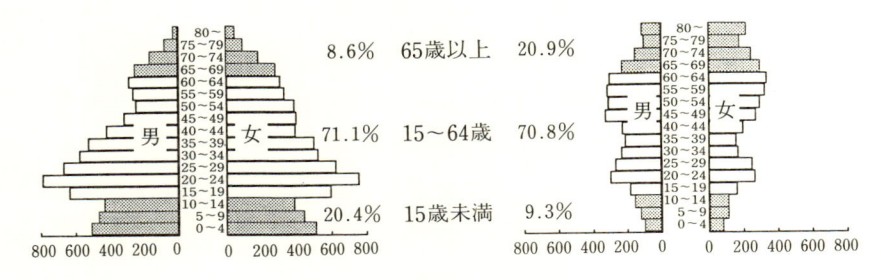

170　5　結論：脱工業化転換の意味

```
        80〜
     75〜79
     70〜74
     65〜69
     60〜64                          80〜
     55〜59    8.6%  65歳以上  20.9%  75〜79
     50〜54                          70〜74
     45〜49                          65〜69
  男  40〜44  女                      60〜64
     35〜39                          55〜59
     30〜34   71.1%  15〜64歳  70.8%  50〜54
     25〜29                       男 45〜49 女
     20〜24                          40〜44
     15〜19                          35〜39
     10〜14                          30〜34
      5〜 9   20.4%  15歳未満   9.3%  25〜29
      0〜 4                          20〜24
                                    15〜19
                                    10〜14
                                     5〜 9
                                     0〜 4
 800 600 400 200 0 200 400 600 800  800 600 400 200 0 200 400 600 800
```

図6-10　人口ピラミッド（京島地区）

資料：昭和45年・国勢調査、平成8年1月・墨田区人口集計表
出典：図6-5と同じ

めて、人口ピラミッドの変化（図6-10）を見てみると、人口の減少とともに、高齢化が急激に進んでいることがよく分かる。〈木造老朽住宅密集地区〉は、個々の住宅の狭小さに加え、複雑な権利関係もあって、更新は思うようには進まない。その裏には、確かに自分一代という意識と、先行きの不透明感がある。ただし、京島の場合、すでに見たように〈京島のまちづくり〉が存在し、十分とはいえないまでも、行政が全くの無関心というわけではないことはプラスの側面である。

　また、京島には、たとえば、「八百屋さんが、椅子を3つ、4つ置いておいて、向こうも退屈凌ぎなんだろうけど、年寄りがくると、ちょっとお茶飲んできなという感じで、溜まり場になっている」（Kさん、板金塗装、61歳）とか、「ひとり暮らしの老人にも、どうしてるとか、朝晩誰かが声をかけている。だから（この地域から）離れがたいんですよね。なんか買ってくるんなら買ってきてあげるよとか。そういうのがあります」（Wさん、既出）というように、地域が高齢者を支えるという住まい方がまちの歴史のなかで育まれ、少なくともこれまでのところそういう雰囲気がまだ残っている。この点で、京島は高齢者にとって、比較的住みやすいまちだといってよいだろう。ただし、そういうまちの雰囲気を創り上げてきたのも、自営業層を核とする住工商混在のこれまでの〈まちのシステム〉であったはずで、それが立ち行かなくなりつつあるいま、そのまちの〈温かさ〉も将来的には失われていくという懸

念を拭いえない。新しい〈まちづくり〉のなかに、まちの〈記憶〉をどれほど埋め込んでいくことができるのであろうか。

　わが国全体の高齢社会化がいわれるなかで、〈高齢社会と産業生活〉が改めて課題にのぼり、職住近接の住工商混在の地域のあり方の見直しが主張される（関、1995）。また、一方で、ポストフォーディズムのフレキシブルな蓄積論のなかで、ロサンジェルスやニューヨークのスウェットショップ（苦汗工場）の復活がいわれる（Harvey, 1990＝1999）。しかし、東京のインナーシティの現実は、すでに見てきたように極めて厳しい。多くの人々が年金生活を考え、先行きに不安を感じている。あるひとり暮らしの工業者の「いわゆるピンコロ、ピンピンコロリですか。これをめざしてるんですけどね」（Bさん、ゴム加工、62歳）という言葉が妙にリアリティをもって響く。

（注）
(1)　この調査は、墨田区全域の20歳以上の男女個人を対象に実施された面接調査である。調査対象者は、選挙人名簿から無作為に抽出された849名である。有効回答者数は、552で、回答率65％である。
(2)　この調査は、墨田区京島地区A町会に属する全世帯主（359名）を対象に実施された。調査方法は、留め置き法と面接法の併用である。有効回答者数は、283で、回答率は79％である。

# 第7章 均質化の創造：都市とサバーバニゼーション

## 1 郊外の時代

　図7-1は、都心からの距離帯別に、東京圏の人口増加の推移を見たものである。この図から読み取れるように、1965年以降、20km圏内の人口はほとん

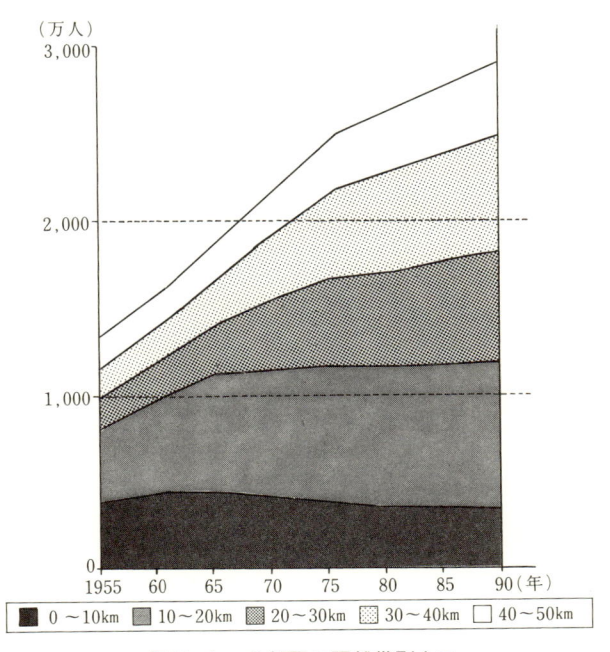

図7-1　首都圏の距離帯別人口

出典：三浦、1995

174　1　郊外の時代

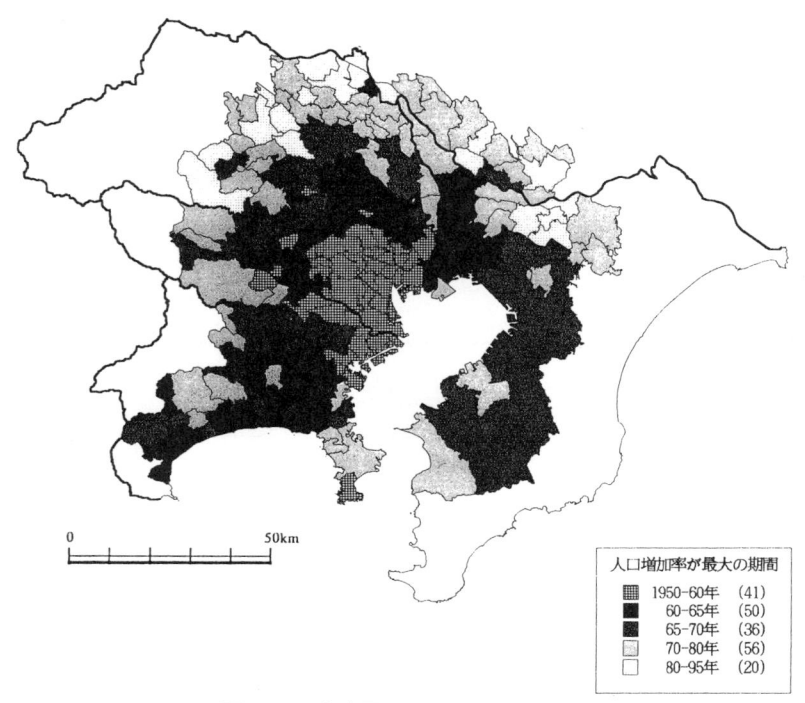

図7-2　東京圏の人口増加率ピーク期間

人口増加率が最大の期間
1950-60年　(41)
60-65年　(50)
65-70年　(36)
70-80年　(56)
80-95年　(20)

出典：大江、1996

ど増加しておらず、東京圏の人口増加は、もっぱら20-50km圏の人口の増加に負っている。また図7-2は、5年ごとの人口増加率が最大の期間を地図に表したものであるが、これから年を追うごとに人口増加率の最大の地域が周辺部へと移行している様子が窺える。いま仮に、都心からの距離で郊外を定義し、20km圏外を郊外と考えれば、70年代半ば以降、郊外の人口が都市の人口を上回っていることになる。

　ここで簡単に、東京圏の戦後の郊外開発の歴史を振り返っておこう（東京都、1991）。戦災により、全面積の39.5％が焼失した東京区部の人口は、1945年には278万人まで落ち込むが、その後の戦災復興により、1955年には670万人と早くも戦前のピークを凌ぐことになる。この時期、1946年に戦災復興都市計画が決定され、東京区部の人口を350万人に抑制し、40-50km圏に、人口10万人程度の衛星都市を、100km圏に人口20万人程度の外郭都市を配置して、

併せて400万人を収容するものとしている。そのため、周辺区のまだ市街化されてない地域が、緑地地域に指定された。しかし、戦後の急速な復興は、すでに述べたように、このような人口抑制計画を全く非現実的なものにしてしまう。

60年代から始まるわが国の高度経済成長にともなって、東京圏の人口は、増加の一途をたどり、60年代には、毎年25万人以上が東京圏へ流入し、1960年から70年の10年間に、東京圏の人口は、625万人の増加であり、そのうちの70％が、隣接三県での増加であった。60年から65年は10-20km圏で、65年から70年は20-30km圏で、人口増加率がそれぞれ最大となった。ちなみにこの20-30km圏は、1956年の首都圏整備計画で、近郊地帯いわゆるグリーンベルトにすることが見込まれた地帯である。この時期の東京の人口増が当初の想定をはるかに上回る勢いで進行していたことが分かる。この間、都区内では山手線沿線に、木賃住宅の建設が盛んであり、いわゆる木賃ベルト地帯が形作られることになる。一方、郊外地域では、1955年に設立された日本住宅公団による大規模団地開発が本格化する。ここで重要なことは、この公団の開発が既存の市街地から離れて、いわば飛び地的に市街地を形成したことから、その開発をひきがねにして郊外へのスプロール（無秩序な拡大）が進行したことである。急激な人口増加と、公団主導の団地開発、およびそれらをベースとした無秩序なスプロール化、この3つが基本的に、その後の東京の郊外発展を特徴づけることになった。

この観点からすれば、東京の多くの郊外は、人々が豊かな生活を求めて好んで移り住んだ場所というよりは、急激な人口増加の圧力を受けて、都市から押し出された人々が、好むと好まざるとにかかわらず居住の場所を見つけたところといった方が当たっている。この意味で東京の郊外の多くが、〈押し出された郊外〉といってよく、それに対して、アメリカに象徴されるアングロサクソン圏の都市の郊外の場合は、そこに住むことが1つの社会的地位（ステイタス）に結びつく、いわば〈目標としての郊外〉を形成してきたといえる。確かに今日、ミュラー（P. Muller）が描くように、アメリカの都市の郊

外は多様化の傾向を強め、ワーキングクラスの郊外やマイノリティグループの郊外が発展してきているのは事実であるが、それでも郊外の典型が、白人ミドルクラス家族の居住地にあることは否定できない（Muller, 1981）。そこではしばしば、〈裕福なサバーブ〉対〈貧困のインナーエリア〉とか、〈バニラ・サバーブ〉対〈チョコレート・シティ〉といった形容で、郊外と都市が対照的に語られる。

　このことは、〈都市の分極化〉論、とりわけその空間的表現において重要な意味をもっている。アングロサクソン圏の都市を典型とする、人種、エスニシティ、階層をベースとした〈郊外〉の形成、それは、アングロサクソン圏の〈都市の分極化〉論にリアリティを与えている重要な現実的基盤である。すでに述べたように、東京の郊外は、これとはかなり違う。〈押し出された郊外〉は、都市との対照性よりも都市との連続性にその特徴がある。ただし、第3章で述べたように、80年代半ば以降の東京は、世界都市化の圧力のもとで、いろいろな場面で、分極化の〈兆し〉が現れてきている。果たして郊外という場所においてはどうか。そこにはどのような変化が見られ、その変化の意味をどのように解釈できるのか。これがこの章の課題である。

## 2　新しい郊外住宅地開発の特徴

　戦後から80年代前半頃までの東京圏における大規模郊外住宅地開発の特徴を松原宏は、1955～65年、1966～73年、1974年以降の3期に分けて論じている（松原、1988）。それによれば、1955年～65年の第1期は、大規模住宅地開発の創成期という時期であり、大半の開発が住宅公団などの公的ディベロッパーによるものであった。開発地域は、多摩ニュータウンに象徴されるように東京西郊を中心として、多くが賃貸住宅であった。つづく第2期は、大規模住宅地開発の隆盛期というべき時期で、とりわけ不動産資本による開発の飛躍的な増大が見られた。開発地域は、横浜から横須賀にかけての神奈川県に移り、開発の遠隔化、大規模化、宅地分譲化が進む。多摩田園都市・美し

が丘の開発がこの時期の典型であろう。つづく第3期は、開発地域が埼玉、千葉へと移り、宅地分譲に代わって、建売分譲が主流となる。しかし、この時期は、大規模住宅地開発自体が急減し、とりわけ1980年代に入ってその数は、非常に少なくなったという。

　松原が不動産資本による大規模住宅地開発が非常に少なくなったという80年代も、その半ば以降になると、いわゆるバブル景気を背景に大規模郊外住宅地開発が再び活況を呈するようになる。そこら当たりの事情を、東急不動産の社史は、「昭和61年から平成2年にかけての不動産好況期、当社が供給した商品は、戸建、マンション、リゾート物件を問わず非常な人気を呼び、新規、継続ともに多くの即日完売の記録を重ねた」（東急不動産、1994）と伝えている。以下この時期（第4期と呼ぼう）の特徴、すなわち1980年代半ば以降に、新たな展開をみる民間不動産資本による大規模郊外住宅地開発の特徴を、東急不動産が開発する2つの計画的郊外開発のケース（あすみが丘とみずきが丘）を参考に検討しよう。

　あすみが丘は、都心から約50km、千葉市緑区、ＪＲ外房線の土気駅の南に展開する、開発面積313ha、計画戸数9,560戸（内東急不動産分4,200戸）、計画人口30,600人の大規模建売住宅団地である。開発方法は、当初は全面買収方式であったが、その後一括代行方式の区画整理手法に変更された。これは多摩田園都市の開発方法と同じ手法である。ただし多摩田園都市の場合、東急の所有地の割合が全体の32％であるのに対して、あすみが丘の場合は、それが約43％とより高い割合になっている。販売開始は、1986年の秋であり、現在（1999年9月末）は6,133世帯、18,760人が暮らす街になっている。

　一方、みずきが丘は、佐倉市染井野に展開する、開発面積110ha、計画戸数2,618戸、計画人口10,730人の建売分譲団地である。京成線臼井駅から団地中央まで徒歩19分という立地条件で、都心から約1時間圏内（東京駅から約38km）にある。東急不動産と大林組との共同開発で、開発方法は、全面買収方式を取っている。販売開始は、1991年の春であり、現在（1999年10月末）は1,761世帯、6,001人が暮らす街になっている。

## 2 新しい郊外住宅地開発の特徴

　この2つのケースから、まずいえることは、この時期の新しい〈郊外開発〉が、個々の住宅だけでなく、街全体の魅力の創出を開発の重要な柱としていることがある。あすみが丘の場合は、「自然とともに生きる街、小鳥の来る街」のコンセプトがあり、みずきが丘の場合には、「花と緑に包まれたさまざまなアーバンスケープの構成」、「景色となる街並み」がマスタープランの基本的コンセプトとなっている。「他の団地にはない魅力の創出」（あすみが丘）、「他の追随を許さない環境の創出」（みずきが丘）が長期安定供給を可能とする優れた商品特性としてめざされている。その結果、みずきが丘は、平成3年度、「千葉街並み景観賞」を受賞している。このことは、第2期の典型である多摩田園都市・美しが丘地区のケース・スタディをおこなった松原が、「造成は一括して計画的におこなわれたのに対し、その造成後の土地利用、住宅地供給がアンバランスであったがために、異質な住宅が地区内に混在している」と総括したのとは対照的である。

　第2に、この時期の郊外開発が、まち全体のステイタスを高めることを意識的に追求していることである。とりわけ、あすみが丘の「ワンハンドレッドヒルズ」の企画と発売は特筆すべき事柄である。「一般の建売団地には例のない高額商品を加えることによってシティ全体のステイタスを高めるとともに、経営的には資金の早期回収を図ること」（東急不動産、1994）を方針に、1985年12月、ワンハンドレッドヒルズ計画の基本構想が策定される。「急速に進行するグローバリゼーションを受けて、成田・都心・房総リゾートの3エリアの中心に位置する土気に、ロサンゼルスのビバリーヒルズをイメージした、わが国には先例のない国際レベルの住環境を創造して新たな需要を掘り起こそう」というのがその趣旨であった。計画は、17.3haの敷地に61戸を建設し、1ロット平均2,119㎡に平均面積504㎡の建物という配置で、分譲価格は当初計画で、1戸3億から4億円であった。販売は、1989年7月から開始され、その後49戸が完成し、「米国の邸宅街に劣らない広がりと格調を備えた街並み」が姿を現した。

　このように、80年代半ば以降の郊外住宅地開発は、民間資本による郊外空

間の商品化の狙いのもとに、〈街並みの美しさ〉と〈ステイタス〉という２つの差異化の記号を柱として展開されてきたといってよい。このことは、これまでの〈押し出された郊外〉から〈目標としての郊外〉へと、東京圏の〈郊外〉の意味づけそれ自体の転回を企てるものであった。

## 3 新しい〈郊外〉形成の社会的意味

このような民間資本の狙いのもとに企てられた新たな〈郊外〉は、いかなる人々に受容されたのか。そして、そのようにしてできた〈郊外〉は、どのような社会的意味を持つことになるのか。つぎに問われるべき課題はこれである。東急独自の最近（1997年時点）の建売購入者調査からは、あすみが丘の場合が、商品平均価格、5,200万円（土地183㎡、建物127㎡）で、購入者の平均年齢が43歳、年収900万円、夫婦と子供の核世帯が７割強、平均家族人数3.4人、通勤先は７割が東京、主婦の有職率が２割弱、という平均購入者像が窺える。一方、みずきが丘は、商品平均価格、5,600万円（土地185㎡、建物136㎡）で、平均年齢42歳、年収1,040万円、夫婦と子供の核家族が７割強、平均家族人数3.8人、通勤先は７割強が東京、主婦の有職率が３割である。商品価格による若干の相違はあるものの、この２つの〈郊外〉はかなり似通った特徴を持っているといってよい。これに、みずきが丘のみであるが、われわれがおこなった調査から、その居住者の社会的地位に関するデータを補足しておこう[1]。世帯主、正確には、配偶者を持つ男性の92％が常雇（いわゆるサラリーマン）であり、職業は、管理経営職が56％、専門技術職が24％で、この２つの職種で８割を占めることになる。学歴は、大卒が78％である。年間世帯収入は、1,000万を超えるものが69％である。この結果を、総括すれば、新たな〈郊外〉の受容者は、その多くが、明らかに、上層のミドルクラス（サービスクラス）の夫婦と子供からなる核家族世帯であるといってよい。

さて、ここで重要なのはこのような（上層の）ミドルクラス核家族の集住の傾向が社会的に何を生み出すのかである。この点に関連してサベージ（M.

Savage)とウォード(A. Warde)が、異なる理論的パースペクティブが、アングロサクソン圏の都市の郊外に対して、それぞれ異なる解釈を示していることを紹介している(Savage and Warde, 1993)。それによれば、まず第1は、郊外の形成を住宅市場のあり方から説明するウェーベリアンの解釈がある。郊外は、もともと戸建て、持ち家の形で造られたために、ある種共通のライフスタイルをもった、ミドルクラスの核家族にもっとも適合的であった。その結果、同じような収入レベル、似通ったライフステージの人々からなる極めて同質的なミドルクラスの郊外ができたというのがその主旨である。この同質集住ということは、裏を返せば異質なものを排除するということであり、これをここでは、郊外の〈異質性排除〉の原理と呼ぼう。第2は、マルクス主義者のより階級を意識した解釈であり、郊外化はミドルクラスの結束の強化と労働者階級との隔離強化を意味するというものである。別のいい方をすれば、郊外化は、社会的(階級的)不平等から生まれ、それを強化するということになる。これを郊外の〈階級的排他性〉の原理と呼んでおこう。そして第3は、フェミニズムからの議論であり、郊外化は職業生活へのアクセスの悪さから、女性を専業主婦に閉じ込め、女性は家庭生活に拘束され、孤立化するというものである。いい換えれば、郊外化は性別役割分業を強化し、ジェンダーの不平等を再生産するということになる。これを郊外の〈ジェンダー不平等〉の原理と呼ぼう。以下、このアングロサクソン圏の郊外の観察から生まれた〈異質性排除〉、〈階級的排他性〉、〈ジェンダー不平等〉の3つの郊外の原理を参照しつつ、わが国の新しい〈郊外〉形成のもつ社会的意味を考えることにしよう。

　まず、〈異質性の排除〉については、何を異質と考えるかということと、排除を意図的におこなうのか否かということが重要な点だろう。前者の何を異質と考えるかということでいえば、アングロサクソン圏の郊外の場合には、とりわけ人種やエスニシティのプライオリティが高い。それに対してわが国の場合、おそらくこれまでの民族的同質性(神話)ゆえに、民族的異質性に対してはさほど敏感ではない。わが国の新しい〈郊外〉が、意図的に異質性の

排除を実践しているとすれば、それは異質な人々に対してというよりも、異質な施設や建物へ向けられていると考える方がリアリティがある。

　具体例をあげよう。すでに取り上げたあすみが丘では、1995年11月、住宅地内のパチンコ店建設問題がもちあがる。すでに述べたように、あすみが丘は、全面買収方式のみずきが丘と違って、区画整理方式をとっているために、もともとの地主が開発地域内に地権者として存在している。ことの発端は、そのような地主の1人が、土地をパチンコ業者に売却したことから始まった。住民は、自治会組織を基盤として「パチンコ店建設に反対する会」を結成し、住民集会、署名・カンパ活動、住民デモ行進、抗議行動を繰り返す。運動の全盛期には、500人を超す住民がデモ行進に参加している。結果的には、その年の暮れに、パチンコ店が開店し、建設反対運動は敗北するが、この問題をきっかけに、1996年7月に「あすみが丘街づくりの会」が発足し、現在、今後に同じような問題が起きないように、地区計画の制度の導入の可能性を検討している。

　このケースから、2つのことが考えられるように思う。1つは、敗北したとはいえ、これだけ強力な反対運動が展開された背景には、子供の教育環境の悪化という表立った理由もさることながら、さほどはっきりとは主張されなかったものの、環境悪化による周辺住民の資産価値の低下という現実的危惧が確実にあったことである。この資産価値の低下、反対排除という構図は、意地悪な見方をすれば、アングロサクソン圏の郊外が、人種や異なる民族の侵入による資産価値の低下を恐れて、かれらを排除しようとする構図とパラレルである。異質なものの排除が何に向けられるかは、かなりコンティンジェント（状況依存的）な側面が強い。ことの善悪は別にして、所有資産に基礎を置くミドルクラスの集住地域は、その資産価値の低下を招くものに対しては、排除の原理を働かす、ということはかなり一般的な命題としていえるように思う。

　もう1つは、これまた善悪の判断はひとまず置いて、住宅と緑地で構成される混じりけのない均質的な空間を創り出すことの人々に与える影響である。

よく引き合いに出される下町の雑然とはしているが、多様で面白味のある空間と、整然とはしているが、ある種単調で退屈な郊外の空間とは、そこに住む人々にどのような違いをもたらすのか。文明批評的には、多様な空間に分があるように思えるが、そうかといって、郊外がテレクラ主婦や殺人鬼中学生を生むというのもあまりにも短絡すぎる。いま語られていることの多くが、こぼれ話の域を出ていない。今後に向けての重要な研究課題である。

つぎに、〈階級的排他性〉の問題を考えよう。アングロサクソン圏の郊外の起源とその発展を歴史的に追いかけたすぐれた作業を通してフィッシュマン（R. Fishman）は、「（郊外住宅地の誕生と見なせる）18世紀のロンドンにおいてさえ、郊外化へのはずみの力は、階級恐怖の大きな要素、都心の不穏な下層階級から自分自身と家族を分離したい願望をふくんでいた」（Fishman, 1987=1990: p.96）といい、さらにそれが近代の産業都市の出現において、ミドルクラスと労働者階級の階級分離のニーズが強まり、郊外の形成がそのニーズに応えるものであったという。「（社会的）分離への願望が、貧困層から安全に保護された、あの単一階級の近隣の探究を燃えたたせた」（同上：p.41）。ここで重要なことは、アングロサクソン圏の郊外の形成が、そもそも初めから〈階級的排他性〉の原理を内包した、ブルジョワジーないしミドルクラスの「集団的創造」の営みであったということである。

それに対して、わが国の新しい〈郊外〉の形成を説明するうえで、この〈階級的排他性〉の原理は、さほどリアリティがあるとは思えない。なぜなら、第1に、わが国の場合、その階級的同質性（神話）のために、階級に対する敏感さ、社会的分離の願望を著しく欠いているからである。そして、第2に、わが国のエリートは、これまでずっと、都心の近くに住むことを選択してきたように思えるからである。むしろ、ここで重要なことは、〈郊外〉の形成因にではなく、その結果にあるように思える。新しい〈郊外〉において、同質的なミドルクラスの核家族が集住することによって、ミドルクラスの結束が強まり、実体としての〈郊外〉ミドルクラスといった集団が形成されると考えてよいのかどうか。この問題は、後に節を改めて検討することにしよう。

第3は、〈ジェンダー不平等〉の問題である。この点に関連して、先のフィッシュマンは、郊外住宅地の創造を触発した多様な動機のなかでも決定的に重要であった事柄は、核家族という新しい家族形態の経験であったという。自分たち自身だけで閉じこめられ、周囲から切りはなされた、とくに相互の親密さと子育てに焦点をおいた核家族が、みずからを仕事場と都市の侵入から分離しようとする情緒的力になった。そして、それをイデオロギー的に下支えしたのが、福音主義運動であり、家庭への女性の拘束が理想視されたという（同上：p.42）。ここでも重要なことは、アングロサクソン圏の郊外は、そもそもその起源から、核家族という当時の新しい家族形態の産物であり、性別役割分業を生み出し、強化するものであったということである。その意味では、郊外はもともと、フェミニズム論者のいう〈ジェンダー不平等〉の原理のもとに成り立っていたということになる。

この郊外と核家族ないし近代家族の親和性という観点は、わが国の新しい〈郊外〉にもよく当てはまるように思える。たとえば、すでに見た、みずきが丘の家族形態の構成を、次章で詳しく取り上げる、われわれが実施した東京都心のリバーシティ調査の結果と比較するとそのことがよりはっきりする（園部、1994）。みずきが丘では、夫婦と子供の核家族の割合が71％、夫婦のみが8％、単身は1％にも満たないのに対し、リバーシティでは、夫婦と子供の核家族が42％、夫婦のみが28％、単身が21％である。いかに、リバーシティが多様な家族形態で成り立っているか、逆にいえば、みずきが丘がいかに核家族の形態に特化しているのかが分かる。さらに、女性の就労状況について比較すれば、リバーシティでは、フルタイムで仕事を持つ女性が、夫婦を形成している世帯のほぼ半分を占めるのに対して、みずきが丘の女性では、自営、家族従業者を含めても2割にも満たない。みずきが丘にいかに専業主婦が多いのかが分かる。

このようにわが国の新しい〈郊外〉も、性別役割分業を強化し、その意味での〈ジェンダー不平等〉を再生産しているといえる。ただし、アングロサクソン圏の郊外では、近年この傾向が急速に崩れてきているという報告がな

されていることは興味深い（たとえば、Dyck, 1990; England, 1993）。その大きな理由は、職場の郊外化であり、郊外が必ずしも職業生活へのアクセスの悪さを意味しなくなったことがある。この意味では、郊外と〈ジェンダー不平等〉との間の関係は、かなりコンティンジェント（状況依存的）な性格のものといえる。そしてまた、女性の専業主婦化を、家庭生活に拘束され、孤立化するとだけ見做すフェミニズム論者の見方は、あまりにも硬直的すぎはしないか。この点は、のちに再び触れることになろう。

## 4　郊外ミドルクラスの形成と生活

　新しい〈郊外〉の形成は、現代における都市のミドルクラスの形成とどのような関係にあるのであろうか。より具体的には、郊外ミドルクラスと呼べるような実体のある社会集合体としての階層が形成されていると考えてよいのであろうか。ここでは、さきに掲げておいた、この問題を考えよう。第2章でも見たように、現代におけるイギリスのミドルクラスの形成に関心を向けるサベージらは、「今後の階層分析にとって有効な方向は、どのように社会階層が社会的集合体として形成され、それが歴史的変動のプロセスにどのような影響をもつのかを理解すること」（Savage, et al., 1992: p.226）であるという。そして、この社会集合体としての階層形成のプロセス（搾取関係）を規定するものとして、〈所有資産〉、〈文化資産〉、〈組織資産〉という、3つの〈階層資産〉を重視する。ここで、〈所有資産〉とは、生産手段や住宅所有、貯蓄など広い意味での物財の所有であり、〈文化資産〉とは、資格や技能、教養などの文化資本の保持であり、〈組織資産〉とは、組織の階層構造のなかでの地位の保有のことである。

　さて、これまで見てきたように、新しい〈郊外〉の居住者（世帯）の多くは、少なくとも住宅所有という〈所有資産〉を持ち、高学歴ないしは職業的技能という〈文化資産〉を保持し、少なからずが管理職という〈組織資産〉を保有している社会層であった。その意味では、〈郊外〉の居住者の多くは、

サベージらがいうミドルクラス（サービスクラス）としての〈階層資産〉の条件を満たしている。とりわけ、住宅に象徴される〈所有資産〉は、その蓄積および移転（たとえば世代間の譲渡）可能性ゆえに、階層形成にとって重要な要因である。それゆえ、新しい〈郊外〉の居住者は、〈階層資産〉の点から見れば、現代社会のなかで上層のミドルクラスを形成しているといってよいだろう。そこで、つぎに問題となるのが、かれらが、実体としての社会集合体をいかに形成し、階層形成のプロセス（搾取関係）をどのように実践しているのかということである。しかし、この点になると、ことはそれほど明確ではない。確かに、みずきが丘にしろ、あすみが丘にしろ、街の景観や環境の保全に向けて、ある種の共通利害にもとづいた集合的アイデンティティを形成しているようにも思えるが、それが、〈郊外〉居住者のミドルクラスとしての集合的（階層的）アイデンティティかというと、いまひとつはっきりしない。それは1つには、わが国のミドルクラス対ワーキングクラスという階層対立の不明瞭さ、もう1つは、それと関連した、アングロサクソン圏の郊外に見られるような〈裕福なサバーブ〉対〈貧困のインナーエリア〉という対立構図の欠落のためではなかろうか。そのため、〈郊外〉居住者のミドルクラスとしての集合的アイデンティティは、さほど強いものとは思えない。この点では、〈郊外〉居住者のアイデンティティはより個人化した傾向にあるといったほうがリアリティがある。さらにいえば、この〈個人化〉ということこそが、その支配的価値として、〈郊外〉ミドルクラスを特徴づけているのではなかろうか。

　ここでいう〈個人化〉とは、「一人ひとりがみずからの生活歴を自分で創作し、上演し、補修していかなければならない」（Beck, 1994=1997: p.30）という考え方のことである。そこでは、自分がどんな人間であったのか、今はどんな人間か、何を考え、あるいは何をおこなうのかが、その人の一個人としての存在を規定している。このような〈個人化〉の浸透は、伝統や慣習が衰退した後期近代の極めて大きな特徴である（Giddens, 1994=1997）。ベック（U. Beck）は、「明確に言えば、〈個人化〉とは、確信できるものを欠いた状態のな

かで、自己と他者にたいする新たな確実性を見出し、創造することを人びとが強いられるだけでなく、工業社会の確実性の崩壊をも意味している」といい、今日の家族を例に引いて、「かつては、地位にもとづく婚姻制度が、至上命令（結婚が解消不可能なことや、母親としての義務など）として支配していた。確かにこうした規則は、行為の許容範囲を束縛したが、同時にまた人びとが緊密な関係をもつことを余儀なくしていった。対照的に、今日、（中略）数多くの、とりわけ否定的なモデルが存在しているのである。たとえば、女性は、離婚した際に惨めな状態に直面したり、結婚しても夫の財力に依存したままにならないように（中略）女性として自分自身の学歴や職歴をつくり上げ、維持していかねばならないというモデルである。こうしたモデルは、人びとをひとつに結合させるものではなく、人びとの緊密な結びつきを崩壊させ、問題を増殖させていく」(Beck, 1994=1997: p.34) という。

　ここで、郊外ミドルクラスがその特徴として、この〈個人化〉の価値と並んでもう1つ、性別役割分業を基礎にもつ、子供を中心とした〈近代家族の維持〉という価値を、支配的価値としてかなりの程度内面化していることは重要である。すでに明らかなように、この〈個人化〉と〈近代家族の維持〉という2つの支配的な価値の間には大きなずれ（矛盾）がある。このずれは、ベックの家族の例からも示唆されるように、女性、とりわけ専業主婦層に大きい。それゆえ郊外の専業主婦の生活を理解するためには、彼女らが日常生活において、このずれにどう対処しているのかを見ていくことが決定的に重要となる。その対処の仕方は多様であり、多様な専業主婦のアイデンティティがありうるはずである。先に専業主婦化を、家庭生活への拘束と孤立化とだけ見做すフェミニズム論者の見方は、あまりにも硬直的すぎるといったのはこの意味でである。

　パートという就業形態の選択も〈個人化〉と〈近代家族の維持〉との折り合いをつける1つの試みであろうし、ホームオフィス的な仕事の開発にも同じようなことがいえるであろう。また、人によっては、趣味や地域活動という自己充足の形もあろう。そして近年しだいに活発になってきているのがボ

ランティアの活動である。既述のわれわれの調査でも、みずきが丘の8割近い人々が、機会があれば、ボランティア活動をやってみたいと答えており、形はどうあれ、男女を問わず、ボランティア活動への関心、興味が極めて高くなっている。

一例をあげよう。みずきが丘には「そめいの21」という有償制のボランティアグループがある。平成6年4月に発足したというこの団体は、地域のケアサービスを目的としている。「出産前後や、体の不調、けが、家族の入院等のために家事（掃除、せんたく、食事の準備、買い物等）を手伝ってほしい」、「高齢者世帯なので、時々、ちょっとした事（話し相手、代筆等）を頼みたい」、「車椅子を押しての通院の送迎とか、散歩の付き添いを頼みたい」、「病院に、薬を取りに行ってほしい」など、日常生活のちょっとしたニーズに応えようというのがその趣旨である。サービスの対象は、みずきが丘団地内ということで、現在21人の主婦がワーカーとして参加している。有償にするか、無償にするかでは、これまでに相当の議論があったようであるが、いまは1時間500円の有償制である。このような活動は、なにも特別なものではなく、かたち、程度はいろいろであるが、現在、数多くのケアグループがいろいろな所で活動を展開している。また、この種の活動へのニーズは、現代都市のなかで驚くほど多い。

ここでいいたかったことは、この種の活動が、主に専業主婦たちの「自作自演の生活歴」を模索するという意味での〈個人化〉と〈近代家族の維持〉という矛盾する2つの価値の調整の結果だということである。ひらたくいえば、現代を生きる専業主婦たちの〈自分さがし〉のプロセスだということである。それは必ずしも経済的自立につながるわけではない。しかし、その活動が、他者への援助、あるいは他者とのふれあいを通して、専業主婦たちの生きがいの一部になっているのは確かである。ベックのいうように〈個人化〉が、「人びとの緊密な結びつきを崩壊させ、問題を増殖させていく」のだとすれば、〈個人化〉と〈近代家族の維持〉という2つの支配的価値のずれから生まれる、〈新たな人びとの結びつきの創造〉というもう1つの（オルタナ

ティブな）モデルは、後期近代という時代の批判として、想像以上に重要な意味をもっているのではなかろうか。

# 5 結論：ゲート・シティ化する郊外？

　80年代半ば以降、東京圏の郊外は、民間資本による郊外空間の商品化が進行した。その特徴は、〈街並みの美しさ〉と〈ステイタス〉を強調することによる〈場所の差異化〉であった。それは、ある意味では、これまで東京の郊外を特徴づけてきた〈押し出された郊外〉から、よりアングロサクソン圏の都市の郊外に近い〈目標としての郊外〉を創造する試みでもあった。その結果として、そこにはミドルクラスの核家族が集住する、かなり均質的な社会空間ができあがった。この意味では、東京圏に、これまで比較的目立たなかった空間の分極化（セグリゲーション）が見られるようになった。〈場所の差異化〉の実践が、その場所の内部では、すぐれて均質化を生み出すという１つのパラドックスをここに見て取ることもできる。

　〈都市の分極化〉論にとって、とりわけ重要なことは、このような均質的な新しい〈郊外〉が、どれほど排他的な性質をもつものなのかということであろう。アメリカでは、80年代以降、郊外化現象の延長として、ミドルクラスやアッパーミドルクラスからなる、郊外のゲート・シティ化が注目され、その排他的な傾向が指摘されている（Blakely and Snyder, 1997）。この点では、すでに述べてきたように、わが国の新しい〈郊外〉は、少なくともこれまでのところ、エスニシティや階級に対する排他性は、それほど強くない。居住者の主要な関心は、階層性よりもむしろ、子どもを中心とした核家族の維持と発展に向けられている。〈ステイタス〉を意識的に打ち出した、あすみが丘の「ワンハンドレッドヒルズ」、通称「チバリーヒルズ」のその後の動向が、このことを物語っているように思える。

　すでに述べたように、「ワンハンドレッドヒルズ」は、ロサンジェルスのビバリーヒルズを意識して、わが国には先例のない国際レベルの住環境を創造

して、新たな需要を掘り起こすことを狙ったものであった。ちなみに、この小さなまちの入り口には、ゲートが置かれ、文字どおりのゲート・シティになっている。しかし、このまちの現状はというと、建設された49戸のうち、販売済み戸数は24戸であり、さらにそのほとんどがセカンドハウスや企業のゲストハウスとしての利用である。日常の住居に使われているのは数軒にすぎない。夕刻この街を歩くと、ゲート・シティならぬゴースト・タウンという言葉の方がぴったりとくる。鳴りもの入りで開発された「ワンハンドレッドヒルズ」がなぜ新たな需要を掘り起こすことができなかったのか。その理由には、都心からの距離、バブル経済の影響など多々あろうが、わが国の郊外居住選好層が、アングロサクソン圏の都市に比べて、階層性ということにそれほど重きを置いていないことの証左ともいえるのではないか。東京の郊外居住者にとって、何かから逃げる、あるいは身を守る必要性がほとんどないことが、アングロサクソン圏の都市の郊外と東京の郊外の決定的な相違を生み出しているのではなかろうか。

　結局のところ、都市空間の分極化は、より大きな社会の不平等の反映である。この点で、東京は、ニューヨークやロンドンといったアングロサクソン圏の世界都市と比べて、少なくともこれまでのところ、桁違いに平等な都市であった。そのことが東京の新しい〈郊外〉形成のプロセスにも明らかに影響している。新しい〈郊外〉は、少なくともいまのところ、ゲート・シティ化はしていない。しかし、一方でそれは、東京の社会的分極化の〈兆し〉を反映した、空間的セグリゲーションの〈兆し〉であることに間違いはない。第2章で述べたように、一般的には、空間的セグリゲーションは、その内部のサブカルチャーの強化とあいまって、異質への寛容性を阻害し、都市の社会構造を〈分断化〉に導く傾向がある。東京に、分極化の〈兆し〉が見えるいま、このことに注意しておくことは無駄ではないだろう。


（注）
(1) この調査は、1997年11月に、文部省科学研究費補助金（研究代表、園部雅久）によって実施された。調査対象は、佐倉市染井野1～7丁目に居住する30歳から65

歳の男女個人である。調査対象者は、選挙人名簿から系統抽出法によって、無作為に抽出された450名である。調査方法は郵送留め置き法で、有効回答者数は、334、回答率は、74％であった。

# 第8章 エステ化する都市：都市とジェントリフィケーション

## 1 卓越化する都心

　前章では、80年代以降の東京圏の郊外の変容を取り上げたが、この章では、東京の都心地域の変容に焦点を当てる。1980年代以降の東京を特徴づけたのは、その主たる原因を、日本経済のグローバル化に求めるか、より広義の脱工業化に求めるか、あるいはまたバブル経済に求めるかは別にして、〈都市のリストラクチャリング〉であった。そのような壮大な都市の変化の物語の、居住をめぐる東京都心部への社会的影響を一言で表せば、〈都心の過疎化〉と〈都心の卓越化〉の同時進行といえるだろう。

　東京の都心の人口減少は、すでに1960年代から始まるが、1970年代半ばから80年代半ばぐらいまでの時期は、その減少率はそれほど大きなものではなかった。ちなみに、1980年から85年までの5年間の夜間人口の減少率は、千代田区で8％、中央区、港区では3％程度であった。しかし、それがいわゆるバブル期の85年から90年の間には、千代田区が22％、中央区が15％、港区が19％と一気にその減少率が跳ね上がる。その結果、1990年の夜間人口は、千代田区が39,472人、中央区が68,041人、港区は158,488人に減少した。このような〈都心の過疎化〉現象はいうまでもなく、都心地域の業務空間化の進行とパラレルであった。図8-1は、都心3区の建築物の用途別床面積の構成比の推移を表す。70年代、80年代と漸次、住宅用途が減少し、オフィスの床

1　卓越化する都心

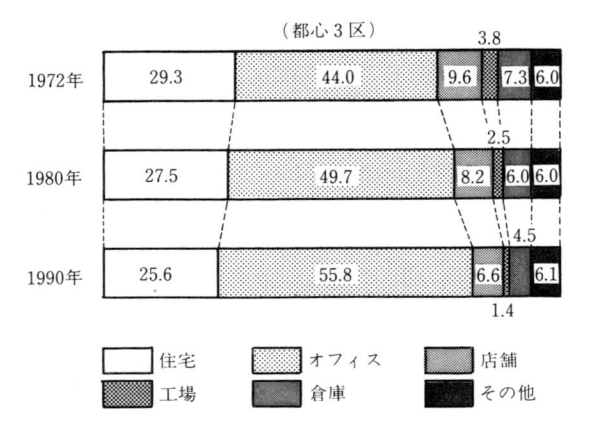

|      | 住宅 | オフィス | 店舗 | 工場 | 倉庫 | その他 |
|------|------|----------|------|------|------|--------|
| 1972年 | 29.3 | 44.0 | 9.6 | 3.8 | 7.3 | 6.0 |
| 1980年 | 27.5 | 49.7 | 8.2 | 2.5 | 6.0 | 6.0 |
| 1990年 | 25.6 | 55.8 | 6.6 | 1.4 | 4.5 | 6.1 |

図8-1　都心3区の床面積の用途別構成比の変化

資料：東京都都市計画局資料
出典：東京都、1991

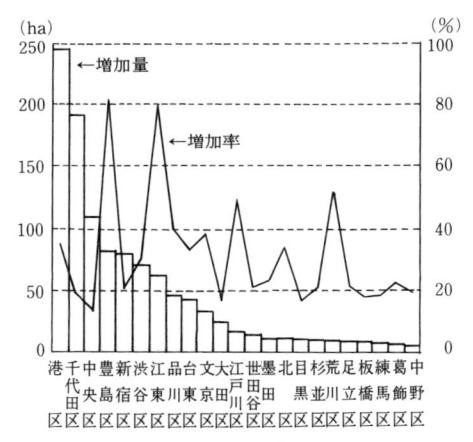

図8-2　東京のオフィス床面積の区別増加量と増加率
（1987年-1991年）

資料：東京都都市計画局資料
出典：図8-1と同じ

面積の構成比が増大していることが分かる。とりわけ図8-2に見られるように、1987年から1991年のオフィス床面積の増加量は、港区を筆頭に都心3区がずば抜けて多い（東京都、1991）。

　一方、このような〈都心の過疎化〉現象と裏腹に、〈都心の卓越化〉の現象

第8章　エステ化する都市：都市とジェントリフィケーション

表8-1　東京の居住者の職業構成の変化

| | 23区全体 | | 都心 | | 副都心 | | 東部内域区 | | 南部内域区 | | 西部周辺区 | | 北部周辺区 | | 東部周辺区 | |
|---|---|---|---|---|---|---|---|---|---|---|---|---|---|---|---|---|
| | 1980 | 1990 | 1980 | 1990 | 1980 | 1990 | 1980 | 1990 | 1980 | 1990 | 1980 | 1990 | 1980 | 1990 | 1980 | 1990 |
| 専門技術職 | 10.6 | 13.8 | 11.0 | 14.0 | 13.5 | 17.3 | 5.8 | 8.6 | 9.6 | 12.9 | 15.2 | 18.9 | 10.8 | 14.1 | 6.3 | 9.3 |
| 管理経営職 | 7.1 | 5.7 | 11.5 | 11.7 | 8.2 | 7.3 | 6.2 | 5.4 | 7.0 | 5.4 | 9.2 | 7.2 | 6.4 | 4.9 | 4.6 | 3.6 |
| 事務職 | 22.1 | 23.8 | 21.0 | 23.4 | 22.8 | 23.7 | 17.4 | 20.5 | 22.4 | 23.4 | 25.6 | 26.5 | 22.9 | 24.2 | 19.1 | 22.4 |
| 販売職 | 18.4 | 17.9 | 21.5 | 19.6 | 19.3 | 18.7 | 21.0 | 19.3 | 17.0 | 17.1 | 18.5 | 18.3 | 17.6 | 17.5 | 17.6 | 19.1 |
| 技能労務職 | 26.3 | 23.4 | 15.1 | 12.8 | 18.9 | 16.7 | 34.5 | 30.9 | 29.0 | 25.9 | 17.3 | 14.9 | 27.6 | 24.1 | 36.5 | 31.8 |
| サービス職 | 10.1 | 9.4 | 15.6 | 13.9 | 13.5 | 11.9 | 11.3 | 10.7 | 9.8 | 9.3 | 9.7 | 9.4 | 8.5 | 8.3 | 8.3 | 8.2 |
| その他 | 5.4 | 6.0 | 4.3 | 4.6 | 3.8 | 4.4 | 3.8 | 4.6 | 5.2 | 6.0 | 4.5 | 4.8 | 6.2 | 6.9 | 7.6 | 5.6 |
| 就業者総数(千人) | | | | | | | | | | | | | | | | |
| 1980 | 4,226 | | 187 | | 567 | | 345 | | 529 | | 946 | | 706 | | 945 | |
| 1990 | 4,446 | | 151 | | 516 | | 334 | | 550 | | 1,006 | | 788 | | 1,102 | |
| 変化率(%) | +5.2 | | -19.3 | | -9.0 | | -3.2 | | +4.0 | | +6.3 | | +11.6 | | +16.6 | |

注：都心（千代田、中央、港区）、副都心（新宿、渋谷、豊島、文京区）、東部内域区（台東、墨田、荒川区）、南部内域区（品川、大田区）、西部周辺区（目黒、世田谷、中野、杉並区）、北部周辺区（北、板橋、練馬区）、東部周辺区（江東、足立、葛飾、江戸川区）
資料：総務庁統計局『国勢調査報告』

194　1　卓越化する都心

表8-2　東京の1人当り課税対象所得指数の変化　1975-1991

|  | 1975 | 1980 | 1983 | 1987 | 1991 |
|---|---|---|---|---|---|
| 23区全体 | 100 | 100 | 100 | 100 | 100 |
| 都　　心 | 124.4 | 126.5 | 126.5 | 143.8 | 197.6 |
| 副　都　心 | 106.4 | 107.0 | 108.6 | 113.9 | 124.4 |
| 東部内域区 | 89.3 | 86.5 | 85.2 | 84.9 | 83.7 |
| 南部内域区 | 94.1 | 94.1 | 95.4 | 96.3 | 98.8 |
| 西部周辺区 | 110.5 | 111.7 | 111.5 | 112.1 | 118.1 |
| 北部周辺区 | 93.4 | 94.1 | 93.3 | 92.2 | 85.5 |
| 東部周辺区 | 86.3 | 83.0 | 82.4 | 81.3 | 74.5 |

注：東京都区部を100とした値。
資料：地域経済総覧（東洋経済）

が進行したことは、これまであまり注目されていない。表8-1は、東京都区部全体および地域別の1980年代の職業構造の変化を示す。全体的に職業のプロフェッショナル化が見られるが、とりわけ都心3区の専門技術職と経営管理職層の合計の構成比は、3.2ポイント上昇し、1990年には25％を超えた。都心居住者の4人に1人は、この上層のミドルクラスに属する人々ということになる。また、都心3区の卓越性は、1人当たりの所得水準を見るときより一層顕著なものになる。それは表8-2から分かるように、1980年代には、都区部平均の1.2倍強であったものが、1991年には、ほぼ2倍に上昇している。80年代に、このような都心の卓越化を推し進めたものは、何といっても都心の地価の高騰と住宅価格の上昇であった。都心の住宅価格は地価の高騰を反映して、たとえば千代田区の場合、マンションの平均価格が、1982年には東京都の平均年収の7倍強であったものが、1991年には184倍に、港区の場合には、6倍強が112倍に跳ね上がった。中央区は、相対的に安いものの、それでも1982年に4.6倍であったのが、1990年には10倍弱である。ただしその前年の1989年には21倍弱であった（東京都、1992）。

　このような〈都心の卓越化〉の現象は、アングロサクソン圏の大都市の場合には、すでに、1970年代から〈ジェントリフィケーション〉という概念をめぐって、都市研究者の間で活発な議論が展開されてきている。アングロサクソン圏の都市と日本の都市の相違については、これまでにも、しばしば触れてきたところであり、ここでもその議論がそのまま東京に当てはまるとは

第 8 章　エステ化する都市：都市とジェントリフィケーション　195

思えないが、ひとまず、アングロサクソン圏における、ジェントリフィケーションをめぐる論点の整理をしたうえで、日本の都市、東京の都心地域の変容の実際とその社会学的意味について考えることにしたい。

## 2　ジェントリフィケーション論の論点

　早くは70年代、主として80代以降、アングロサクソン圏の都市を中心として、ジェントリフィケーションと呼ばれる現象が都市研究の新たな研究分野として注目を集めるようになった。このジェントリフィケーションという概念は、それ自体、かなり曖昧で多義的なものであるとの指摘があるが、そのもっともルーズな定義は「ミドルクラスが都心部へ回帰する現象のこと」(Savage and Warde, 1993: p.80) だといわれる。この新しい都市の現象に対して、そのプロセスの記述、現象の説明、その社会的意味や影響といった観点からの研究が、主としてアングロサクソン圏の研究者を中心に、今日まで積み重ねられてきている。

　まず、このジェントリフィケーションと呼ばれる現象のプロセスについては、多くの場合、共通して、次の4つのプロセスが含まれているといわれる (Warde, 1991)。第1は、社会的地位の高い社会層による、より低い層の居住者の追い出しをともなう再定住化ないし社会的集住のプロセス。第2は、ある種共通の差異化を意図した美的特徴や新しいサービスを売り物にする建造環境の転換のプロセス。第3は、共通の文化やライフスタイル、あるいは少なくとも階層に関連する共通の消費に対する嗜好をもった人達が集まるプロセス。第4は、不動産価値の上昇、建設業界にとっての利潤追求の機会の拡大といった経済的なしくみの変化のプロセスである。そしてウォード (A. Warde) は、ジェントリフィケーションという言葉は、この4つのプロセスすべてが生じている状況に用いられるのがもっとも適切であるという。ただし、スミス (N. Smith) とウイリアムズ (P. Williams) は、「このような居住地の復興は、より抜本的な経済的、社会的、空間的な都市のリストラクチャリング

の一側面にすぎず、現実には、居住地のジェントリフィケーションは、リクレーションその他のためのウォーターフロントの再開発、都市内部地域の工場の衰退・移転、ホテルや会議場および都心のオフィス開発、さらにはモダンでトレンディなお店やレストラン街の出現といった事柄と密接に結びついている」(Smith and Williams, 1986: p.3) といい、ジェントリフィケーションを取り巻く、より大きな都市の変化のプロセスとの関連に着目している。

　一方これまでに、多くの論者がこの現象の説明に取り組んできた。それらを検討したのち、ハムネット (C. Hamnett) は、これまでの諸説を、6つの異なる論点に整理している (Hamnett, 1984)。1つは、人々が郊外で得られる広い空間と引き換えに、仕事やサービスへのアクセスビリティの改善を求めて都市の内部に住むことを選択するようになったこと。2つは、人口学的な変化であり、1970年代にベビーブーマーや世帯の形態の変化によって、住宅需要が急増したが、新たな郊外の建設では、その需要に応えることができなかった。そのためある意味では仕方なく都市の内部に目が向けられたこと。3つは、ジェントリフィケーションは、純粋に消費者のライフスタイルや選好の結果であるというもの。4つは、職業構成の変化が新しい社会階層を生み出し、ジェントリフィケーションは、そのような人々の物質的、文化的な表現であること。5つは、初めて持ち家になる層にとって都市内部地域が住宅市場の点で、価格的に有利であったこと。そして最後は、ジェントリフィケーションは、いわゆる地代格差によって説明され、投資と利潤獲得とのバランスを考えて、都市のある地域の不動産開発が資本にとっての利潤につながることがジェントリフィケーションを引き起こすというものである。

　このなかには、ジェントリフィケーションを、地代格差に象徴されるような、主として資本や不動産業界といった供給サイドから説明しようとするものと、それを主として、居住者のライフスタイルや選好といった需要サイドの要因から説明しようとするものとが含まれている。この供給サイド対需要サイドという説明の対立は、その後のジェントリフィケーションの説明をめぐる論争の中心的な論点になっている。ただし、スミスとウイリアムズが、

「多くの論者は、この両者の観点のバランスを計っている」(Smith and Williams, 1986: p.5) というように、また、ハムネットもこれらの説明は互いに排他的ではないといい、その後に統合の必要性を主張するように (Hamnett, 1991)、今後の議論は、どのようにこの2つの観点を統合していくのかという方向に進んでいくであろう。ただし、そのためには、ウォードがいうように、単なる折衷主義ではなく、生産と消費の関係を理論化するより高次の抽象化が必要になろう (Warde, 1991)。しかし、ここではそのことにはこれ以上深入りせず、さきのハムネットの整理のなかには、必ずしも明確な形では表現されていない、ジェンダー関係と文化的アイデンティティの問題を補足しておこう。

　多くの論者が、ジェントリフィケーションは、新しい社会階層（ミドルクラス）の増大と関連していることを論じている。しかし一方で、ミドルクラスの多くは、これまでどおり郊外居住を選択していることも事実であり、ミドルクラスのうちのある部分だけがジェントリフィケーションを引き起こしているという見方が一般的である。なかでもジェントリフィケーションを引き起こす居住者（いわゆるジェントリファイヤー）の経験的研究からは、女性人口の相対的な増加、若い単身女性の高い割合、専門職、技術職の女性の多さ、高学歴、共稼ぎでしかも子どものいない世帯の高い割合、単身プロフェッショナル女性世帯の存在、結婚や子育ての延期などが指摘されている (Warde, 1991)。このような知見から、ジェントリフィケーションは、パトリアーキアル（家父長的）な世帯の崩壊の結果であるといった見方や (Markusen, 1981)、都心居住が、女性に家事と仕事の両立を可能にしているといった見方が指摘されている (Rose, 1988; Warde, 1991)。いずれにせよ、ジェントリフィケーションにとってのジェンダー関係の変化の重要性は、多くの論者が認めるところであり、ウォードは「ジェントリファイヤーは、ミドルクラスのうちの特定の社会層に顕著であるが、ジェントリフィケーションの魅力は、階層的表現よりも世帯の構成や形態のあり方とより深く関わっている」(Warde, 1991: p.230) と結論づけている。

もう1つ重要な論点として、ジェントリフィケーションと文化的アイデンティティの関係の問題がある。同じくウォードは、ジェントリフィケーション地区によく見られる、スタイリッシュなポストモダンのコンドミニアム（高級マンション）に象徴される美的景観には、オーソドックスなミドルクラスの世帯から逸脱したもののアイデンティティを保証する機能があるのではないかという、仮説を提示している（Warde, 1991）。ここでいわれる非通念的な世帯の形態には、デュアルキャリア世帯のようなミドルクラスの少数派といったものばかりではなく、ゲイのカップルであるとか、単身女性世帯であるとかいったものも含まれる。これはかなり大胆な仮説ではあるが、女性にとっての仕事へのアクセスビリティや仕事と家事の両立といった機能的な説明からだけでは、確かに、ジェントリファイヤーとその地区の美的特徴との間の関係は説明がつかず、その意味で一考に値するものである。

これら現象の説明に加えて、現象の社会的影響や意味も重要な論点を構成する。その1つは、すでに触れたように、ジェントリフィケーションが社会的地位の高い層による、より低い層の追い出し（displacement）のプロセスをともなう現象であるところから、追い出された社会層への影響を問題にするものである。レガテス（R. Legates）とハートマン（C. Hartman）は、アメリカで行われた16のジェントリフィケーションにともなう追い出しの研究を検討した結果、かなりの量の人々がジェントリフィケーションによって追い出しを受けていること、そしてとくに低収入世帯と高齢者層にとって追い出しが極めて苦難に満ちたものであることを指摘している（Legates and Hartman, 1986）。2つ目の論点は、ジェントリフィケーションを経験している近隣社会の統合を問題とするものである。この点に関しては、ジェントリフィケーションが、違った人種や階層、ライフスタイルの人々がともに住む魅力のある近隣社会を創り出しているという見方と、ジェントリフィケーションが異なる人種間、階層間の社会的コンフリクトの原因になっているという見方の両方がある。レガテスとハートマンの診断は後者であり、「ジェントリフィケーションが必然的に、異なる社会層間の統合を導くという証拠はどこにも

ない」(ibid: p.196) という。また、ジェントリフィケーションがおこなわれた近隣社会のセグリゲーションは、ブロックとか建物といった極めてミクロなレベルで進行していることを明らかにしている。

もう1つジェントリフィケーションの社会的意味にとって欠かせない重要な論点は、先のジェントリファイヤーの議論とかかわって、ジェントリフィケーションが新しいミドルクラスの形成に寄与しているのかどうかという点である。サベージ (M. Savage) とウォードは、ジェントリフィケーションは、他のセグリゲーションと同様に、不平等と社会的囲い込みの表現であり、それは、資本の論理とともに、世帯の形態によっても規定され、その意味で、ジェントリフィケーションは、新しい形態のミドルクラスの形成の物語であるという。そしてさらに、それは、ある特定の都市空間の形成が、どのようにある種の社会層それ自体の形成と密接に関連するのかを示すものであるともいう (Savage and Warde, 1993)。この点では、ジェントリフィケーションの美的特徴が、新しいミドルクラスの階層的アイデンティティの基盤になっているというメルボルンを対象にしたジャガー (M. Jager) の分析も参考になる (Jager, 1986)。

以上、主にアングロサクソン圏でのジェントリフィケーションをめぐる議論を紹介しつつ、その論点を整理してきた。以下、この論点を念頭に置きながら、非アングロサクソン圏の都市、東京の分析に進もう。

## 3 都心再開発の事例

周知のとおり1980年代半ば以降、東京の世界都市化戦略の一環として、都市改造政策が急激に浮上してくる。その政治的背景については、町村敬志の「都市構造再編連合」に焦点を当てた優れた分析がある (町村、1994)。そこでは民間活力の導入による内需拡大政策が、世界都市化というイデオロギーに正当化されて、都市改造に結びついていった過程が明らかにされている。そしてその都市再開発の矛先は、主として、東京の臨海部開発に向けられた。

当時、そのような臨海部開発、いわゆるウォーターフロント開発の提言、プランは、東京都部分に限っても、30近くにものぼったといわれる(『東京人』東京湾ウォーターフロント特集号、1987年)。以下では、そのような臨海部開発として実施されたケースのなかから、業務空間の拡大よりもむしろ住宅供給を目的とした、大川端リバーシティ21の開発と台場地区を中心とする臨海部副都心開発の2つを取り上げる。

(1) 大川端リバーシティ21

　大川端リバーシティ21の開発は、造船不況で、1979年に転出した石川島播磨重工業の佃工場跡地と、船運がさびれて用をなさなくなった三井佃島倉庫の跡地を利用した再開発である。1982年、この地に大川端再開発構想の一環として「大川端地区特定住宅市街地総合整備促進事業整備計画」が公に承認され、1985年、リバーシティ21計画が提案され、開発事業がスタートする。

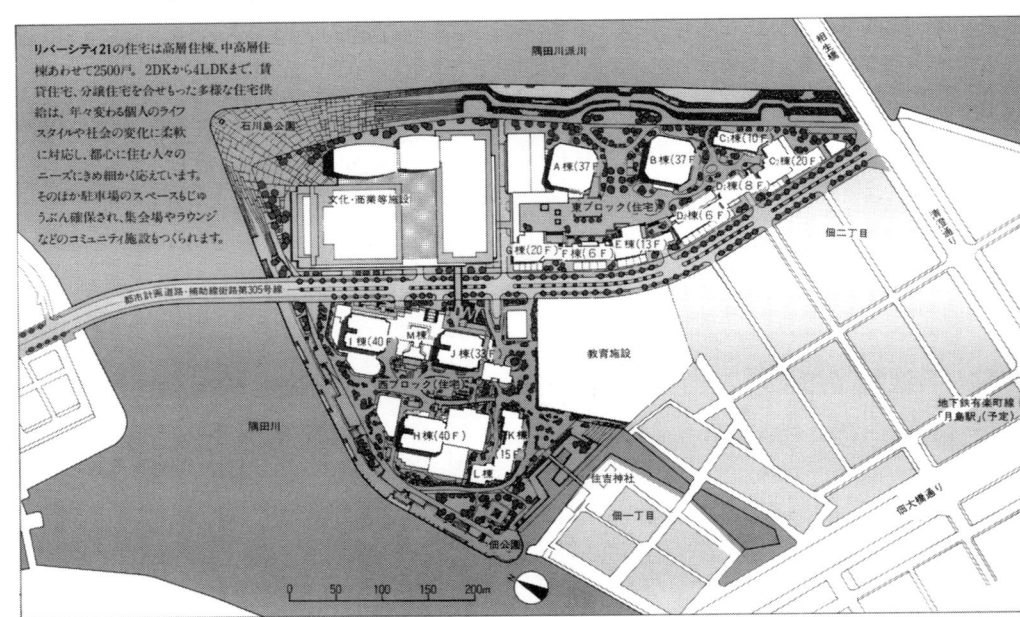

図8-3　リバーシティ21の配置計画図

出典：大川端・リバーシティ21開発協議会資料

表8-3 大川端・リバーシティ21計画の概要

| | 事業者 | 住宅の種類 | 住戸数 | 住棟（階数・高さ） | その他の施設 | 面積 |
|---|---|---|---|---|---|---|
| （東ブロック）住宅等施設 | 東京都 | | 280 | $C_1$棟（10F・34m）<br>$C_2$棟（20F・65m）<br>$D_1$棟（8F・30m）<br>$D_2$棟（6F・24m）<br>B棟（37F・115m）<br>A棟（37F・115m）<br>E棟（13F・46m）<br>F棟（6F・21m）<br>G棟（19F・65m） | 生活関連施設<br>約10,000㎡<br>駐車場・<br>約600台 | 敷地<br>約3.25ha<br>床面積<br>約15.4㎡ |
| | 都住宅公社<br>住・都公団 | 賃貸 | 425<br>625 | | | |
| | 戸数小計 | | 1,330 | | | |
| （西ブロック）住宅等施設 | 三井不動産 | 賃貸<br>分譲<br>賃貸 | 1,170 | H棟（40F・120m）<br>I棟（40F・120m）<br>J棟（31F・100m）<br>K・L棟（14F・45m） | 生活関連施設<br>約16,000㎡<br>駐車場<br>約1,000台 | 敷地<br>約3.15ha<br>床面積<br>約15.0ha |
| | 戸数合計 | | 2,500 | 敷地面積小計 約6.40ha | 床面積小計 | 約30.4ha |
| （北ブロック）文化商業施設 | 内容 | | | 規模 | | |
| | 文化交流・宿泊・事務等施設<br>駐車場<br>高層建物高さ | | | 約150,000㎡<br>約600台<br>約180m<br>約150m | | 約2.60ha |
| | 敷地面積合計 | | 約9,000ha | 床面積合計 | 45.4ha | |

出典：図8-3と同じ

　地区の総面積は、28.7ha、都心の過疎化に対応する区部居住空間の回復をめざすものとして、都心定住型住宅の供給、文化商業施設の導入が計られた。住宅の供給主体は、表8-3にあるように、三井不動産（1,170戸）、住・都公団（625戸）、都住宅公社（425戸）、東京都（280戸）の四者による共同開発であり、全体の戸数は、2,500戸であった。住宅の種類に関しては、公的主体分はすべて賃貸であるが、三井不動産分は、バブル景気の影響で、紆余曲折した。当初は、すべて分譲、のちにバブル期のマンションころがしを懸念する東京都の指導により、すべて賃貸、そしてバブル崩壊後、資金の早期回収をめざして、一部（I棟、J棟）が分譲に変更されている。その結果、三井不動産分の住宅の内訳は、賃貸544戸、分譲626戸となった。1988年に入居が開始され、1991年までに、すべての賃貸棟が完成し入居している。また、三井不動産の2つの分譲棟は、1992年と1993年にそれぞれ完成し入居している。

　すでに述べたようにこの計画は、バブルの影響を極めて大きく受けた。三井不動産分の賃貸住戸の賃料は、入居当初、平均4,000円／㎡といわれ、かな

りの高額であった。その理由の1つに高度なサービスの提供があった。三井不動産賃貸用の宣伝パンフレットには、「敷地内には、入居者専用のスポーツ施設を設置。2階建床面積約2,000m²の建物には、室内プールをはじめトレーニングジム、ジャグジーバス、サウナ、ラウンジなどを配し、入居者のリフレッシュや健康づくりに役立っています。また、レストラン〈ル・ファール〉では家庭的な雰囲気の中で、本格フランス料理が味わえます」、「多忙な入居者の快適な都市生活をバックアップするために、独自のサービス体系を実施しています。それを支えるコンシュアージュ、ベルマンなどのスタッフが24時間常駐して、入居者のニーズにきめ細かく対応しています」といった文句が並んでいる。さまざまなサービスと会員制施設による居住空間の卓越化が明らかに開発のコンセプトになっている。三井不動産の子会社で、居住棟の維持管理をおこなっているFMマネージメントの担当者は、こらあたりの事情を「当初のサービスのコンセプトは、ディズニーランドのようなサービス、つまりお客様に快適に心地よく過ごしてもらうということであり、そのサービスの基本はホテルの感覚です。すなわち、プライバシーを尊重し、特定の層の人たちにハイグレードなところで、静かに安全に暮らしてもらう」ということであったと話す。しかしそのような高度なサービスの維持は、バブル崩壊とともに困難になる。1993年10月を境にして、夜間サービスの停止、スポーツジムの有料化、レストランの会員制の廃止などサービス業務の縮小化が計られ、その分、賃貸料が2割程度引き下げられた。この措置に対しては、〈約束違反〉だという住民層と、家賃の低下を歓迎するという両方の住民層がいる。

　約束違反ということでいえば、バブル崩壊後に、もう1つ大きな計画変更があった。それは、いわゆる北ブロックと呼ばれる文化商業施設用用地の開発をめぐってであった。当初計画では、ここにはテクノプラザの建設構想があった。その内容は、パンフレットによれば「活力ある街、調和のとれた魅力ある街をつくるため、このテクノプラザは都市型産業を発展・育成させてゆきます。テクノプラザ内には、文化交流、宿泊、研究教育、運営事務所な

どの施設があり、にぎわいのある街づくりの核となります。さらにこれらの施設では、昼夜多彩な文化イベントが繰り広げられ、世界との交流促進の場としても広く貢献することでしょう。(略) テクノプラザは、これらの施設を通じ、人々の心のよりどころとなるコミュニティ・シンボルをめざします」というものである。しかし、その地に1994年、中央区からの要請を受けたという形で、54階（三井不動産）と46階（住・都公団）の2棟の高層居住棟建設を中心とした大幅な計画変更が公表される。

　この計画変更に対して、三井不動産の分譲棟居住者の一部から、資産価値の低下、約束違反を理由に強烈な反対運動が起こる。これをきっかけに、これまで特別な住民の組織化をしてこなかった三井不動産の賃貸棟居住者と住・都公団の居住者の間にも自治会が生まれ、1995年に、北ブロックを含めて街づくりを考えようと「リバーシティ21住区協議会」が発足する。構成メンバーは、各住棟の自治会や管理組合、北ブロック計画変更に反対する会（分譲棟居住者）、三井不動産、住・都公団、中央区、東京都、各々の代表5名以内である。しかしその後、工事通告がなされ、それに「反対する会」が工事差し止めの仮処分申請を起こすなど、事実上、協議会が機能しないまま、1996年に工事が着工された。

### (2) 臨海副都心台場地区

　臨海副都心開発は、東京湾13号地を中心とした、442haの埋立地を利用した、業務系、商業系、住宅系からなる複合開発である。その政策決定過程については、町村敬志の詳しい分析があるが（町村、1994）、そもそもは、1985年、東京で世界テレポート会議を開催するに先立ち、当時の鈴木都知事がこの地に東京テレポート構想を発表したことに始まる。その後、政府の内需拡大、公共事業への民間活力導入政策に沿った形で、テレポート構想は、大規模な臨海部開発へと拡大されていく。1987年に「臨海部副都心開発基本構想」が、翌88年、「臨海部副都心開発基本計画」が、さらに89年には「臨海副都心事業化計画」が東京都から公表される。就業人口11万人、居住人口6万

人という開発のフレームがここに示されたが、周知のように、バブルの崩壊後、開発計画の見直しがおこなわれ、就業人口 7 万人、居住人口 4 万 2 千人に軌道修正がおこなわれた。この計画も、大川端リバーシティ21の開発と同様、あるいはそれ以上にバブル崩壊の影響を強く受けている。

　開発地域の土地利用計画図と既利用地の施設概要（1997年 3 月）を図 8-4 に示すが、開発は基本的に青海地区、有明南地区、有明北地区、台場地区の 4 つの地区からなる。青海地区は、テレコムセンターを中心に、業務・商業施設の集積、有明南地区は、国際展示場を中心とした国際コンベンション機能とファッション・デザイン関連ビジネスの集積、有明北地区は、業務・商業機能と居住機能の複合する活力あふれる市街地の形成をそれぞれ目的としている。そしてここで取り上げる台場地区は、「お台場海浜公園沿いの区域にシーサイド商業ゾーンを形成し、地区の南側には青海地区の業務・商業機能との近接性と交通利便性をいかした業務機能を、お台場海浜公園東側には水辺の景観をいかした眺望豊かな都市型住宅を配置する」と謳われる。

　この台場地区の都市型住宅は、現在、シーリアお台場三番街（K区画）とシーリアお台場五番街（AL区画）が完成し入居している。いずれも開発主体は、住・都公団、都住宅公社、東京都の三者であり、住・都公団棟は両地区合わせて 4 棟で488戸、都住宅公社棟も同じく 4 棟で520戸、都営（都民住宅を含む）は 2 棟で340戸である。全部で1,348戸、住宅はすべて賃貸で、入居は1996年 3 月からである。リバーシティ21と比べたこの地区の特徴は、デックス東京ビーチ（B区画）や海浜公園など、レジャースポットがごく近くにあることであり、また、フジテレビの本社ビル（F区画）の移転もこの地域のイベント性を高めるのに寄与している。そのため観光客が常に絶えない、レジャーランドのなかの住宅地という感がつよい。実際、ある居住者は「まるでディズニーランドのなかに住んでいるようだ」と語っている。また、住宅棟はすべて、公的な供給主体であり、リバーシティの三井不動産棟に当たるような民間資本による開発がないことも台場地区の大きな特徴である。現在（1997年 2 月）は、1,228世帯、3,000人の住む街になっている。

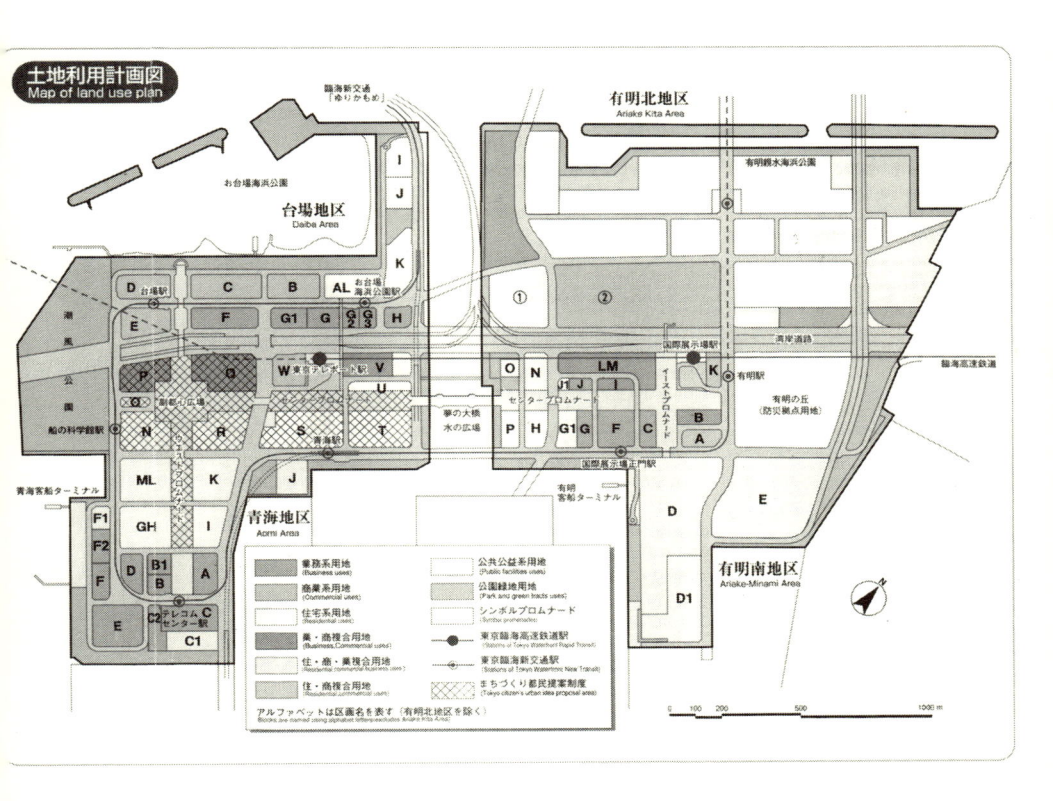

第8章 エステ化する都市：都市とジェントリフィケーション 205

図8-4 臨海副都心土地利用計画図と既利用地の施設概要
出典：東京都港湾局資料

## 4 都心居住選好層の分析

　このような経緯で開発されてきたリバーシティ21と台場地区であるが、その開発は、おもにどのような人々を居住者として引き付けたのであろうか。ここでは需要サイドの分析、すなわち都心再開発地域の居住者像に迫ってみたい。まず、リバーシティ21に関しては、1991年11月、われわれは、リバーシティの居住者を対象に標準化調査をおこなった。ただし、リバーシティの居住者全部ではなく、所得制限のある都住宅公社と都営は除き、より都心居住への選好性が強いと思われた、三井不動産と住・都公団の居住者、全世帯を対象にした。ただし、この時期、三井不動産の居住棟はすべて賃貸であった[1]。

　その結果は、まず調査対象者の年齢では、三井不動産居住者は、40歳代（29.0%）がもっとも多く、ついで50代（22.4%）、30代（21.3%）の順である。一方、公団居住者は、30歳代（33.3%）がもっとも多く、ついで40代（28.5%）、50代（17.8%）の順である。前住地は、全体の41%が都心3区、78.4%が東京都23区内であり、都心居住が郊外からの、いわゆるバック・トウ・ザ・シティ（都市回帰）ではないことが明らかとなった。また、前住地での住居の形態は、三井不動産居住者が、戸建持ち家33.1%、分譲マンションが26%で、持ち家層がほぼ6割を占め、賃貸マンションは29.8%である。公団居住者は、戸建持ち家18.5%、分譲マンション22.3%で、持ち家層が4割、賃貸マンションが36.3%である。

　つぎに世帯主の職業をみると、三井不動産居住者では、会社役員や社長、部長といった経営管理職層が38.8%、医者、弁護士、デザイナーといった専門技術職層が28.4%、宝石商や魚卸といった自営業層が20.8%、事務職などその他が12%であり、経営管理職と専門技術職を合わせた上層のミドルクラス（サービスクラス）層が7割近くになる。一方、公団居住者は、経営管理職層が25.6%、専門技術職層が24.6%、自営業層が26.3%、その他が23.6%であり、上層のミドルクラスが約半分を占める。また、世帯主の従事する業種

では、全体で、金融、保険、不動産業や経営コンサルタント、人材派遣業などの、ビジネスサービス部門と出版、広告、デザイン業などの文化情報関連部門が相対的に多くなっている。勤務地は7割が都心3区である。世帯収入は、三井不動産居住者の場合700万以上が96.5％とほぼ全世帯であり、1,000万以上が79.6％を占める。なお2,000万以上も35.5％にのぼる。公団居住者は、700万以上が71.8％、1,000万以上が43.8％である。さらに、調査対象者の学歴は、短大を含まない大卒以上が三井不動産居住者の男が83.9％、女が41％、公団居住者では、男が72.3％、女が30.3％である。

　一方、世帯の構成では、三井不動産居住者と公団居住者の間に社会階層ほどの大きな差はなく、全体で、単身が20.8％、夫婦のみが27.8％、夫婦と子が41.5％である。前章でも述べたが、郊外選好のミドルクラス層と比べて、世帯構成の多様化が都心選好のミドルクラス層の特徴であり、単身者と子どものいない夫婦の合計が、いわゆる夫婦と子の核家族を凌いでいるところに大きな特徴がある。また、夫婦ともにフルタイムで仕事を持つ世帯が夫婦を形成している世帯のほぼ半分を占め、さらに、夫婦ともに、管理職ないし専門職というデュアルキャリア世帯が夫婦世帯の15％ほどを占める。さらに、単身者のなかでは、相対的に女性が多く、女性の専門職への進出につれて、単身女性プロフェッショナルと呼べる層の増大が窺える。

　つまるところ、リバーシティ21の居住者は、その多くが、管理専門職層で、高学歴、高収入のいわゆる上層のミドルクラスに属する人々である。そして、従来の核家族の形態には捕らわれない単身や夫婦のみの多様な世帯を構成する人々であり、そのなかでかなりの女性が補助的ではなく、専門的な仕事に従事していることが窺える。この傾向は、住・都公団居住者に比べて、三井不動産居住者により顕著であり、このことは、当然のことであるが、居住者像が開発主体（直接的には家賃の水準）に影響されていることを示唆する。この点で、われわれのリバーシティ21の分析では上層のミドルクラスへの関心から、都住宅公社と都営棟の居住者を、ひとまず分析対象からはずしたが、地域全体を考えるためには、かれらも含めて考えるべきであろう。この点へ

の補足の意味を含めて、台場地区の居住者像をつぎに見ておこう。

台場地区については、1997年5月に、台場地区の住・都公団、都住宅公社、都営のすべての棟（10棟）の全世帯を対象とした標準化調査をおこなった[2]。その結果は、まず調査対象者の年齢は、公団では、30代（49.4％）がもっとも多く、ついで40代（18.1％）、20代（14.4％）の順であり、公社は、30代（49.6％）がもっとも多いのは同じだが、ついで20代（22.4％）、40代（14.2％）の順である。また、都営は、30代（36.7％）がやはりもっとも多いが、ついで60代以上（23.9％）、40代（19.1％）の順で相対的に高齢化している。前住地は、全体の8割が東京都区部であり、ここでも都心居住者が郊外からの都市回帰ではないことが確認される。居住地への選好性の高い公団居住者でも、郊外からの流入者は27.1％で7割以上が東京都区部内からの移住である。

つぎに世帯主の職業は、公団では、経営管理職層が24.7％、専門技術職層が26％で、この2つの層でほぼ半分を占める。以下、事務職が35.3％、販売サービス職が11.9％である。公社は、経営管理職層が13.6％、専門技術職層が23.2％、事務職が36.2％、販売サービス職が22％である。そして都営は、販売サービス職が41.5％ともっとも多く、ついで事務職の25.8％、この2つの層で7割近くを占め、専門技術職層は15.7％と少ない。勤務地は、全体の53.2％が都心3区である。世帯の収入は、年収700万以上が、公団で69.1％、公社で35％、都営で9％である。また、公団では1,000万以上が36％存在するのに対して、都営では500万以下が63.7％と収入格差は、住宅棟によって極めて大きい。さらに世帯主（男のみ）の学歴は、公団では、66.2％が大卒、高卒が17.9％、公社では、大卒が57.9％、高卒が22.5％、都営では、大卒が32.7％、高卒が44.4％である。十分に予想されたことではあるが、このように居住者の社会階層は開発主体別の住宅棟と強く関連している。いうまでもなく、社会経済的地位は、公団居住者がもっとも高く、ついで公社、都営の居住者の順である。

つぎに世帯の構成を見よう。公団居住者では、夫婦のみが42％ともっとも多く、ついで夫婦と未婚の子および単身が25.5％ずつである。公社は、夫婦

と未婚の子が63.4%ともっとも多く、ついで夫婦のみの26.3%で、この夫婦形態の世帯で9割になる。都営は、夫婦と未婚の子が57.4%、夫婦のみが17%、単身が9.6%である。すでに見た年齢構成を考慮すると、都営の夫婦のみ、単身世帯はその多くが高齢世帯と考えて大きな間違いはないであろう。ここでは、公社、都営では、いわゆる核家族の形態がもっとも一般的であるのに対して、公団の夫婦のみ世帯、単身世帯の多さがきわ立った特徴である。

　台場地区の公団居住者を、リバーシティ21の公団居住者と比べると、その年齢構成が若い分、所得階層が幾分低くなっている。これは家賃が台場地区の方が幾分低く設定されているためであろう。しかし、職業階層は、両地区ともに、ミドルクラスの上層を構成する経営管理職層と専門技術職層が合わせてほぼ半分とよく似た傾向にある。

## 5　都心再開発の社会的意味

　この2つの都心再開発の事例を、2節で検討した〈ジェントリフィケーション〉という観点から眺めてみた場合、どのようなことがいえるであろうか。まず気づくのは、リバーシティ21は工場の跡地利用であり、台場地区は埋立地の利用というように、その開発のプロセスで、従来からの居住者の追い出しをともなっていないことである。ウォードがいうように、多くの論者がジェントリフィケーションは、社会的地位の高い社会層による低い層の追い出しをともなう現象と見做しているわけで、この点で、この2つのケースは、厳密な意味でのジェントリフィケーションとはいえない。ただし、ここでの居住空間の創造が、スミスとウイリアムズのいう、リクレーションその他のためのウォーターフロントの再開発、都市内部地域の工場の衰退・移転、ホテルや会議場および都心のオフィス開発、さらにはモダンでトレンディなお店やレストラン街の出現、といった事柄と密接に結びついているという点では、ジェントリフィケーションと同様である。それゆえ、最後に、ジェントリフィケーション論の論点を参照しながら、この2つの都心再開発の社会

的意味を考えてみることにしたい。

### (1) 可視化する不平等

多くの論者がジェントリフィケーションは、ワーキングクラスに対するミドルクラスの勝利、その意味での社会的不平等の拡大と社会的囲い込みの表現であることを指摘してきた。この点では、ここで取り上げた2つのケースには、そのことが当てはまる側面と必ずしも当てはまらない側面とがあるように思う。まず、この論点がもっとも良く当てはまると思われるのは、リバーシティ21の三井不動産の開発部分である。すでに見たように、この開発は、ウォードの表現を借りれば「ある種共通の差異化を意図した美的特徴や新しいサービスを売り物にする建造環境の転換のプロセス」であった。確かに、バブルの崩壊が、ある意味でその卓越性を弱める働きはしたが、分譲棟への変更を含めて、その基本的な方向性は変わっていない。ある週刊誌が「広々としたエントランスロビーにはフロント嬢が待機。応接セットもあって、ホテル並みの造り。居住フロアの床と廊下はすべてジュウタン張りである。マンションの周囲は緑の植え込み。スプリンクラーが、一面の芝生に散水している。夜になれば、その芝生のあたりから何十という照明が、高級マンション群をあかあかとライトアップする」(『週間宝石』、1996年9月26日号)と描写するように、周囲からの隔絶感は否定しがたい。不平等の可視化である。ちなみにこの記事の主旨は、そこに多くの有名人や芸能人が住んでいるということであったが、それもまた、卓越化の証である。このリバーシティが建つ同じ隅田川沿いに、近年、ホームレスのブルーテント村が形成されている風景は、〈分極化する都市〉論にかなりのリアリティを与える。

一方、必ずしも当てはまらないということでいえば、1つにはすでに触れた、これらの開発が工場の跡地利用や埋立地の利用であって、ワーキングクラスの追い出しという意味での不平等の拡大は見られなかったことがある。そしてもう1つは、両方の開発とも公的なセクターの介入によって、いわゆるソーシャル・ミックス (Social Mix) が計画的に導入されていることであ

る。その結果、開発地域全体としては、必ずしも（上層）ミドルクラスのみの居住地に成っているわけではない。この意味で、公的セクターの役割は重要である。ただし、すでに見たように、開発主体の違いによる住棟ないしブロックごとの社会階層的な相違は極めて大きく、このことは、レガテスとハートマンがいう、ジェントリフィケーションがおこなわれた近隣社会のセグリゲーションは、ブロックとか建物といった極めてミクロなレベルで進行するという指摘と現象的には一致する。

(2) 近隣社会の統合

この点は、ジェントリフィケーション論の論点の１つである近隣社会の統合の問題が、ここでも重要な問題であることを示唆する。都心再開発が、異なった階層やライフスタイルの人々がともに住む魅力のある近隣社会を創り出すのか、あるいは、それらの人々の間の社会的コンフリクトの原因になっているのか。この問題に直ちに答を出すことは難しいが、少なくとも、これらの開発が必然的に、異なる社会階層間の統合を導くと考えることには無理がある。たとえば、リバーシティ21の場合、三井不動産居住者の「環境的に似たような人が集まっている」（Ｎさん）、「ここに住むこと自体が一定の収入層以上という意味で同質」（Ｊさん）といった意識や、公団居住者の「都営、公社、公団、三井の間には、違いがあると思う。三井とこちらではやはり住んでいる人が違う」（Ｋさん）という認識が本当のところであろう。日頃のつきあいのネットワークという点でも、住棟を超えた広がりには乏しい。三井不動産居住者の間には、敷地内にある会員制のスポーツ施設やサウナの利用をきっかけとして、一部にかなり親密なつきあいが形成されているが、それは、そもそも居住者専用というクローズドな仕掛けを通して、居住者同士がお互いに結びついたものである。外に開かれたネットワークではない（高木、1996；園部、1994）。

ただし、すでに触れた北ブロック問題の討議の過程で「北ブロック問題や店舗の誘致などの利便性の改善の問題をきっかけとして、公団、公社、都営

などの人とのつながりの輪が広がりつつある。ハードルも高く、ぎくしゃくしながらも、こうした関係が発展していくのではないか」（Jさん）といった前向きな発言があることも事実である。しかし、一方で、「この問題をきっかけとして、資産価値が下がることだけしか問題にしない（三井不動産内の）分譲居住者と賃貸居住者の間がぎくしゃくしてきた」（Jさん）というように、現実の近隣社会は利害関係が錯綜している。

　さらにまた、この近隣社会の統合ということでいえば、この開発地域を取り囲む、周囲の地元社会との関係も重要である。リバーシティのある佃、月島界隈は、大正の末から昭和の初期にかけて建てられた三軒長屋が戦災にも焼け残り軒を並べる、東京のなかでも独特の雰囲気をもつエリアである。基本的にこの界隈は、これまで、東京の工業化の進展にともなって発展した工場労働者や職人を中心とする街であり、また、魚河岸に勤める行商人も多く住む街であった。四方田犬彦の表現を借りれば、「およそ日本で見られるかぎり、もっとも極端なプレモダンとポストモダンの並列の光景が実現している空間」ということになる（四方田、1992）。より社会学的に表現すれば、コスモポリタンの社会とローカルな社会との並存といえようか。リバーシティの居住者のなかには、地元の月島商店街には、ライフスタイルの違いから買いたいものがないというものがいる。また、地元の飲食店のなかには、新しい街の居住者が来店するのを露骨に嫌う店もあると聞く。ただし、あるのは、このような潜在的なコンフリクトの話ばかりではない。一方で、近年、佃まつりの祭祀組織である住吉講の門戸がリバーシティ21の住民に対しても開かれたという話も聞く（有末、1999）。今後の行く末を見守りたい。

### (3) 新しいミドルクラスの形成

　ジェントリフィケーションの需要サイド、すなわちジェントリファイヤーの研究からは、多くの論者が、世帯の形態ないしジェンダー関係の変化がジェントリフィケーションの説明にとって重要な要因であることを指摘してきた。そこからすでに紹介したように、ジェントリフィケーションは「新し

い形態のミドルクラスの形成の物語」であるという主張が生まれる。

　確かに、ここで取り上げてきた都心再開発の事例でも、上層のミドルクラスが多くを占める三井不動産居住者と公団居住者を中心に、世帯の形態が多様化している。この点については、先にも触れたので多少重複するが、まずリバーシティ21のケースでは、夫婦と子どもの核家族が41.5％、夫婦のみ世帯が27.8％、単身世帯が20.8％であり、台場地区の公団居住者の場合は、夫婦と子ども世帯が24.7％、夫婦のみ世帯が42％、単身世帯が25.5％である。そしてこの家族形態の多様化以上に重要なことが、女性の就労状況である。リバーシティ21の場合でいえば、自営業を含む（ただし家族従業者は除く）女性のフルタイムの就業率は三井不動産居住者で43.8％、公団居住者では50％である。ほぼ半分の女性がフルタイムで働いている。一方、前章で取り上げた郊外住宅地（みずきが丘）の場合は、すでに見たように、世帯の形態は、夫婦と子どもの核家族の割合が70.9％、夫婦のみ世帯が7.6％、単身世帯が0.3％と、その大多数が夫婦と子どもからなる核家族であった。そして、みずきが丘の女性のフルタイムの就業率（同じく自営業を含む）は13％にすぎない。このことを考えれば、ジェントリフィケーション論が示唆するように、都心居住選好層のなかに、近代家族を基盤とした郊外ミドルクラスの層とは異なる、新しい形態のミドルクラスが生まれつつあるといってもよいだろう。

　そして、高学歴女性の職場への進出は、単身プロフェッショナル女性の増加とともに、夫婦ともに管理職や専門職であるデュアルキャリア世帯の増大を生む。リバーシティ21の場合、三井不動産居住者では、夫婦を形成する世帯の内の15.4％、公団居住者では13.6％が、そのようなデュアルキャリア世帯であった。このような世帯の形態の変化につれて、家族内のジェンダー関係もパトリアーキャルな関係からより平等な関係へと徐々にではあるが変化しつつあることは確かである（松信、1994）。無論、ジェンダー関係の平等化それ自体は好ましいことであるが、あえて誤解を恐れずにいえば、このようなジェンダー関係の平等化が、一方で、都市の不平等を拡大するというパラドックスを内在させていることに留意しておくことも必要である。

さて、このような新しい形態のミドルクラスの形成と都市空間の形成とはどのような関連にあるのであろうか、最後に論じるべき課題はこれである。デュアルキャリア世帯あるいはキャリアを持つ女性の多くが、リバーシティ21への入居理由として、たとえば、「都心の方が通勤時間もかからないし、時間を気にしないで仕事ができる」（Nさんの妻）、「通勤による余分な疲労を避けることができる」（Wさん）など、職場や仕事場に近いことを第1にあげる。ついで第2に、必ずしも入居理由ではなく、入居後に評価される場合もあるが、「（サービスは）すごくメリットだと思う。働いていて家にいないことが多いと、郵便物も留守でしたからって、わざわざ取りに行ったりとか。子どもだけをおいておいた時間がすごく多かったし、その辺は心配だったんですよ。でもここに越してからは、洗濯物とか、郵便物とかすごく助かっています」（Jさんの妻）というように、三井不動産が提供するさまざまなサービスの魅力をあげる。つまり、ここでは都心という立地条件と豊富なサービスの提供といった特徴をもつ都市空間の形成が、とりわけキャリア女性を引きつけていることが分かる。この点では、かれらにとって都心居住の選択は、「女性に家事や育児と仕事の両立を可能にしている」（Rose, 1988）、「妻のキャリアと家庭内役割の調整の戦略」（松信、1996）といった意味あいが強い。

ただし、すでに触れたように、このような機能的な説明だけでは、新しいミドルクラスと建造環境の美的特徴との関連はいまひとつ明らかではない。この点で、旅行代理店の経営とブランドものの衣料品の輸入を手がける単身女性のYさん（40歳代）が、「リバーシティというところに住んでいられる人だから、仕事を回しても大丈夫ととられるが、もし他に移ったら、あの人もとうとうだめかと仕事上の信頼を失ってしまう」とリバーシティに住んでいること自体が、1つのステイタスとなることをはっきりといっているのは興味深い。このことは、ジャガーが分析するメルボルンのビクトリア調の歴史的建造物の保全とは異なるが、ウォーターフロントに建つリバーシティという建造環境ないし都市空間が、ある種の階層的シンボルとして、あるいは階層的アイデンティティの基盤として、利便性といった機能的な意味以上の記

号的な意味をもっていることを示唆する。

　前章で取り上げたサバーバニゼーションにしろ、この章で見たジェントリフィケーションにしろ、ある特定の都市空間の生産が、ある特定の社会層の形成と密接に結びつく。その帰結は、ある特定の社会空間の生産である。ここに、都市空間の生産が、〈分極化する都市〉論に対して持つ重要な意味がある。


（注）
⑴　この調査は文部省科学研究費補助金（研究代表、園部雅久）によって実施された。調査対象は、リバーシティ21の三井不動産H、K、L棟居住者524世帯、住都公団A、E、F、G棟居住者625世帯、合計1,149世帯である。対象者は原則として世帯主であるが、やむを得ない場合はその配偶者とした。有効回答者数は、三井不動産分が183（回答率35％）、公団分が400（回答率64％）、全体で、583（回答率51％）である。
⑵　この調査は、㈶港区ふれあい文化健康財団の協力を得て、「台場地区コミュニティ調査研究会（代表、有末賢慶応大学教授）が実施した。調査対象は、台場地区の都営、公社、公団のすべての住棟居住者で、調査票配布数は、合計1,280世帯であった。調査対象者は、原則として世帯主であるが、都合の悪い場合には、その配偶者とした。有効回答者数は、都営、188（回答率68％）、公社、339（回答率65％）、公団243（回答率50％）で、全体では、775（回答率61％）である。

# 結章 21世紀の都市社会（学）

## 1 〈時代診断学〉としての都市社会学

　これまでに、世紀末東京をフィールドに、ホームレス、エスニシティ、インナーシティ、サバーバニゼーション、ジェントリフィケーションの各場面で、東京に見られる社会的分極化の〈兆し〉ないし〈兆候〉の現状とその社会的意味を考察してきた。果たして、21世紀の東京を展望するうえで、今後に何が問題となり、何が課題となるのか。そのことを考えるためにも、ここでもう一度、〈都市〉を研究対象とする都市社会学の〈存在理由〉について触れておきたい。

　新都市社会学のパール(R. Pahl)は、「(伝統的な)都市社会学の根本的な間違いは、都市を理解するために都市を見ようとしたことである。むしろ都市は、都市を創りだしている社会全体をよりよく理解するための舞台として捉えられるべきだ」(Pahl, 1970: pp.234-5)といった。また、サベージ(M. Savage)とウォード(L. Warde)も、ワース(L. Wirth)の誤りは、モダニティ(近代性)の経験を都市化と取り違えたこと、換言すれば、都市的環境としての都市とモダニティの制度や社会関係との因果関係を見誤ったことにあるという。そして「都市の社会学は、資本主義モダニティの文脈的(contextualised)な研究としてもっとも評価され得る」(Savage and Warde, 1993: p.189)という。この両者の主張は、すでに明らかなように冒頭での〈時代診断学〉としての都市社

会学という筆者の主張と響きあうものである。

　高度近代(ハイ・モダン)、あるいは後期近代と呼ばれる時代区分のなかにあって、現代という時代の特徴を、その先端的なトレンドの把握、そしてその変動の原因と帰結を全体的な要因関連のもとに明らかにしていくという作業が〈時代の診断〉であるとすれば、〈都市〉を舞台に、パーク(R.Park)の言葉でいえば実験室(ラボラトリー)、また、診療室(クリニック)として、診断と処方箋の提示という作業を経験的に押し進めていくことが都市の社会学には求められる。確かに今日のようにグローバル化した社会においては、必ずしも都市だけが変動の前衛ではないかもしれないが、都市とりわけ大都市が、モダニティの経験をもっとも顕著に具現化する場所であることに変わりはない。新たな都市の社会学の〈存在理由〉がここにある。

　これまで、しばしば都市社会学における理論の不在が指摘されてきたが、〈時代診断学〉としての都市社会学にとっては、〈モダニティの理論〉が基本的な都市の社会理論を構成すべきである。そこでは、ギデンズ(A.Giddens)を筆頭にする〈モダニティの理論〉の都市社会学からの検討が必須になるが、その全面的展開は今後の課題として、ここではさしあたり、ギデンズがモダニティを多次元的に捉えていることに着目しておきたい。その多元的な構成(制度)とは、資本主義、産業主義、国民国家(官僚制)である。いうまでもなくこれらは、それぞれ、マルクス(K.Marx)、デュルケーム(E.Durkheim)、ウェーバー(M.Weber)の社会の見方に繋がっている。そしてもっとも傾聴すべき点は、「これまでの社会学の視座や理論が、これらの内の支配的な単一の制度的結合体を捜し求めていたが、これらは、別個の機構特性として、モダニティという制度に包含される」(Giddens, 1990＝1993: p.75)という主張である。

　このことは、都市社会学という社会学の一分野にとっても例外ではない。すでに第1章でも見たように、現在の都市社会学を構成している基本的なパースペクティブは、デュルケーム流の産業主義に根ざすシカゴ学派都市社会学、資本主義を基礎とするネオ・マルクス主義の新都市社会学、そして官

僚制を問題とするウェーベリアンの新都市社会学である。そしてそれぞれが独自の有効性を主張してきた。しかし、ギデンズがいうように、これらがモダニティという制度の下位特性だとすれば、これらのパースペクティブは、相互の排他性よりも相補性こそが重要となる。実際、これまで都市社会学の中心的テーマを構成してきた、社会解体と統合の問題と、社会的不平等やコンフリクトの問題はそれぞれ別個の問題ではなく、相互に共振的な問題である（Savage and Warde, 1993）。〈時代診断学〉としての都市社会学は、これまでの分派した都市社会学を統合する方向に発展していくものである。

## 2 21世紀の課題

　さて、ここで東京の21世紀の課題へ戻ろう。そこには相互に関連する3つの大きな問題があるように思う。第1は本書の中心的テーマであった都市における社会的不平等の拡大、すなわち、都市の分極化／分断化の問題である。モダニティという制度のもっとも大きな特徴の1つが、そのグローバル化であることは間違いない。そして現在、グローバルな資本主義が成立、発展している。このグローバル資本主義のもっとも大きな特徴は、グローバル市場をベースとする市場主義の主張、すなわち地球規模での市場原理にもとづく資本主義の成立である。このグローバル資本主義そのものは、不可避の現実であり、今後にグローバルな資本の行動がその領域をさらに広げることはあっても、それが縮小することはありえない。その結果、その過程では常に、都市の社会的不平等を拡大する力、都市を分極化／分断化に導く力が働くことになる。現在、東京に分極化の〈兆し〉が見えてきたように、今後その〈兆し〉はますます大きくなる可能性が高い。

　ここで重要なことは、グローバルな資本主義とナショナルな資本主義との関係である。第3章でも触れたように、ナショナルな資本主義の形態は1つではない。それぞれの国の文化をもとに、国ごとに異なる資本主義システムとして成立している。少なくとも、これまでのところ、アメリカに代表され

るアングロサクソン圏の資本主義システムと日本の資本主義システムとはかなり異なっている。問題は、宮本光晴がいうように、国ごとの資本主義がグローバル資本主義に飲み込まれてしまうのか、それともそれをいかに排除できるのかという二者択一ではなく、グローバル資本主義を組み込んで、国ごとの資本主義をどのように組み立てるのかにある（宮本、2000）。幸い、グローバル資本主義とナショナルな資本主義との距離が小さいアングロサクソン圏の国に対して、わが国の場合は、グローバルな資本主義とナショナルな資本主義とのずれが大きい。いま、このずれを活かす知恵が求められている。

　具体的にはそれは、資本主義システムの固有の問題として、〈金融と産業〉、〈経営と労働〉、〈個人と社会〉の関係をどのように組み立てるのかということに現れてくるであろう（宮本、2000）。もっとも、社会学サイドからすれば、このうちの〈個人と社会〉の関係をどう考えて行くのかが中心的な課題になるはずである。この点で、富永健一のゲマインシャフト・キャピタリズムの提唱は傾聴に値する（富永、1993）。富永は、西洋資本主義、より正確にはアングロサクソン型の資本主義の精神を、功利主義的個人主義に求める。そこでは、すべての行為者が、可能なかぎり自分の利益を追求する利己的な個人が想定されている。そしてそのような利己的行為者の欲望満足の実現が、市場システムによって保証されると見做された。それに対して、このような強烈な個人主義・利己主義的な人間像が日本人の一般的なカルチャーにとって、適合的ではなかったのではないか。日本資本主義の精神を何に求めるかはひとまず置くとしても、少なくとも功利主義的個人主義からは距離があった。それは、西洋の資本主義との対比でいえば、少なくともゲマインシャフトの精神により近かったのではないか。これが富永の見解である。功利主義的個人主義にもとづくアングロサクソン型の資本主義システムが、その経済的成功とは裏腹に、貧富の格差拡大、犯罪、非行、麻薬など、その社会的面でのジレンマに直面している現在、また、そのアングロサクソン資本主義が、グローバル資本主義と同一視されるようになってきている現在、ナショナルな資本主義として、ゲマインシャフト資本主義の現実性と可能性を探ることが

21世紀の大きな課題となる。

　第2は、他者性／抑圧の問題である。都市の分極化／分断化の問題は、単に財の配分の不平等の拡大を意味するに留まらない。分断化という言葉が物語るように、そこには、異質的な他者とのコミュニケーション、社会関係のあり方が含意されている。社会理論家のヤング（I. Young）は、現代社会に見られる他者（集団）との社会関係を、その抑圧的関係に焦点を当てて5つの類型ないし局面に整理している（Young, 1990）。第1は、搾取（exploitation）の関係である。搾取は、社会集団間の構造的な関係にもとづく。その関係のなかで、持たざる者のエネルギーが、常に持てる者の権力、地位、富の増大のために消費されていく。第2は、周辺化（marginalization）である。ある種の人々を社会参加から完全に排除し、社会的周辺に追いやり囲い込んでしまう。第3は、無力化（powerlessness）である。これは、プロフェッショナルに対するノン・プロフェッショナルの関係としてもっとも良く理解することができる。専門知識を持たないこと、オーソリティを持たないこと、社会からの尊敬を受けないこと、すなわち権威や影響力を持てないことからくる抑圧である。第4は、文化帝国主義（cultural imperialism）である。文化帝国主義とは、その社会の中核的な社会層の経験や文化を普遍的なものと見做し、それを社会の規範として確立することである。その結果、それ以外の社会層の人々は、逸脱者、劣等者としてステレオタイプ化され、他者として差別化される。第5は、暴力（violence）である。これはレイシャル・アタックや家庭内の暴力といった事柄に象徴される、暴力を受けることへの恐怖からくる抑圧である。

　本書の第4章から第8章で取り上げた5つのケーススタディにおいても、たとえば、ホームレス問題やエスニシティ問題には、搾取、周辺化、無力化、文化帝国主義、暴力、この5つの抑圧の形、局面が程度は異なれすべて認められるし、インナーシティには、とりわけ搾取や無力化が、郊外には、とりわけ文化帝国主義が、ジェントリフィケーションには、たとえば空間をめぐる搾取関係がそれぞれ見え隠れしている。今後、都市の分極化／分断化が拡大していくにつれて、都市社会のいろいろな場面で、他者への抑圧的関係が

顕在化し、強まっていく可能性を否定できない。いかに抑圧的関係に陥ることなく、異質な他者との共存を図っていくことができるのか、これもまた、21世紀の大きな課題である。

この点に関連して、第3は、公共性／モラルの問題である。〈都市〉はそもそも、見知らぬ人、社会のさまざまに異なったグループが出会い接触を余儀なくされる場所であった。それゆえに、そこに家族や親しい友人たちの世界とは異なる、見知らぬ人たちの公的な世界、パブリックな領域ができあがることになった。そしてそこでは人々は、公的な関係を形作る作法やしきたり、いい換えれば、公共性のモラルに則って公人としての役割を演技することが求められる。

セネット（R. Sennett）は、そのような公共性が、今日支配的な親密さのイデオロギーによって危機に瀕しているという（Sennett, 1974＝1991）。ここでいう親密さのイデオロギーとは、人と人との親密さは道徳的善であるという信念、他人との親密さ、温もりの経験を通じて、個人の個性を発展させたいという熱望、社会の悪はすべて非個人性（インパーソナル）、疎外、冷ややかさの悪として理解できるという3つの神話を合わせたものを指す。つまるところ、あらゆる種類の社会関係は、それが個々の人間の内的な心理的関心に近づけば近づくほど真実で、信頼でき、真正なものであるという考え方のことである。セネットは、この観点から〈コミュニティ〉という考え方をつぎのように批判する。「集団的個性によって形成されたコミュニティの範囲が狭くなるほどに、友愛的感情の経験はいっそう破壊的になる。よそ者、見知らぬもの、似てない者は遠ざけるべき人間になり、コミュニティが共有する個性の特徴はさらに排他的になって、共有という行いそのものも、誰が所属でき、誰が所属できないかについての決定にいっそう集中するようになる」(ibid.: p.370)。すなわち、親密さの追求は、「公的な問題を公的なものの存在を否認することで解決しようという試みである」(ibid.: p.49)というわけである。

このような〈コミュニティ〉に替わってセネットは、〈シヴィリティ〉（礼

儀正しさ）という考え方を提示する。〈シヴィリティ〉とは、古くは市民の義務につながり、「人々をお互いから守りながらも、お互いの交際を楽しむことを許す活動である」という。そしてそれは、「他人をあたかも見知らぬ人のように扱い、その社会的距離の上に社会的絆を作りあげること」(ibid.: p.368) であるという。このように、〈シヴィリティ〉とは、見知らぬ他者と共存するための作法、しきたり、振る舞いの規則のことである。20世紀の都市社会（学）の課題が、親密さを求める〈コミュニティ〉の形成に置かれていたとすれば、21世紀の都市社会（学）の課題は、新たな公共性としての〈シヴィリティ〉の形成に置かれるべきではないか。そのためには、われわれひとりひとりが、21世紀に、豊かな〈他者への想像力〉を育んでいく必要がある。

## 【引用・参考文献】

(第1章)

秋元律郎、1989、『都市社会学の源流:シカゴ・ソシオロジーの復権』有斐閣。

Allen, J. and C. Hamnett, 1991, *Housing and Labour Markets: Building the Connections*, Unwin Hyman.

Anderson, N., 1923, *The Hobo: The Sociology of the Homeless Man*, University of Chicago Press.（=1999, 広田康生訳『ホーボー(上)(下)』ハーベスト社)。

Buck, N.,M. Drenan and K. Newton, 1992, "Dynamics of the Metropolitan Economy," S. Fainstein et al., eds., *Divided Cities*, Blackwell.

Burgess, E., 1925, "The Growth of the City," R. Park and E. Burgess, eds., *The City*, University of Chicago Press.（=1972, 大道安次郎・倉田和四生訳『都市』鹿島出版会)。

Castells, M., 1977, *The Urban Question*, Arnold.（=1984, 山田操訳『都市問題』恒星社厚生閣。)

―――, 1975, "Urban Sociology and Urban Politics: From a Critique to New Trends of Research," *Comparative Urban Research*, 3 (1): 7-13.（=1983,「都市社会学と都市政治」奥田道大・広田康生訳『都市の理論のために』多賀出版。)

―――, and J. Mollenkopf, 1991, "Conclusion: Is New York a Dual City?" J. Mollenkopf and M. Castells, eds., *Dual City: Restructuring New York*, Russell Sage.

Fainstein, S., I. Gordon and M. Harloe, eds., 1992, *Divided Cities: New York & London in the Contemporary World*, Blackwell.

Marcuse, P., 1989, "Dual City: A Muddy Metaphor for a Quartered City," *International Journal of Urban and Regional Research*, 13 (4): 697-708.

―――, 1993, "What's so new about divided cities?," *International Journal of Uuban and Regional Research*, 17 (3): 355-365.

Mellor, R., 1975, "Urban Sociology in an Urbanized Society," *British Journal of Sociology*, 26: 276-293.（=1983,「都市型社会における都市社会学」奥田道大・広田康生訳『都市の理論のために』多賀出版。)

Pahl, R., 1975, *Whose City?*, Penguin Books.

Rex, J. and R. Moore, 1967, *Race Community and Conflict: A study of Sparkbrook*, Oxford University Press.

Sassen, S., 1988, *The Mobility of Labor and Capital: A Study in International Investment and Labor Flow*, Cambridge University Press.（=1992, 森田桐郎ほか訳『労働と資本の国際移動』岩波書店。)

Savage, M. and A. Warde, 1993, *Urban Sociology, Capitalism and Modernity*, Macmillan.

鈴木榮太郎、1957、『都市社会学原理』有斐閣。
園部雅久、1992、「都市社会構造論序説」鈴木広編『現代都市を解読する』ミネルヴァ書房。
―――、1993、「脱工業型都市論の展開と課題」『都市計画』180：23-28、日本都市計画学会。
Wirth, L., 1928, *The Ghetto*, University of Chicago Press. (＝1981, 今野敏彦訳『ゲットー：ユダヤ人と疎外社会』マルジュ社。)
Zorbaugh, H., 1929, *Gold Coast and Slum: A sociological study of Chicago's Near North Side*, University of Chicago Press. (＝1997, 吉原直樹訳『ゴールド・コーストとスラム』ハーベスト社。)

(第2章)

Bell, D., 1976, *The Coming of Post-Industrial Society: With a New Introduction by the Author*, Basic Books.
Blau, P.M., 1974, "Parameters of Social Structure," *American Sociological Review* 39: 615-635. (＝1982, 斎藤正二訳「社会構造のパラメーター」『社会構造へのアプローチ』八千代出版)。
―――, 1977 *Inequality and Heterogeneity: A Primitive Theory of Social Structure*, Free Press.
Bourdieu, P., 1979, *La Distinction*, Minuit. (＝1990, 石井洋二郎訳『ディスタンクシオンⅠ・Ⅱ』藤原書店。)
Castells, M., 1989, *The Informational City*, Basil Blackwell.
―――, and J. Mollenkopf, 1991, "Conclusion: Is New York a Dual City?" J. Mollenkopf and M. Castells, eds., *Dual City*, Russell Sage.
Fainstein, S. and M. Harloe, 1992, "Introduction: London and New York in the Contemporary World," S. Fainstein et al., eds., *Divided Cities* Blackwell.
Fischer, C., 1975 "Toward a Subcultural Theory of Urbanism," *American Journal of Sociology*, 80: 1319-1341. (＝1983, 奥田道大・広田康生編訳「アーバニズムの下位文化理論へ向けて」『都市の理論のために』多賀出版。)
Friedmann, J. and G. Wolff, 1982, "World City Formation: An Agenda for Research and Action," *International Journal of Urban and Regional Research*, 6 (3): 309-344.
Gordon, I. and M. Harloe, 1991, "A Dual to New York? London in the 1980s," J. Mollenkopf and M. Castells, eds., *Dual City*, Russell Sage.
Hamnett, C., 1994, "Soical Polarisation: Deconstructing a Chaotic Concept?" a paper presented in Global Cities Meeting, New York.
Harloe, M. and S. Fainstein, 1992, "Conclusion: The Divided Cities," S. Fainstein et al., eds., *Divided Cities*, Blackwell.
石井洋次郎、1993、『差異と欲望』藤原書店。

倉沢進、1971、「比較都市社会学の問題」富永健一・倉沢進編『階級と地域社会』中央公論社。

松本康、1991、「都市文化：なぜ都市はつねに新しいのか」吉田民人編『現代のしくみ』新曜社。

Mingione, E., 1993, "The new urban poverty and the underclass: Introduction," *International Journal of Urban and Regional Research*, 17 (3): 324-326.

─────, and E. Morlicchio, 1993, "New Forms of Urban Poverty in Italy: Risk Path Models in the North and South," *International Journal of Urban and Regional Research*, 17 (3): 413-427.

Runciman, W., 1990, "How Many Classes are There in Contemporary British Society?" *Sociology*, 24 (3): 377-396.

Sassen, S., 1988, *The Mobility of Labor and Capital*, Cambridge University Press.（=1992, 森田桐郎ほか訳『労働と資本の国際移動』岩波書店。）

Savage, M. et al., 1992, *Property, Bureaucracy and Culture: Middle-class Formation in Contemporary Britain*, Routledge.

─────, and A. Warde, 1993, Urban Sociology, *Capitalism and Modernity*, Macmillan.

Simmel, G., 1908, *Soziologie*, Duncker & Humbolt.（=1994, 居安正訳『社会学』白水社）。

Sjoberg, G., 1960, *The Preindustrial City*, Free Press.（=1968, 倉沢進訳『前産業型都市』鹿島出版会。

Smith, D., 1992, "Defining the Underclass," D. Smith, ed., *Understanding the Under class*, Policy Study Institute.

園部雅久、1992、「都市社会構造論序説」鈴木広編『現代都市を解読する』ミネルヴァ書房。

## （第3章）

Baum, S., 1997, "Sydney, Australia: A Global City? Testing the Social Polarisation Thesis," *Urban Studies*, 34 (11):1881-1901.

Bramley, G., 1988, "The Extent and Character of London's Growing Homelessness Problem," G. Bramley et al., *Homelessness and the London Housing Market*, University of Bristol.

Burgers, J., 1996, "No Polarisation in Dutch Cities? Inequality in a Corporatist Country," *Urban Studies*, 33 (1): 99-105.

Hamnett, C., 1996, "Social Change and Social Polarisation in London," a paper presented at the Global Cities Meeting, SSRC, New York.

町村敬志、1994、『「世界都市」東京の構造転換』東京大学出版会。

─────、1998、「バブル期以降における都市階層変動」倉沢進先生退官記念論集『都市の社会的世界』UTP制作センター。

Mollenkopf, J., 1996, "Changing Patterns of Social Inequality in New York City,"

a paper presented at the Global Cities Meeting, SSRC, New York.
森永卓郎、1999、『バブルとデフレ』講談社。
Sassen, S., 1991, *The Global City: New York, London, Tokyo*, Princeton.
―――, S., 1998, "Swiring That Old Wine Around in the Wrong Bottle: A Comment on White," *Urban Studies*, 33 (4):478-481.
園部雅久、1995、「分極化する都市」松本康編『[21世紀の都市社会学1] 増殖するネットワーク』勁草書房。
Sonobe, M. and Machimura, T., 1996, "Globalization Effect or Bubble Effect?: Social Polarization in Tokyo," a paper presented at the Global Cities Meeting, SSRC, New York.
富永健一、1993、「文化の多様性と二つの資本主義」『アステイオン』29：56-74。
White, J. 1998a, "Old Wine, Cracked Bottle?: Tokyo, Paris, and the Global City Hypothesis," *Urban Affairs Review*, 33 (4): 451-477.
―――, 1998b, "Half-Empty Bottle or No Bottle at All?: A Rejoinder to Sassen and Smith," *Urban Affairs Review*, 33 (4): 489-491.

(第4章)
岩田正美、2000、『ホームレス／現代社会／福祉国家』明石書店。
自由民主党、1976、『日本型福祉社会』。
Lee, B., Lewis, D. and Jones, S., 1992. "Are the Homeless to Blame?: A Test of Two Theories", *The Sociological Quarterly*, 33 (4): 535-552.
Mingione, E., 1993. "The New Urban Poverty and the Underclass: Introduction", *International Journal of Urban and Regional Research*, 17 (3):324-326.
森永卓郎、1998、『バブルとデフレ』講談社。
Murphy, R., 1988, *Social Closure: The Theory of Monopolization and Exclusion*, Oxford University Press.（＝1994，辰巳伸知訳『社会的閉鎖の理論―独占と排除の動態的構造』新曜社。）
野村正實、1998、『雇用不安』岩波書店。
園部雅久、1996、「ホームレス調査をめぐる方法とデータ」『日本都市社会学会年報』14：53-63、日本都市社会学会。
東京都、1992、『東京都住宅白書'92』住宅局。
―――、1994、『東京都住宅白書'93』住宅局。
都市高齢者生活研究会、1997、『新宿ホームレスの実態'96』。
Wright, J. 1989, *Adress Unknown*, Aldine de Gruyter.（＝1993，浜谷喜美子訳『ホームレス』三一書房。）
Young, I., 1990, *Justice and the Politics of Difference*, Princeton University Press.
Zukin, S., 1997, "Cultural Strategies of Economic Development and the Hegemony of Vision", I. Merrifield and E. Swyngedouw, eds., *The Urbanization of Injustice*, New York University Press.

(第 5 章)

Andersen, E., 1990, *The Three Worlds of Welfare Capitalism*, Polity Press.
Barth, F., 1969, *Ethnic Groups and Boundaries*, Little, Brown.
Boal, F., 1996, "Immigration and Ethnicity in the Urban Milieu," C. Roseman, et al., *EthniCity*, Roman & Littlefield.
Breton, R., 1964, "Institutional Completeness of Ethnic Communities and the Personal Relations of Immigrants," *American Journal of Sociology*, 70: 193-205.
Castels, S. and Miller, M., 1993, *The Age of Migration: International Population Movements in the Modern World*. Macmillan. (=1996, 関根政美・関根薫訳『国際移民の時代』)。
Chen, H., 1992, *Chinatown No More: Taiwan Immigrants in Contemporary New York*, Cornell University Press.
Habermas, J. 1981, *Theorie des Kommunikativen Handelns*, Suhrkamp Verlag. (= 1986, 藤沢賢一郎他訳『コミュニケーション的行為の理論(中)』未来社。)
Fischer, C., 1975, "Toward a Subcultural Theory of Urbanism," *American Journal of Sociology*, 80: 1319-1341.
旗手明、1994、「後退する外国人の社会保障」『世界』596: 134-139。
Ibarra, M., 1999, *Collapsible Community*. (=1999, 北村正之訳『折りたたみイスの共同体』フリープレス)。
伊豫谷登士翁、1994、「バックドアからサイドドアへ、そして」『世界』596: 153-161。
Jamrozik, A., Boland, C. and Urquhart, R., 1995, *Social Change and Cultural Transformation in Australia*. Cambridge University Press.
Neuwirth, G., 1969, "A Weberian Outline of a Theory of Community: Its Application to the Dark Ghetto," *British Journal of Sociology*, 20: 148-163.
奥田道大、1998、『都市とエスニシティ』ミネルヴァ書房。
―――・田嶋淳子、1993、『新宿のアジア系外国人』めこん社。
Park, R., 1926, "The Urban Community as a Spatial Pattern and a Moral Order," E. Burgess, ed., *The Urban Community*, University of Chicago Press.
Portes, A., 1987, "What's an Ethnic Enclave? The Case for Conceptual Clarity," *American Sociological Review*, 52: 768-771.
Pries, L. 1999, "New Migration in Transnational Spaces," L. Pries, ed., *Migration and Transnational Social Spaces*, Ashgate Publishing Ltd..
Schiller, N.G., L. Basch and C.S. Blanc, 1999, "From Immigrant to Transmigrant: Theorizing Transnational Migration," L. Pries., ed., *Migration and Transnational Social Spaces*.
堤要、1993、「アメリカにおけるエスニシティ理論:エスニシティと階層構造を中心

に」『社会学評論』174：77-87。
Waldinger, R., 1986, "Changing Ladders and Musical Chairs: Ethnicity and Opportunity in Post-Industrial New York" *Politics & Society*, 15: 369-401.
和崎春日、1988、「都市人類学からみた「都市の本質」：都市生活者の生き抜き戦略とエスニックバウンダリー論」『都市問題研究』40(2)：79-95。
山本剛郎、1997、『都市コミュニティとエスニシティ』ミネルヴァ書房。

(第6章)

Harvey, D., 1990, *The Condition of Postmodernity*, (＝1999, 吉原直樹訳『ポストモダニティの条件』青木書店。)
HMSO, 1977a, *Inner London: Policies for dispersal and balance.*
――――, 1997b, *Policy for Inner Cities.*
成田孝三、1999、「大都市衰退地区の再生：磁場としての大都市インナーエリア」奥田道大編『講座社会学4：都市』東京大学出版会。
大江守之、1995、「21世紀にインナーシティ問題は現実化するか？：我が国の大都市都心周辺密集市街地の物的状況と地域社会の将来」『都市住宅地の再生』都市住宅学会：1-5。
関満博、1995、『地域経済と中小企業』ちくま書房。
園部雅久、1985、「東京の居住分化構造と空間パターン：社会地区分析1980」『人文学報』177：1-29、東京都立大学。
――――、1990、「居住立地限定階層の生活構造」『総合都市研究』40：69-83、東京都立大学都市研究センター。
――――、1992、「変貌する下町：東京の脱工業化のインパクト」倉沢進・町村敬志編『都市社会学のフロンティア1：構造・空間・方法』日本評論社。
墨田区、1984、『京島地区工業の実態分析と振興策』商工対策室産業経済課。
――――、1996、『京島地区まちづくり事業現況調査報告書』まちづくり事業推進部。
髙橋勇悦編、1992、『大都市社会のリストラクチャリング：東京のインナーシティ問題』日本評論社。
東京都、1998、『東京の産業'98』労働経済局。

(第7章)

Beck, U., 1994, 「政治の再創造：再帰的近代化理論に向けて」Beck, U., Giddens, A. and S. Lash, *Reflexive Modernization*, (＝1997, 松尾精文他訳『再帰的近代化：近現における政治、伝統、美的原理』而立書房。)
Blakely, J. and M. Snyder, 1997, *Fortress America: Gated Communities in the United States*, Brookings Institution Press/Lincoln Institute of Land Policy.
Dyck, I., 1989, "Integrating Home and Wage Workplace: Women's Daily Lives in

a Canadian Suburb", *The Canadian Geographer* 33 (4): 329-341.
England, K., 1993, "Changing Suburbs, Changing Women: Geographic Perspectives on Suburban Women and Suburbanization", Frontiers 14 (1): 24-43.
Fishman, R., 1987, *Bourgeois Utopias*, (=1990, 小池和子訳『ブルジョワ・ユートピア：郊外住宅地の盛衰』勁草書房。)
Giddens, A., 1994,「ポスト伝統社会に生きること」(=1997, 松尾精文他訳『同上書』。)
松原宏、1988、『不動産資本と都市開発』ミネルヴァ書房。
三浦展、1995、『「家族と郊外」の社会学』PHP研究所。
Muller, P., 1981, *Contemporary Suburban America*, Prentice-Hall.
大江守之、1996、「コーホートからみた東京圏内の居住構造」『総合都市研究』59：21-33、東京都立大学都市研究所。
Savage, M., et al., 1992, *Property, bureaucracy and Culture: Middle-class Formation in Contemporary Britain*, Routledge.
―――, and A. Warde, 1993, *Urban Sociology, Capitalism and Modernity*, Macmillan Press.
園部雅久、1994、「卓越化する都心居住空間」『社会学論集』18：1-12、上智大学社会学科。
―――、1995、「分極化する都市」松本康編『増殖するネットワーク』勁草書房。
―――、1999、「東京は〈分極化する都市〉か」『日本都市社会学会年報』17：1-21、日本都市社会学会。
東京都、1991、『東京都市白書'91』東京都都市計画局総合計画部都市整備室。
東急不動産、1994、『日々新たに』東急不動産社史編纂委員会。

**(第8章)**

有末賢、1999、『現代大都市の重層的構造：都市化社会における伝統と変容』ミネルヴァ書房。
Hamnett, C., 1984, "Gentrification and Urban Location Theory: A Review and Assessment," D. Herbert and R. Johnstone, eds., *Geography and the Urban Environment*, 6, John Wiley.
―――, 1991, "The Blind Men and Elephant: The Explanation of Gentrification," *Transactions, Institution of British Geographers*, New Series 16: 173-189.
Jager, M., 1986, "Class Definition and the Esthetics of Gentrification: Victoriana in Melbourne," N. Smith and P. Williams, eds., *Gentrification of the City*, Allen & Unwin.
Legates, R. and C. Hartman, 1986, "The Anatomy of Displacement in the United States," N. Smith and P. Williams, eds., *Gentrification of the City*, Allen & Unwin.

町村敬志、1994、『「世界都市」東京の構造転換：都市リストラクチャリングの社会学』東京大学出版会。
Markusen, A., 1981, "City Spatial Structure, Women's Household Work and National Urban Policy," C. Stimpson, ed., *Women and the American City*, University of Chicago Press.
松信ひろみ、1994、「デュアル・キャリアカップルにおける夫婦関係について：妻のキャリアが役割関係に与える影響」『社会学論集』18：73-89、上智大学社会学科。
─────、1996、「既婚キャリア女性と戦略としての都心居住」『年報社会学論集』9：13-24、関東社会学会。
Rose, D., 1988, "A Feminist Perspective of Employment Restructuring and Gentrification: The Case of Montreal," J. Wolch and M. Dear, eds., *The Power of Geography*, Unwin Hyman.
Savage, M. and A. Warde, 1993, *Urban Sociology, Capitalism and Modernity*, Macmillan Press.
Smith, N. and P. Williams, 1986, "Alternatives to Orthodoxy: Invitation to a Debate," N. Smith and P. Williams, eds., *Gentrification of the City*.
園部雅久、1994、「卓越化する都心居住空間」『社会学論集』18：1-12、上智大学社会学科。
高木恒一、1996、「作られた空間と生きられた空間」『日本都市社会学会年報』14：109-124、日本都市社会学会。
東京都、1991、『東京都市白書'91』東京都都市計画局総合計画部都市整備室。
─────、1992、『東京都住宅白書'92』東京都住宅局総務部企画室。
Warde, A., 1991, "Gentrification as Consumption: Issues of Class and Gender," *Society and Space*, 9: 223-232.
四方田犬彦、1992、『月島物語』集英社。

(結　章)
Giddens, A., 1990, *The Consequences of Modernity*, (=1993, 松尾精文・小幡正敏訳『近代とはいかなる時代か？：モダニティの帰結』而立書房。)
宮本光晴、2000、『変貌する日本資本主義：市場原理を超えて』筑摩書房。
Pahl, R., 1975, *Whose City?*, Penguin.
Savage, M. and A. Warde, 1993, *Urban Sociology, Capitalism and Modernity*, Macmillan.
Sennett, R., 1974, *The Fall of Public Man*, (=1991, 北山克彦・高階悟訳『公共性の喪失』晶文社。)
富永健一、1993、「文化の多様性と二つの資本主義」『アステイオン』No. 29: 55-74。
Young, I., 1990, *Justice and the Politics of Difference*, Princeton University Press.

## あとがき

　今年は世紀の転換点、区切りの年である。単なる1年にすぎないといえば、そのとおりなのだが、わたし自身は敢えてそのことにこだわりたいと思う。わたしは、昭和25年、西暦1950年の生まれである。ということは、20世紀をちょうどその半分の50年、半世紀を生きてきたことになる。そしていま新たな世紀が始まった。今後何年生きるのかは分からぬが、新しい世紀がどのような世紀になるのか、楽しみでもあり、多少の不安でもある。わたしが社会学という学問を始めて25年、早いもので4半世紀が経過した。この間、わたしは、曲がりなりにも「都市社会学」を自らの専門分野として勉強をしてきた。あらたな世紀の都市がどのような都市になっていくのか。特に、わたしの生まれ育った〈東京〉がこれからどのような都市になっていくのか。興味が尽きない。

　都市を取り巻く環境は、大きく変わろうとしている。グローバル化と情報社会化が21世紀の社会を特徴づけることは間違いないだろう。そのことは、都市にどのようなインパクトを与えるのであろうか。その解明は、わたしにとっては、あまりにも大きな課題のように思えるが、いまは敢えてそれを自分の生涯の研究テーマにしておきたい。本書の試みも、小さいとはいえ、その第一歩のつもりである。

　おもにコミュニティ論を勉強していたわたしは、1980年代後半に、世界都市論や情報都市論に出会って、そのスケールの大きさに驚かされるとともに、

そこに何ともいえぬ魅力を感じていた。ちょうどその頃、ニューヨーク市立大学のジョン・モレンコフ氏が主催する「グローバル・シティ」プロジェクトに、町村敬志氏（一橋大学）とともに参加させていただき、具体的な研究を考え始めるようになった。語学が得意でないわたしは、まわりの人たちに多大な迷惑をかけたと思うが、ニューヨークやロンドン、パリでの会合は、それぞれの都市を見てまわる、また、それぞれの都市の研究者と知り合う絶好の機会となった。本書の内容も、直接、間接にそのプロジェクトに負うところ大である。モレンコフ氏をはじめ、このプロジェクトに参加したメンバー諸氏にお礼を申しあげたい。

　本書でわたしは、アングロサクソン圏の世界都市との比較を念頭におきつつ、日本の世界都市〈東京〉を、その社会構造の変容に焦点をあてて分析しようと試みた。その際の核となる分析枠組は、ニューヨークやロサンジェルス、ロンドンといったアングロサクソン圏の世界都市の観察から導かれた経験的一般化である、〈分極化する都市〉仮説であった。東京におけるその検証の結果は、現段階では、東京という世界都市は、ニューヨークやロンドンという世界都市に比べて桁違いに平等な都市であるが、さまざまな点で分極化の〈兆し〉が現れてきているということであった。そしてその〈兆し〉は、市場主義に基礎をおくグローバル資本主義の発展につれて、次第に大きくなっていくのではないかと懸念している。ただし、本書では十分に検討できなかった重要な課題がある。それは、なぜ、東京という都市がこれまで社会的に平等な都市でありえたのか、その要因をできるかぎり具体的に分析することである。もし、東京という都市を観察対象として、そこに、世界都市の多様な発展の経路を見出し、グローバル化と社会の安定や平等を両立しうる条件や施策を見出すことができるとすれば、そのとき国産の世界都市仮説が東京モデルとして世界に発信されることになる。そのような仕事が今後できればと思う。

　ところで本書を構成する各章は、書き下ろしの章と、既に公表した論文をもとにして書いた章とが混在している。既発表の論文をもとにした章のなか

には、ほぼ最初の論稿と同じ内容のものもあれば、かなり大幅に加筆したものもある。以下に、各章のベースとなった初出を記しておきたい。

第1章「都市における社会的不平等の問題」倉沢進先生退官記念論集刊行会編『都市の社会的世界』1998年、UTP制作センター。

第2章「分極化する都市」松本康編『[21世紀の都市社会学1]増殖するネットワーク』1995年、勁草書房。

第3章「東京は〈分極化する都市〉か」『日本都市社会学会年報』17：1-21、1999年、日本都市社会学会。

第4章「見捨てられた都市：都市とホームレス問題」北川隆吉・園部雅久・岩田正美・山崎喜比古編『現代日本都市の診断第3巻：都市のカルチャー』東信堂、（近刊予定）。

第5章　書き下ろし。

第6章「脱工業化の風景：京島再訪」『大都市における都市構造の転換と社会移動に関する実証的研究』科学研究費補助金研究報告書（代表　渡戸一郎）1999年。

第7章「均質化の創造：都市とサバーバニゼーション」『脱工業型都市の社会分析：サービスクラス増大の社会学的意味』科学研究費補助金研究報告書（代表　園部雅久）1999年

第8章　書き下ろし。

結　章　書き下ろし。


　本書を完成させるにあたっては、数多くの方々のお世話になりました。まずは、いちいちお名前をあげることはしませんが、インタビュー調査や質問紙調査にご協力いただいた大勢の方々にこの場を借りて改めて、お礼を申しあげたいと思います。また、その折りに協力していただいた、ゼミの院生や学生の皆さんにも深く感謝します。

　わたしは大学を卒業し、一旦、社会に出てから社会学を志しました。全くの素人の私に、社会学という学問の面白さを教えて下さった当時の都立大学

社会学科の諸先生方に感謝致します。とりわけ指導教官を引き受けて下さり、都市社会学の〈ものの見方〉を教えていただいた倉沢進先生（現放送大学）には、今日まで多大なお世話になりました。本当にありがとうございました。また、この本の原稿段階で、博士論文としての審査を引き受けて下さり、貴重なコメントを下さった、現在の都立大学のスタッフである森岡清志先生、高橋和宏先生、玉野和志先生にお礼を申しあげます。

そして、わたしがこれまでやってきたことを一冊の本にまとめてみようと決心したのは、当時専修大学におられた北川隆吉先生と東信堂の下田勝司氏の出版へのお勧めがあったからです。ご期待に添えたかどうかは心もとないかぎりですが、ありがとうございました。最後に、私ごとで恐縮ですが、これまでわたしを支えてくれた妻（由紀枝）と2人の子どもたち（耕と晶）に感謝したいと思います。

　　2001年3月

園部　雅久

# 事項索引

## 【ア】

アイデンティティ　24,61,136
青海地区　204
アジア系集団　78
あすみが丘　177,181,188
　　——街づくりの会　181
新しい都市の貧困（層）　4,24,56,77,87,119
新しいミドルクラス　5,24,25
　　——の形成　199
アッパープロフェッショナル層　20,50
アーバニズム論　59
アーバン・エスノグラフィー　120
アーバン・マネージャリズム　14
アメリカ中心主義　28,31
有明北地区　204
有明南地区　204
アングロアメリカン中心主義　64,81
アングロサクソン圏　3,4,63,65,84,148,175,176,180,194,195,199,219
アングロサクソン（型）資本主義　84,220
アングロサクソン・スタンダード　84
アングロサクソン中心主義　84
アンダークラス　9,24,51,105
　　——の形成　56,57

## 【イ】

異質性　38,42,43,59
　　——のパラメータ　58
異質な他者　222
一括代行方式　177
意図せざる結果　143
移民　10,11,46,136
　　——政策のタイプ　124
　　——労働者　13,45,47
インタビュー調査　4
インナーエリア地区の衰退　49
インナーシティ　5,147,148,152,217,221
　　——問題　147,148
　　——問題の兆し　166
インフォーマルな差別　12

## 【ウ】

ウェーベリアン　180,219
ウォーターフロント開発　200
受け入れ層　119,138
美しい景観のもつ覇権　116
埋立地の利用　209,210

## 【エ】

エスニシティ　23,42,45,55,57,77,217
エスニック・アイデンティティ　132
エスニック・エンクレイブ　141
　　——論　121,122
エスニックグループ（集団）　24,25,79,119,120,134
エスニック・コミュニティ　119-122,124,141,144,148
エスニック・バウンダリー（境界）論　121,122
エスニック・ビジネス　47,130
エスニック分業論　121
エスニックメディア　143
越境者　136

## 【オ】

黄金のデルタ地帯　130,143
大久保エリア　120,127,128,130,139,142,144
お台場海浜公園　204
オーバーステイヤー　128,133,134
折りたたみ式のコミュニティ　142

## 【カ】

会員制施設　202
階級的同質性　182

事項索引　237

| | | | |
|---|---|---|---|
| 階級分離のニーズ | 182 | ——の減少（脱マニュアル化） | 106 |
| 下位構造 | 40 | 旧中間層 | 19 |
| 外国人居住者 | 5,25 | 供給サイド | 196 |
| 外国人政策の特質 | 124 | 京島地区 | 152,154,155 |
| 外国人登録 | 126 | ——のまちづくり | 158,165,170 |
| ——者数 | 79 | ——まちづくり協議会 | 158 |
| 外国人に対する無関心 | 140 | ——まちづくり検討会 | 158 |
| 外国人の法的地位 | 125 | ——まちづくり住民の会 | 159 |
| 外国人労働者 | 5,46,77,119,124 | 京島の工業 | 165,166 |
| 階層形成 | 54 | 京島まちづくりセンター | 158,162,163 |
| ——に影響する世帯単位の資源 | 21 | 狭小住宅 | 156 |
| ——のコンティンジェントな条件 | 56 | 行政官僚制の権力の問題 | 16 |
| ——の（社会的）プロセス | 20,184,185 | 業績志向的行為 | 143 |
| ——のより歴史的な説明 | 53 | 業績主義的な排除 | 115 |
| ——の理論 | 20 | 共存するための作法 | 223 |
| 階層構造の変化 | 52 | 居住者の追い出し | 195,209 |
| 階層資産 | 53-55,184 | 居住地区間の〈しきり〉 | 24,25 |
| ——のリストラクチャリング | 54,55 | 居住分化 | 24,42,43 |
| 階層的アイデンティティ | 199 | 均質的な（社会）空間 | 181,188 |
| 階層論的アプローチ | 123 | 金銭の調達 | 99,100,102 |
| 解体と統合の問題 | 7 | 近代家族 | 24 |
| 下位文化 | 9 | ——の維持 | 186,187 |
| ——論 | 121,122 | 近代性（モダニティ） | 12,16,25 |
| 核家族 | 55 | 近代という時代 | 114,115 |
| ——世帯 | 109,179 | 近代都市 | 32 |
| 学歴構成 | 157 | 近隣社会の統合 | 198,211,212 |
| 家族従業者層 | 167 | | |
| 家族の脆弱性 | 95,96,104-106,109,111 | 【ク】 | |
| 家族の呼び寄せ | 124 | 空間生産 | 23 |
| 勝ち組 | 165,166 | クォータードシティ | 21 |
| 過当競争社会 | 115 | 区画整理方式 | 181 |
| 仮の受容 | 144 | グリーンベルト | 175 |
| 韓国人社会 | 128,129,131,132,143 | グローバリゼーション（グローバル化） | |
| 完全雇用 | 107 | | 7,16,17,21,44,46, |
| 関東大震災 | 153 | | 48,63,82,83,106,152 |
| | | グローバル・コントロール能力 | 44 |
| 【キ】 | | グローバル・スタンダード | 84 |
| 機会の不平等性 | 14 | グローバル都市 | 3 |
| 希少資源としての住宅 | 12 | ——化 | 3,5 |
| 希少資源の配分 | 14 | | |
| 規制緩和 | 36 | 【ケ】 | |
| 技能労務職 | 106 | ケアグループ | 187 |

| | |
|---|---|
| 計画的郊外開発 | 177 |
| 計画変更に反対する会 | 203 |
| 経済的適所（ニッチ） | 120, 121 |
| 経済的リストラクチャリング | 44, 48, 51, 148 |
| 形式社会学的立場 | 39 |
| 警鐘モデル | 84 |
| ケース・スタディ | 4, 5, 85, 120, 178 |
| ゲットー | 10, 21 |
| ——化 | 23, 24, 141 |
| ゲート・シティ | 189 |
| ゲマインシャフト・キャピタリズム（資本主義） | 220 |
| 現金商売 | 98 |
| 研修生制度 | 125 |
| 建設業界 | 108 |
| 建造環境の転換のプロセス | 195 |
| 建造環境の美的特徴 | 214 |
| 現代都市類型 | 31, 33 |
| 券の並び（ダフ屋） | 99 |

【コ】

| | |
|---|---|
| 合意的統合 | 144, 145 |
| 郊外 | 221 |
| ——化 | 23, 24 |
| ——開発 | 174, 177 |
| ——居住選好層 | 189 |
| ——空間の商品化 | 188 |
| ——住宅地 | 5 |
| ——選好のミドルクラス層 | 207 |
| ——の〈階級的排他性〉の原理 | 180 |
| ——の形成 | 176 |
| ——のゲート・シティ化 | 188 |
| ——の〈ジェンダー不平等〉の原理 | 180 |
| ——ミドルクラス | 5, 184, 186, 213 |
| アングロサクソン圏の—— | 181-183 |
| 押し出された—— | 175, 176, 179, 188 |
| 目標としての—— | 175, 179, 188 |
| 裕福な—— | 148 |
| 高学歴女性 | 213 |
| 後期近代 | 188, 218 |
| 工業型都市 | 28, 29 |

| | |
|---|---|
| 工業型発展様式 | 35, 36 |
| 公共空間 | 115, 117 |
| ——の資本による管理 | 116 |
| 公共住宅の供給削減 | 49 |
| 公共住宅を買う権利 | 49 |
| 公共政策 | 48 |
| ——仮説 | 4, 63 |
| 公共性／モラルの問題 | 5, 222 |
| 交差 | 38-40 |
| ——する社会圏 | 39, 40 |
| 工場の跡地利用 | 209, 210 |
| 高所得者(型)の生活様式 | 18, 19, 45, 46 |
| 高所得の職種 | 44 |
| 構成型 | 28 |
| 好戦国家 | 49 |
| 構造機能分析 | 32 |
| 構造的多元主義 | 138, 139 |
| 構造（論）的なアプローチ | 57, 105 |
| 構造と主体 | 32, 52 |
| 構造論的運命論 | 85 |
| 拘束の社会学 | 13, 14 |
| 高賃金職種 | 45, 48 |
| 公的セクター | 210, 211 |
| 行動論的アプローチ | 57, 105 |
| 高度産業都市 | 27 |
| 後発の世界都市 | 82 |
| 功利主義的個人主義 | 220 |
| 合理的選択 | 57 |
| 高齢社会化 | 171 |
| 個化 | 38-40 |
| 国際金融センター | 44, 82 |
| 国際展示場 | 204 |
| 国際比較 | 57 |
| 国勢調査 | 79, 157 |
| 国内植民地論 | 120, 121 |
| 誇示的消費の場としての都市 | 17 |
| 個人化 | 109, 143, 185, 187 |
| ——したエスニシティ | 131 |
| ——した越境者たち | 136 |
| ——の価値 | 186 |
| 個人主義的な排除 | 114, 115 |
| 個人と社会の関係 | 220 |

事項索引　239

| | |
|---|---|
| コスモポリタンの社会 | 212 |
| 国家主義 | 35 |
| 国家の役割の変化 | 36 |
| 古典的エスニシティ論 | 120 |
| コミュニケーション的閉鎖性 | 123 |
| コミュニケーション論的アプローチ | 123 |
| コミュニティ | 10,11,14,222 |
| ──・オーガニゼーション | 11 |
| ──住宅 | 159,162 |
| ──・スタディ | 4 |
| 雇用機会 | 44,45 |
| 雇用形態の変化 | 77 |
| 雇用構造の変化 | 106 |
| 雇用の脆弱性 | 91,93,96,105, 106,108,109,111 |
| コンフリクト | 219 |
| 　社会的── | 40,211 |

【サ】

| | |
|---|---|
| 差異化の記号 | 179 |
| 財政政策 | 49 |
| 搾取 | 221 |
| ──関係 | 53-55 |
| 雑誌集め | 99 |
| サッチャー政権 | 48 |
| サービスクラス | 50,51 |
| サブカルチャー | 24,59-61 |
| ──論 | 58 |
| サブシステムとしての都市 | 15 |
| 差別化された不平等 | 38-40,42,58 |
| サポートネットワーク | 24 |
| 産業型都市 | 30,31,32 |
| 産業構造の変化 | 68 |
| 参与観察法 | 9 |

【シ】

| | |
|---|---|
| シヴィリティ（礼儀正しさ） | 222 |
| ──の形成 | 223 |
| 自営業 | 157 |
| ──のまち | 153,165,166,168,169 |
| ──モデル | 108 |
| 自営業層 | 19,167,170 |

| | |
|---|---|
| ──の衰退 | 158,167 |
| シェルターホームレス | 89 |
| ジェンダー | 23,39,42,54,56,58,115 |
| ──関係 | 54,197,212 |
| ──関係の平等化 | 213 |
| ──と階層の問題 | 52 |
| ──不平等 | 183 |
| ジェントリファイヤー | 197-199,212 |
| ジェントリフィケーション | 5,23-25, 108,194-199,209-211,215,217,221 |
| シカゴ学派都市社会学 | 4,7,8, 14,22,218 |
| 資源の調達 | 101 |
| 資産価値 | 181 |
| ──の低下 | 203 |
| 市場的統合 | 144,145 |
| 市場の支配 | 143 |
| 施設宿泊者 | 89 |
| 自然地域 | 23 |
| 〈時代診断学〉としての都市社会学 | 26,217,219 |
| 時代の診断 | 218 |
| 下町の生活世界 | 167,169 |
| 下町の二重の役割 | 167 |
| 失業者 | 42,46,74,75 |
| 支配的価値 | 185,187 |
| 自分さがし | 187 |
| 資本家階級 | 35 |
| 資本主義 | 12,17,34,59 |
| ──再編の受苦層 | 24 |
| ──システム | 84 |
| ──システムの国際化 | 36,37 |
| ──社会 | 14,34,36 |
| ──社会の矛盾 | 15 |
| ──的不平等 | 24 |
| ──の構造再編 | 16,36 |
| ──の再編 | 22 |
| 後期── | 116 |
| グローバル── | 5,220 |
| ナショナルな── | 219,220 |
| 日本型── | 84 |
| 資本の論理 | 199 |

| | |
|---|---|
| 市民権 | 124 |
| 社会移動 | 40, 42, 168, 169 |
| 社会階層 | 8, 53, 63, 196 |
| 社会解体 | 11, 219 |
| ——現象 | 10 |
| 社会空間の生産 | 215 |
| 社会経済グループ | 65 |
| 社会経済的周辺化 | 124 |
| 社会経済的地位 | 38, 42, 152, 208 |
| 社会構造のパラメータ | 38 |
| 社会層間の社会関係 | 43 |
| 社会層の形成 | 215 |
| 社会地区分析 | 151, 157 |
| 社会的囲い込み | 199, 210 |
| 社会的絆 | 223 |
| 社会的距離 | 11, 223 |
| 社会的、空間的拘束(性) | 13, 14 |
| 社会的ゲートキーパー | 14 |
| 社会的集合体 | 53 |
| ——としての社会階層 | 55 |
| 社会的地位 | 179, 195 |
| ——の多次元空間 | 38 |
| ——の分化 | 37 |
| 社会的ネットワーク | 57, 59, 60, 136 |
| ——分析 | 60 |
| ——論 | 58 |
| 社会的不平等 | 8, 11, 19, 22-25, 210, 219 |
| ——の空間的表現 | 24 |
| 社会的不利益の集積 | 147 |
| 社会的分極化 | 18, 41-43, 46, 48, 58, 82 |
| ——の兆し | 217 |
| ——論 | 56, 60 |
| 社会的分離の願望 | 182 |
| 社会的閉鎖 | 143 |
| ——論 | 121, 122 |
| 社会的リストラクチャリング | 44 |
| 社会統合 | 39, 40 |
| 社会統制 | 117 |
| 社会の中軸原理 | 33 |
| 社会病理 | 10, 11, 84 |
| 社会分化 | 52, 55 |
| ——の一般理論 | 42, 43 |
| ——の形態 | 38 |
| ——の形態や程度 | 39, 40 |
| 社会変動 | 26, 34, 39, 40, 61 |
| 社会保障制度 | 110 |
| 宗教施設 | 143 |
| 宗教法人東京中央教会 | 135 |
| 住居の脆弱性 | 93, 96, 105, 106, 109 |
| 住工商混在地域 | 5, 170 |
| 集合的アイデンティティ | 185 |
| 集合的消費 | 15, 16 |
| ——手段 | 16 |
| ——をめぐる社会的不平等 | 16 |
| 従属変数 | 30, 82 |
| ——としての分極化 | 83 |
| 住宅階層 | 13, 22 |
| 住宅資源へのアクセスビリティ | 13 |
| 住宅市場 | 13, 22, 42 |
| 集団間関係 | 58, 60, 61 |
| ——のパターン | 39 |
| 集団間の社会的障壁 | 39 |
| 集団主義的な排除 | 114 |
| 集団的創造 | 182 |
| 集団の境界 | 61 |
| 修復型 | 158 |
| 周辺化 | 221 |
| 住民基本台帳 | 154 |
| 住民参加 | 158 |
| 住民の反対運動 | 159 |
| 収斂理論 | 64, 81, 82, 83 |
| 主成分分析 | 152 |
| 首都圏整備計画 | 175 |
| 需要サイド | 196, 212 |
| 障害年金 | 100 |
| 商業資本 | 116 |
| 消極的なマルチカルチャリズム | 140 |
| 上昇移動の機会 | 169 |
| 上層のミドルクラス | 179, 185, 194, 206, 207, 213 |
| 城東と城東外周地域 | 150 |
| 城南地域 | 150 |
| 消費社会 | 54, 115, 117 |
| 消費(の)スタイル | 54, 55 |

| | | | |
|---|---|---|---|
| 情報型発展様式 | 35, 36 | スプロール | 175 |
| 情報社会 | 36, 46, 48 | 住み込み | 93 |
| 情報処理技術者 | 68 | 墨田区工業振興施策 | 162 |
| 情報都市 | 27, 36 | 墨田まちづくり公社 | 162 |
| 城北地域 | 150 | 住吉講 | 212 |
| 剰余の収奪 | 35 | スラム | 10 |
| 上流階層 | 50, 51 | ――地区 | 9, 11 |
| 職業移動 | 42, 47, 74 | | |
| ――の変化 | 73 | 【セ】 | |
| 職業構成 | 63, 157 | 生活拡充組織 | 129 |
| ――の変化 | 19, 68, 196 | 生活機会 | 13 |
| 職業のプロフェッショナル化 | 194 | ――(ライフチャンス)の平等性 | 138 |
| 職業分類 | 157 | ――の不平等 | 14 |
| 職住近接 | 158 | 成果志向的行為 | 144, 145 |
| 食料の調達 | 97, 101 | 生活情報誌 | 128 |
| 所得階層 | 4, 63, 71, 73 | 生活の相互扶助組織 | 143 |
| 所有資産 | 53, 184 | 生活保護 | 110 |
| 序列化 | 38, 42, 59, 60 | ――思想 | 111 |
| シーリアお台場五番街 | 204 | 生産拠点の地理的拡散 | 17 |
| シーリアお台場三番街 | 204 | 生産者(プロデューサー)サービス | |
| 人口減少 | 154 | | 17, 18, 44, 45, 70 |
| 人口増加率 | 175 | 生産(の)様式 | 32, 34-36 |
| 人口ピラミッド | 170 | 政治的イシュー | 56 |
| 人口密度 | 154 | 政治的(資源)動員 | 22, 61 |
| 新国際分業 | 46 | 政治的排除 | 124 |
| 新宿区の国籍別外国人登録者数 | 126 | 脆弱性 | 91 |
| 新都市社会学 | 4, 7, 12, 16, 22, | 正常人口の正常生活 | 9 |
| | 24, 25, 218, 219 | 税制改革 | 48 |
| 新保守主義 | 49 | 製造業地域(地帯) | 148, 149, 152 |
| ――的立場 | 57 | 製造業の空洞化 | 17, 165 |
| 親密さのイデオロギー | 222 | 製造業の衰退 | 148, 156 |
| | | 生態学的エスニシティ論 | 121 |
| 【ス】 | | 生態学的解釈 | 23 |
| 垂直的な分化 | 38 | 生態学的プロセス | 12 |
| 水平的な分化 | 38 | 制度的完結性 | 129, 134, 143 |
| スウェットショップ(苦汗工場) | 45, 171 | ――論 | 121 |
| 数量的アプローチ | 52, 53 | 政府 | 55 |
| スティグマ(焼印) | 105 | ――の政策 | 54 |
| ステイタス | 179, 188 | セイフティ・ネット | 110 |
| ステレオタイプ | 116 | 性別役割分業 | 183, 186 |
| ――的な見方 | 106 | 世界市場 | 83 |
| ストリートホームレス | 89 | 世界テレポート会議 | 203 |

| | |
|---|---|
| 世界都市 | 3, 17-20, 27, 45, 51, 61, 64, 68, 70, 78, 81, 88 |
| ——化 | 3, 44, 46, 48, 64, 68, 70, 176 |
| ——仮説 | 4, 44, 48, 50, 63, 78 |
| ——化戦略 | 5, 199 |
| ——化というイデオロギー | 199 |
| ——のネットワーク | 83 |
| ——論 | 37 |
| セグリゲーション | 8, 25, 60, 61, 63, 199, 211 |
| ——・パターン | 12 |
| 世帯（構成） | 56 |
| ——の多様化 | 207 |
| 世帯の形態 | 199, 212 |
| 世代間移転 | 53 |
| 世代内の社会的地位の移動 | 168 |
| 遷移地帯 | 8, 9, 12 |
| 専業主婦層 | 186 |
| 戦災復興都市計画 | 17, 74 |
| 前産業型都市 | 28-32 |
| 前産業型文明社会 | 30 |
| 全部雇用 | 107, 108, 111 |
| ——社会 | 115 |
| 全面買収方式 | 177 |
| 専門技術職 | 66, 67, 69, 70, 80, 106, 179 |
| ——層 | 208 |
| 専門職化（プロフェッショナリゼーション） | 65-67, 73, 74 |

【ソ】

| | |
|---|---|
| 属性主義 | 114 |
| ——原理 | 120 |
| ——的な異質性 | 23 |
| ——的（な）パラメータ | 39, 58 |
| 組織化された労資関係 | 47 |
| 組織資産 | 53, 184 |
| ソーシャル・ミックス | 210 |
| そめいの21 | 187 |

【タ】

| | |
|---|---|
| 大企業モデル | 108 |
| 大規模郊外住宅地開発 | 176, 177 |
| 第2次労働市場 | 91 |
| 第2の都市革命 | 27, 28 |
| 台場地区 | 200, 204, 206, 209 |
| ——の居住者像 | 208 |
| ——の公団居住者 | 209 |
| タイムゾーン化 | 17 |
| 台湾人社会 | 132 |
| 多次元的構成 | 42 |
| 他者 | 116 |
| ——性／抑圧の問題 | 5, 221 |
| ——との差異化 | 103 |
| ——の排除 | 117 |
| ——への想像力 | 223 |
| 多重脆弱性 | 96 |
| 橘銀座商店街 | 156 |
| 脱工業化 | 54, 63, 70, 106, 148, 152 |
| ——仮説 | 4, 63 |
| ——社会 | 33, 34, 36, 37, 46 |
| ——転換 | 148 |
| ——（型）都市 | 20, 27, 28, 31-33, 37 |
| ——の風景 | 165 |
| 脱工業／情報社会仮説 | 48 |
| 脱構築 | 85 |
| 脱政治化された支配 | 117 |
| 多文化主義 | 138, 139 |
| 多摩地域 | 150 |
| 多摩田園都市・美しが丘地区 | 178 |
| 多摩ニュータウン | 176 |
| 単身（独）世帯 | 109, 155, 209, 213 |
| 単身プロフェッショナル女性 | 213 |

【チ】

| | |
|---|---|
| 地域活動 | 186 |
| 地域的な不平等発展 | 49 |
| 地位達成点としての自営業化 | 168 |
| 地区計画の制度 | 181 |
| 地代格差 | 196 |
| 知的階層 | 34 |
| 千葉街並み景観賞 | 178 |
| チャイナタウン | 141 |
| 中央業務地区 | 8 |
| 中核と周辺の二重性 | 21 |

| | | | |
|---|---|---|---|
| 昼間人口 | 158 | 東京湾13号地 | 203 |
| 中間マイノリティ論 | 120,121 | 冬季臨時施設 | 91 |
| 中国人社会 | 129,132 | 統合のイデオロギー | 15 |
| 中小企業モデル | 108 | 統合の問題 | 219 |
| 中枢管理機能の集中 | 70 | 同質社会神話 | 139 |
| 町会・自治会組織 | 167 | 同心円地帯論 | 8 |
| 超高齢化地域社会 | 155,169 | 特別区内の路上生活者概数調査 | 89 |
| 朝鮮半島動乱 | 153 | 独立変数 | 30,81 |
| 町丁目単位 | 157,158 | ――としての世界都市 | 83 |
| チョコレート・シティ | 176 | 都市 | 25,26,30,31,217,222 |

【ツ】

| | |
|---|---|
| 佃まつりの祭祀組織 | 212 |
| 勤め人のまち | 165,166,168 |

【テ】

| | |
|---|---|
| ディアスポラ（離散者） | 137 |
| 定住外国人 | 125 |
| 低賃金職種 | 18,45,48 |
| ディバイデッドシティ | 41,63 |
| テクノロジー | 59 |
| ――決定論 | 31,36 |
| ――の発展段階 | 31 |
| デュアルキャリア世帯 | 55,198, 207,213,214 |
| デュアルシティ | 19-21,41,50,63 |
| テレフォンカード集め | 99 |
| 伝統的（な）都市社会学 | 8,12,15,16, 24,25,27,30 |

【ト】

| | |
|---|---|
| 同化主義 | 138,139 |
| 同化論的アプローチ | 121 |
| 東急不動産 | 177 |
| 東京 | 5,64,66,73,75,81 |
| ――のインナーシティの問題 | 169 |
| ――の工場 | 150 |
| ――の社会地図 | 4 |
| ――の製造業 | 150 |
| ――の脱工業化転換 | 165 |
| 東京圏の人口増加 | 173,174 |
| 東京テレポート構想 | 203 |

| | |
|---|---|
| ――回帰 | 208 |
| ――改造 | 199 |
| ――下層 | 9 |
| ――型住宅 | 204 |
| ――再開発 | 200 |
| ――システム | 15 |
| ――の外部社会 | 33,35,37 |
| ――の希少資源 | 14 |
| ――の経済再編 | 18,19 |
| ――の社会構造 | 18,21,37,38,40,58 |
| ――の脱工業化転換 | 37,41,61 |
| ――の二重性 | 41 |
| ――の比較研究 | 28,30 |
| ――の光と影 | 41,63 |
| ――の（社会的）リストラクチャリング | 3,20,22,191,195 |
| ――の類型（学） | 28,31 |
| ――貧困層 | 22 |
| ――不平等へのアプローチ | 23 |
| ――問題の政治化 | 16 |
| 都市空間 | |
| ――のエステ化 | 115,116 |
| ――の形成 | 199,214 |
| ――の生産 | 215 |
| 都市構造再編連合 | 199 |
| 都市社会学の存在理由 | 217 |
| 都市社会学のパラダイム | 4 |
| 都市社会構造の分断化 | 58 |
| 都市的生活様式としてのアーバニズム | 59 |
| 都市的なるもの | 16,25 |
| 都市における社会的不平等 | 3,4,7,12, |

244

| | |
|---|---|
| | 16, 20, 26 |
| 都心居住 | 197, 206, 214 |
| ──者 | 208 |
| ──選好層 | 213 |
| 都心再開発 | 5, 209, 211, 213 |
| ──地域の居住者像 | 206 |
| 都心地域の業務空間化 | 191 |
| 都心の過疎化 | 191, 192 |
| 都心の卓越化 | 191, 192, 194 |
| 都心・副都心地域 | 150 |
| トランスナショナリズム | 136, 137 |
| トランスナショナルな社会空間 | 136 |
| ドヤ（簡易宿泊所） | 94 |

【ナ】

| | |
|---|---|
| 内需拡大政策 | 199 |
| 仲間関係 | 101-103 |

【ニ】

| | |
|---|---|
| 肉体労働者層 | 65 |
| 二重境界 | 122, 144 |
| 日系南米人 | 79 |
| 二都問題 | 41 |
| 日本型福祉社会 | 110 |
| 入管法改正 | 79 |
| ニューカマー | 128 |
| ニューヨーク | 5, 63, 64, 66, 71, 73, 75, 81 |

【ネ】

| | |
|---|---|
| ネオ・ウェーベリアン | 12 |
| ネオ・マルキスト | 12 |
| ネオ・マルクス主義 | 218 |
| 年金生活 | 171 |

【ノ】

| | |
|---|---|
| 農業（前産業）型発展様式 | 35 |
| ノンマニュアル | 168 |

【ハ】

| | |
|---|---|
| 媒介変数 | 82, 83 |
| 背後仮説 | 41, 43, 63 |
| 排除の合理化 | 114 |
| ハイテク化 | 166 |
| ハイテク産業部門 | 47 |
| バウンダリー論 | 144 |
| 派遣労働者 | 76 |
| 白人系集団 | 78 |
| 場所の差異化 | 188 |
| バック・トゥ・ザ・シティ | 206 |
| 発展（の）様式 | 32, 36 |
| パートタイム労働者 | 76 |
| パトリアーキアル（家父長制的） | 55, 197, 213 |
| バニラ・サバーブ | 176 |
| パブリックな領域 | 222 |
| バブル崩壊 | 73, 75, 76, 201, 202, 204, 210 |
| パラメータ | 39, 40, 42 |
| バンダリズム（暴力行為） | 148 |
| 飯場 | 108 |

【ヒ】

| | |
|---|---|
| 非アングロサクソン圏 | 4, 199 |
| 比較研究 | 31 |
| ──の枠組み | 19 |
| 比較都市研究 | 61 |
| 比較都市社会学 | 24, 28 |
| ヒスパニック系集団 | 78 |
| 非通念的な世帯の形態 | 198 |
| 非定住外国人 | 125 |
| 美的景観 | 198 |
| 非ヒスパニック系黒人集団 | 78 |
| 百女宮 | 135, 137 |
| 百人町環境浄化対策協議会 | 140 |
| 日雇い労働 | 91, 98 |
| ──市場 | 98 |
| 標準化（量的）調査 | 4, 111, 167, 168, 206, 208 |
| 貧困のインナーエリア | 148, 176, 185 |

【フ】

| | |
|---|---|
| 不安定居住 | 93, 94 |
| ──者 | 89 |
| 不安定雇用層 | 76 |
| 不安定就労層 | 91, 92 |

事項索引 245

| | |
|---|---|
| フィールドワーク | 5, 85 |
| 夫婦と子どもの核家族 | 213 |
| 夫婦と子のいる世帯 | 155 |
| 夫婦のみ世帯 | 155, 209, 213 |
| フェミニズム | 180 |
| ——論者 | 183, 184, 186 |
| フォーディズム | 17 |
| フォーマルな労働市場 | 56 |
| 福音主義運動 | 183 |
| 福祉国家 | 48, 49, 55 |
| 福祉国家イデオロギー | 14 |
| ——の縮小 | 36 |
| ——の特質 | 125 |
| 不思議な活力 | 162, 165, 166 |
| フジテレビ | 204 |
| 物的環境の衰退 | 147 |
| 不動産資本 | 176, 177 |
| 不燃化率 | 155 |
| 不平等 | 38, 42, 43 |
| ——とコンフリクトの問題 | 7 |
| ——の可視化 | 210 |
| ——のパラメータ | 58 |
| 普遍 | 116 |
| ——性 | 30 |
| 不法残留者数 | 79 |
| 不法就労 | 125 |
| 不法滞在者 | 128 |
| プライドの維持 | 103 |
| 不良(老朽)住宅率 | 156 |
| フレキシブルな生産 | 47 |
| フレキシブルな蓄積 | 171 |
| フレキシブルな労働力 | 76 |
| 文化産業化 | 166 |
| 文化資産 | 53, 184 |
| 文化資本 | 53 |
| 文化衝突 | 59 |
| 文化多元主義 | 138 |
| 分割労働市場論 | 120, 121 |
| 文化帝国主義 | 116, 221 |
| 文化的アイデンティティ | 197, 198 |
| 文化的価値 | 31 |
| 文化的正当性 | 59 |
| 文化的特殊性 | 57 |
| 文化の創造 | 145 |
| 分化の分解 | 40 |
| 分極化 | |
| ——仮説 | 5, 64, 68, 74, 84 |
| ——する都市 | 3, 4, 26, 50, 61, 64 |
| ——する都市論 | 148, 210, 215 |
| ——なしのグローバリズム | 82, 83 |
| ——の兆し | 5, 81, 83, 84, 176, 189 |
| ——の社会的帰結 | 84 |
| ——の判断基準 | 71 |
| ——／分断化の問題 | 5, 219 |
| エスニシティによる—— | 79, 80 |
| 格差の—— | 42 |
| 空間の—— | 188 |
| 差別化された—— | 43, 45 |
| 社会階層の—— | 3, 44 |
| 社会構造の—— | 48, 61 |
| 職業移動の—— | 64, 73 |
| 職業構成の—— | 70 |
| 所得階層の—— | 72-74 |
| 都市空間の—— | 189 |
| 都市の—— | 47, 63, 69, 85 |
| 都市の——／分断化の問題 | 5 |
| 都市の——論 | 64, 74, 77, 81, 85, 176, 188 |
| 分布の—— | 42 |
| 分節化された従属階層 | 20, 50 |

【ヘ】

| | |
|---|---|
| 閉鎖的な人間関係 | 134 |
| ヘゲモニー依存型の世界都市 | 82, 83 |

【ホ】

| | |
|---|---|
| 暴力 | 221 |
| 保守主義 | 105 |
| ホスト社会 | 119, 120, 144 |
| ポスト・フォーディズム | 54, 171 |
| ——都市 | 27, 48 |
| ポスト・モダン都市 | 27 |
| ホボ | 9, 10 |
| ホームレス | 5, 22, 42, 46, |

|  |  |
|---|---|
| ──　 | 49,74,91,96,217 |
| ──人口 | 75 |
| ──人口の概数調査 | 76 |
| ──対策への態度 | 113,114 |
| ──になる原因 | 111 |
| ──の強制排除 | 87 |
| ──の原因に対する認識 | 113,114 |
| ──の実態調査 | 90 |
| ──の集中地区 | 9 |
| ──問題 | 87,88,111,221 |
| ──問題連絡会議 | 76 |
| ボランティア活動 | 187 |
| ホワイトカラー化 | 166 |

## 【マ】

|  |  |
|---|---|
| マイタウン東京構想 | 158 |
| マイノリティグループ | 51 |
| マクロ（な）社会学 | 27,39 |
| マクロ社会構造 | 40 |
| ──論 | 37 |
| 負け組 | 165,166 |
| 貧しさの連帯 | 166,169 |
| まちづくり助成制度 | 162 |
| 街並みの美しさ | 179,188 |
| まちの記憶 | 171 |
| まちのシステム | 167,170 |
| マルチエスニックな空間 | 131 |
| マルチカルチャリズム | 138,139 |
| マルチ・メソッド | 4 |
| マルチプル・ディプリベーション（多元的貧困） | 148 |
| マンションころがし | 201 |

## 【ミ】

|  |  |
|---|---|
| 見知らぬ他者 | 223 |
| みずきが丘 | 177,183,187 |
| 三井不動産 | 201,206,210 |
| ──居住者 | 206,207,211 |
| 密集市街地整備促進事業 | 162 |
| ミドルクラス | 24,197,210 |
| ──核家族 | 179,182,188 |
| ──層 | 22 |

|  |  |
|---|---|
| ──の形成 | 54 |
| ──の世帯の多様性 | 55 |
| 民間活力の導入 | 199 |
| 民間資本 | 179,188,204 |
| 民間不動産資本 | 177 |
| 民族 | 39,58,115 |
| ──グループ | 60 |
| ──集団 | 10 |
| ──的異質性 | 40,180 |
| ──的同質性 | 180 |

## 【ム】

|  |  |
|---|---|
| 矛盾した機能的要件 | 32 |
| 無尽 | 132 |
| 無力化 | 221 |

## 【メ】

|  |  |
|---|---|
| メリトクラシー | 34 |
| メルボルン | 138 |

## 【モ】

|  |  |
|---|---|
| 木造老朽住宅の共同化 | 162 |
| 木造老朽住宅密集地区 | 155,170 |
| 木賃ベルト地帯 | 175 |
| モダニティ | 217,219 |
| 持ち家志向の住宅政策 | 49 |
| 物の生産からサービスの生産へ | 34,36 |

## 【ヤ】

|  |  |
|---|---|
| 夜間人口 | 158 |
| 屋台村 | 130,132,137,143 |

## 【ユ】

|  |  |
|---|---|
| 融合モデル | 142 |
| 有職登録外国人の職業構成 | 80 |
| 裕福なサバーブ | 176,185 |

## 【ヨ】

|  |  |
|---|---|
| 用途別床面積の構成比 | 191 |
| 幼年年少人口比 | 154 |
| 抑圧的関係 | 221 |

## 【ラ】

| | |
|---|---|
| ライフスタイル | 23, 24, 47, 54, 59, 61, 195, 211, 212 |
| ランダムサンプリング | 128 |

## 【リ】

| | |
|---|---|
| リアリスト・アプローチ | 52, 53 |
| 利己的行為者 | 220 |
| 理念型 | 29 |
| リバーシティ21 | 183, 200, 206, 209, 211 |
| ──住区協議会 | 203 |
| ──の公団居住者 | 209 |
| リベラル | 105 |
| 流入層 | 119, 138 |
| 了解志向的行為 | 144, 145 |
| 緑地地域 | 175 |
| 臨界人口量（クリティカル・マス） | 122, 143 |
| 臨海部開発 | 200 |
| 臨海副都心 | |
| ──開発 | 200, 203 |
| ──開発基本計画 | 203 |
| ──開発基本構想 | 203 |
| ──事業化計画 | 203 |
| 臨時雇用者 | 76, 77 |
| 臨時宿泊施設 | 89 |

## 【レ】

| | |
|---|---|
| 零細事業主層 | 167 |
| レーガノミックス | 49 |
| 歴史的な変動分析 | 52 |
| レジャースポット | 204 |

## 【ロ】

| | |
|---|---|
| 老朽住宅密集地域 | 166 |
| 労働組合 | 76 |
| 労働市場 | 13, 22, 42, 48, 53, 54 |
| ──の分断化 | 47 |
| 労働・資本関係の再編 | 46 |
| 労働需要 | 44, 45 |
| ──の変化 | 18 |
| 労働力の若年化 | 108 |
| 老年人口比 | 154 |
| 労務作業者 | 66, 67, 70 |
| ロサンジェルス | 63 |
| ロンドン | 5, 63, 64, 66, 72, 73, 81 |

## 【ワ】

| | |
|---|---|
| わがまちワークマップ | 162 |
| ワーキングクラス | 210 |
| ワールドタウン | 144, 145 |
| ──・モデル | 141, 142 |
| ワンハンドレッドヒルズ | 178, 188, 189 |

## 【数字】

| | |
|---|---|
| 3K職種 | 133, 139 |
| 10分位階級 | 71, 72 |
| 21世紀の都市社会（学） | 223 |

## 人名索引

### 【ア行】

アンダーソン（N. Anderson）　9
アンデルセン（E. Andersen）　125
イバーラ（M. Ibarra）　135
ウイリアムズ（P. Williams）　195, 197, 209
ウェーバー（M. Weber）　122, 218
ウォード（A. Warde）　43, 180, 195, 197-199, 209, 210, 217
ウォルディンガー（R. Waldinger）　121
ウルフ（G. Wolff）　44, 50
大江守之　148

### 【カ行】

カステル（M. Castells）　12, 15, 16, 19, 20, 35, 36, 46-50, 58
カースルズ（S. Castels）　123, 124
ギデンズ（A. Giddens）　218, 219
倉沢進　32
ゴードン（I. Gordon）　20, 42, 43, 46, 48

### 【サ行】

サッセン（S. Sassen）　18, 19, 44-46, 48, 63, 68, 70, 76, 81-84
サベージ（M. Savage）　25, 43, 52-56, 58, 179, 184, 185, 199, 217
ジャガー（M. Jager）　199, 214
ショウバーグ（G. Sjoberg）　28-34, 36, 61
シラー（M. Schiller）　136, 137
ジンメル（G. Simmel）　39
ズーキン（S. Zukin）　116
鈴木栄太郎　9
スミス（D. Smith）　57, 195, 197, 209
関満博　169
セネット（R. Sennett）　222
ゾーボー（H. Zorbaugh）　9-11, 43

### 【タ行】

ターナー（J. Turner）　60
チャン（H. Chen）　141, 144
堤要　120
デュルケーム（E. Durkheim）　218
富永健一　84, 220

### 【ナ行】

野村正實　107, 110

### 【ハ行】

バウム（S. Baum）　74
パーク（R. Park）　25, 121, 218
バージェス（E. Burgess）　8, 12
バック（N. Buck）　17
ハートマン（C. Hartman）　198, 211
ハバーマス（J. Habermas）　123, 144
ハムネット（C. Hamnett）　41, 46, 65, 196, 197
パール（R. Pahl）　12, 14, 15, 217
バルト（F. Barth）　122
ハーロー（M. Harloe）　20, 22, 42, 48, 50-52
フィッシャー（C. Fischer）　58-60, 121
フィッシュマン（R. Fishman）　182, 183
フェインシュタイン（S. Fainstein）　20, 50
ブラウ（P. Blau）　37-40
プリエス（L. Pries）　136
フリードマン（J. Friedmann）　44, 50, 78
ブルガース（J. Burgers）　74
ブルデュー（P. Bourdieu）　53, 59
ベック（U. Beck）　185, 187
ベル（D. Bell）　33, 34, 36
ブレトン（R. Breton）　121, 129, 143
ホワイト（J. White）　81-83

### 【マ行】

マーフィー（R. Murphy）　114
町村敬志　70, 82, 199, 203
松原宏　176

| | | | |
|---|---|---|---|
| 松本康 | 59 | ヤング（I. Young） | 116,221 |
| マルクーゼ（P. Marcuse） | 20,21,24 | 四方田犬彦 | 212 |
| マルクス（K. Marx） | 15,218 | | |

**【ラ行】**

| | | | |
|---|---|---|---|
| 宮本光晴 | 220 | | |
| ミュラー（P. Muller） | 175 | ライト（J. Wright） | 88 |
| ミラー（M. Miller） | 123,124 | ランシマン（W. Runciman） | 50 |
| ミンジオーネ（E. Mingione） | 56,57,87,88 | リー（B. Lee） | 113 |
| | | レガテス（R. Legates） | 198,211 |
| ムーア（R. Moore） | 12 | レックス（J. Rex） | 12,13 |
| メラー（R. Mellor） | 14 | | |

**【ワ行】**

| | | | |
|---|---|---|---|
| 森永卓郎 | 84 | | |
| モレンコフ（J. Mollenkopf） | 19,20,50,74 | ワース（L. Wirth） | 9,10,30,59,217 |
| | | 和崎春日 | 122 |

**【ヤ行】**

**著者紹介**

園部雅久（そのべ まさひさ）

1950年、東京都生まれ。1981年、東京都立大学大学院社会科学研究科単位取得退学。
現在、上智大学文学部教授。社会学博士。

**主要著書論文**

「生態社会学的視座とコミュニティ論：都市社会学と地域主義の交流」（『社会学評論』第32巻第1号、1981）、『都市社会学のフロンティア3：変動・居住・計画』（共編、日本評論社、1992）、『都市社会学のフロンティア1：構造・空間・方法』（共著、日本評論社、1992）、『現代都市を解読する』（共著、ミネルヴァ書房、1992）、『大都市社会のリストラクチャリング：東京のインナーシティ問題』（共著、日本評論社、1992）、「脱工業型都市論の展開と課題」（『都市計画』第180号、1993）、「卓越化する都心居住空間」（『住宅』第43巻、1994）、『［21世紀の都市社会学1］増殖するネットワーク』（共著、勁草書房、1995）、『都市化とコミュニティの社会学』（共著、ミネルヴァ書房、2001）。

Contemporary Metropolitan Society: Dual City?

---

現代大都市社会論：分極化する都市？　　　　＊定価はカバーに表示してあります

2001年5月10日　　初　版第1刷発行　　　　〔検印省略〕

著者Ⓒ 園部雅久／発行者 下田勝司　　　　印刷・製本／中央精版印刷

東京都文京区向丘1-5-1　　郵便振替 00110-6-37828　　　発 行 所
〒 113-0023　TEL (03)3818-5521　FAX (03)3818-5514　株式会社 東 信 堂
　　　　　　　E-mail : tk203444@fsinet.or.jp
　　　　Published by TOSHINDO PUBLISHING CO., LTD.
　　　　1-5-1, Mukougaoka, Bunkyo-ku, Tokyo, 113-0023, Japan
　　　ISBN4-88713-377-4 C3336　￥3200E　Ⓒ M.SONOBE

━━ 東信堂 ━━

|  |  |  |
|---|---|---|
| 開発と地域変動——開発と内発的発展の相克〈現代社会学叢書〉 | 北島　滋 | 三二〇〇円 |
| 新潟水俣病問題——加害と被害の社会学〈現代社会学叢書〉 | 飯島伸子・舩橋晴俊編 | 三八〇〇円 |
| 在日華僑のアイデンティティの変容〈現代社会学叢書〉——華僑の多元的社会学 | 過　放 | 四四〇〇円 |
| 健康保険と医師会〈現代社会学叢書〉——社会保険創始期における医師と医療 | 北原龍二 | 三八〇〇円 |
| 事例分析への挑戦〈現代社会学叢書〉 | 水野節夫 | 四六〇〇円 |
| 海外帰国子女のアイデンティティ〈現代社会学叢書〉——生活経験と通文化的人間形成 | 南　保輔 | 三八〇〇円 |
| 有賀喜左衛門研究〈現代社会学叢書〉——社会学の思想・理論・方法 | 北川隆吉編 | 三六〇〇円 |
| 福祉政策の理論と実際〈福祉社会学研究入門シリーズ〉 | 平岡公一編 | 三〇〇〇円 |
| ホームレス　ウーマン——知ってますか、わたしたちのこと | E・リーボウ　吉川徹・轟里香訳 | 三二〇〇円 |
| 戦後日本の地域社会変動と地域社会類型〈現代社会学研究入門シリーズ〉 | 小内　透 | 七九六一円 |
| 白神山地と青秋林道——地域開発と環境保全の社会学 | 井上孝夫 | 三二〇〇円 |
| 現代環境問題論——理論と方法の再定置のために〈シリーズ世界の社会学・日本の社会学〉 | 井上孝夫 | 三三〇〇円 |
| 現代日本の階級構造——理論・方法・計量分析〈シリーズ世界の社会学・日本の社会学〉 | 橋本健二 | 四三〇〇円 |
| タルコット・パーソンズ——最後の近代主義者〈シリーズ世界の社会学・日本の社会学〉 | 中野秀一郎 | 一八〇〇円 |
| ゲオルク・ジンメル——現代分化社会における個人と社会〈シリーズ世界の社会学・日本の社会学〉 | 居安　正 | 一八〇〇円 |
| ジョージ・H・ミード——現代社会学の展開〈シリーズ世界の社会学・日本の社会学〉 | 船津　衛 | 一八〇〇円 |
| 奥井復太郎——都市社会学と生活論の創始者〈シリーズ世界の社会学・日本の社会学〉 | 藤田弘夫 | 一八〇〇円 |
| 新明正道——社会学のゆくえと新しい社会運動〈シリーズ世界の社会学・日本の社会学〉 | 山本鎮雄著 | 一八〇〇円 |
| アラン・トゥーレーヌ——現代社会学の探究〈シリーズ世界の社会学・日本の社会学〉 | 杉山光信著 | 一八〇〇円 |
| アルフレッド・シュッツ——主観的時間と社会的空間〈シリーズ世界の社会学・日本の社会学〉 | 森　元孝 | 一八〇〇円 |

〒113-0023　東京都文京区向丘1−5−1　☎03(3818)5521　FAX 03(3818)5514／振替 00110-6-37828

※税別価格で表示してあります。

― 東信堂 ―

|  |  |  |
|---|---|---|
| 責任という原理――科学技術文明のための倫理学の試み | H・ヨナス 加藤尚武監訳 | 四八〇〇円 |
| 主観性の復権――心身問題から『責任という原理』へ | H・ヨナス 宇佐美・滝口訳 | 二〇〇〇円 |
| 哲学・世紀末における回顧と展望 | H・ヨナス 尾形敬次訳 | 八二六〇円 |
| バイオエシックス入門 [第三版] | 今井道夫・香川知晶編 | 二三八一円 |
| 今問い直す脳死と臓器移植 [第二版] | 澤田愛子 | 二〇〇〇円 |
| 空間と身体――新しい哲学への出発 | 桑子敏雄 | 二五〇〇円 |
| 洞察＝想像力――知の解放とポストモダンの教育 | D・スローン 市村尚久監訳 | 三八〇〇円 |
| ダンテ研究Ⅰ――Vita Nuova 構造と引用 | 浦 一章 | 七五七三円 |
| フランシス・ベーコンの哲学 [増補改訂版] | 石井栄一 | 六五〇〇円 |
| アリストテレスにおける神と理性 | 角田幸彦 | 八三五〇円 |
| ルネサンスの知の饗宴（ルネサンス叢書1）――ヒューマニズムとプラトン主義 | 佐藤三夫編 | 四四六六円 |
| ヒューマニスト・ペトラルカ（ルネサンス叢書2） | 佐藤三夫 | 四八〇〇円 |
| 東西ルネサンスの邂逅（ルネサンス叢書3）――南蛮と稲葉氏の歴史的世界を求めて | 根占献一 | 三六〇〇円 |
| 原因・原理・一者について（ジョルダーノ・ブルーノ著作集 3巻） | 加藤守通訳 | 三二〇〇円 |
| 必要悪としての民主主義――政治における悪を思索する | 伊藤勝彦 | 一八〇〇円 |
| 情念の哲学 | 伊藤昭宏編 | 三二〇〇円 |
| 愛の思想史 [新版] | 坂井勝彦 | 二〇〇〇円 |
| 荒野にサフランの花ひらく（続・愛の思想史） | 伊藤勝彦 | 二三〇〇円 |
| 知ることと生きること――現代哲学へのプロムナード | 岡田雅勝・本間謙二編 | 二〇〇〇円 |
| 教養の復権 | 沼田裕之・安西和博・増渕幸男・加藤守通編 | 二五〇〇円 |
| イタリア・ルネサンス事典 | H・R・ヘイル編 中森義宗監訳 | 続刊 |

〒113-0023　東京都文京区向丘1-5-1　☎03(3818)5521　FAX 03(3818)5514　振替 00110-6-37828

※税別価格で表示してあります。

―― 東信堂 ――

|  |  |  |
|---|---|---|
| 大学の自己変革とオートノミー ――点検から創造へ | 寺崎昌男 | 二五〇〇円 |
| 大学教育の創造 ――歴史・システム・カリキュラム | 寺崎昌男 | 二五〇〇円 |
| 立教大学へ〈全カリ〉のすべて ――リベラル・アーツの再構築 | 寺崎昌男監修 絹川正吉監修 | 二二〇〇円 |
| 大学の授業 | 宇佐美寛 | 二五〇〇円 |
| 作文の論理 ――〈わかる文章〉の仕組み | 宇佐美寛編著 | 一九〇〇円 |
| 大学院教育の研究 | バートン・R・クラーク編 潮木守一監訳 | 五六〇〇円 |
| 高等教育システム ――大学組織の比較社会学 | バートン・R・クラーク 有本章訳 | 四四六〇円 |
| 大学史をつくる ――沿革史編纂必携 | 寺﨑昌男・中野実編 | 五〇〇〇円 |
| 大学の誕生と変貌 ――ヨーロッパ大学史断章 | 横尾壮英 | 三二〇〇円 |
| 新版・大学評価とはなにか ――自己点検評価と基準認定 | 喜多村和之 | 一九四二円 |
| 大学評価の理論と実際 ――自己点検評価ハンドブック | H.R.ケルズ 喜多村・舘・坂本訳 | 三二〇〇円 |
| 大学評価と大学創造 ――大学自治論の再構築に向けて | 細井・林・千賀・佐藤編 | 二五〇〇円 |
| 大学力を創る:FDハンドブック | 寺﨑・別府・中野編 大学セミナー・ハウス | 二三八一円 |
| 私立大学の財務と進学者 | 丸山文裕 | 三五〇〇円 |
| 短大ファーストステージ論 | 舘昭編 | 二〇〇〇円 |
| 夜間大学院 | 高鳥正夫編 | 三二〇〇円 |
| 現代アメリカ高等教育論 ――社会人の自己再構築 | 新堀通也編著 | 三六八九円 |
| アメリカの女性大学:危機の構造 | 喜多村和之 | 二四〇〇円 |
| ことばから観た文化の歴史 〔横浜市立大学叢書(シーガル・ブックス)〕 | 坂本辰朗 | 一五〇〇円 |
| 独仏対立の歴史的起源 ――アングロ・サクソン到来からノルマンの征服まで | 松井道昭 | 一五〇〇円 |
| ハイテク覇権の攻防 ――日米技術紛争スダンへの道 | 黒川修司 | 一五〇〇円 |

〒113-0023　東京都文京区向丘1-5-1　☎03(3818)5521　FAX 03(3818)5514／振替 00110-6-37828

※税別価格で表示してあります。